U0473675

哲学论

哲学性质透视

薛守义 著

科学出版社
北京

图书在版编目（CIP）数据

哲学论：哲学性质透视 / 薛守义著. —北京：科学出版社，2020.1
ISBN 978-7-03-062713-1

Ⅰ. ①哲… Ⅱ. ①薛… Ⅲ. ①哲学-研究 Ⅳ. ①B

中国版本图书馆 CIP 数据核字（2019）第 242198 号

责任编辑：田慧莹 石 卉 王丽豪 / 责任校对：韩 杨
责任印制：师艳茹 / 封面设计：有道文化
编辑部电话：010-64035853
E-mail：houjunlin@mail.sciencep.com

科学出版社 出版
北京东黄城根北街 16 号
邮政编码：100717
http://www.sciencep.com

天津市新科印刷有限公司 印刷

科学出版社发行 各地新华书店经销

*

2020 年 1 月第 一 版 开本：720×1000 B5
2020 年 1 月第一次印刷 印张：15 1/4
字数：304 000

定价：98.00 元

（如有印装质量问题，我社负责调换）

前　　言

哲学论也称元哲学，是哲学对自身的哲学探究，旨在提出关于哲学的哲学理论。根据笔者的理解，哲学的使命是对指导人类生活实践的基本信念进行批判反思与理论重构；而哲学活动本身就是一种社会实践活动，作为哲学的哲学论自然是对指导哲学实践的基本信念进行批判研究。哲学论问题涉及人们对哲学的基本看法以及哲学实践的基本原则，如哲学的使命是什么，哲学问题的性质如何，哲学探究应遵循怎样的方法论原则，哲学理论具有哪些性质，检验哲学理论的标准是什么，哲学探究有何价值，等等。这些问题是哲学家和哲学史家从事学术研究的前提性问题。

哲学家从未就哲学的基本性质达成起码的共识，而且许多说法是令人费解的，甚至让人感到莫名其妙。这门学问的历史十分悠久，对人类的影响至为深远，为什么人们对哲学的看法至今仍是众说纷纭？哲学家为什么总是不厌其烦地证明自己探究的合理性？更有甚者，进入 20 世纪以来，哲学家自己三番五次地宣布哲学的终结。为什么会出现这种奇怪的景象？很显然，出现这些情况是哲学不自信的标志。所以，有必要对哲学实践进行深入考察，有必要对人们关于哲学的观念进行系统的批判反思。

当然，对哲学本身的批判反思并不是件新鲜事，而是几乎与哲学这门学问同时产生的。哲学家对哲学的看法大多写在其著作的前言和绪论部分，有些则穿插在哲学内容之中，也有些哲学家出版了哲学论专著。我们阅读哲学著作时，必会看到哲学家关于哲学的真知灼见。然而，许多这样的讨论不能说是带有学术性的哲学论研究，也不能说每个哲学家都有深思熟虑的哲学观。当目的是根据自己的思考和经验提出一种观点，或在鼓励读者沿着自己认为最恰当、最有希望的途径进行探索时，作者的做法自然是非常适当的。但当讨论内容牵涉前人的观点或学术思想发展时，读者就有充分的理由希望讨论具有学术研究的性质。

本书基于笔者自己的哲学实践，对前人关于哲学的观点进行批判分析，并在此基础上提出综合性的、个人的理论观点。全书除绪言外，共分十章。绪言对哲学论的性质、任务、框架、意义等方面做出简要说明，所涉及的内容基本上是一些哲学性质的规定，而这些规定本身都有待正文的全面阐释与详尽论证。第一章在粗略考察哲学演变过程的基础上，对已有的哲学观进行批判分析，以便进一步明确哲学的本然使命。第二至第九章分别阐释关于哲学使命、哲学问题、哲学思维、哲学观念、哲学方法、哲学划界、哲学进步、哲学功用的哲学理论。第十章专门谈论以哲学为业的哲学家，对哲学家的形象、处境、语言和修养等做出尝试性说明。

笔者深知哲学论课题的艰难，以自身浅薄的学力而莽撞进入此领域，内心实感不安。拙作比较注重哲学论的全面性和系统性，但在许多问题上难以展开，深度也不够。对于笔者的浅陋之见和不足之处，恳请读者批评指正。在本书写作过程中，参考了大量哲学文献。在此，对被引用的作者以及未被引用却给予启发的作者，表示诚挚的感谢！本书的出版得到了好友崔东旭教授和科学出版社有关同志的大力支持，在此谨表由衷的谢意！

薛守义

2019 年 5 月 17 日

目　录

绪　言

哲学是一门非常奇特的学问，其中布满了迷雾，充斥着争论。普通人觉得它深奥莫测，哲学家对它则心存疑惑。哲学是什么？它该做些什么事情？有什么用处？对于诸如此类的问题，连哲学家也很难说清楚。显然，这种状况是不能令人满意的。如果连自己的任务、性质与功用等实质性的问题都说不清、道不明，哲学何以能够作为一门学问而自立？哲学家何以能够理直气壮地从事哲学研究？

上述问题是关于哲学的哲学问题，对其做出回答便是哲学论的任务。本绪言将对哲学论的主要方面做出简要说明，所涉及的内容基本上是一些关于哲学性质的规定，而这些规定本身都有待正文加以全面阐释与详尽论证。换言之，笔者这里所主张的观点并不是自明的，而是哲学论全部探究的最后结果。

一、哲学论的性质

我们将哲学论视为一门哲学，也称为元哲学。这门学问是哲学对自身的哲学探究，旨在提出关于哲学的哲学理论。显然，如果哲学论也是一种哲学，那么它对哲学的规定就意味着自己规定自己。换句话说，哲学是一个将自身包括在内的学科。

哲学论探究哲学的性质，所探究的自然不是某种特殊哲学的性质，而是所有哲学的共性，或哲学的一般性质。哲学家已经创造了众多的特殊哲学，可是并没有所谓的一般哲学。我们此刻并不知道哲学是什么，也不知道哲学做什么，那么哲学论探究何以可能，即如何可能以哲学的方式谈论哲学？这种探索是否意味着让人抓住自己的头发把自己提起来？

哲学并不是现成的东西，所以我们不能对哲学做出先验的规定。那么，经验归纳的方式是否可行？也许人们认为，哲学是什么，可以从我们对现有哲学作品的比较考察中获知。可是，如果我们事先并不知道哲学是什么，我们又如何确认我们的考察是以真正的哲学作品为对象的？看来，无论如何，哲学论不免有循环论证的嫌疑。

事实上，在本质探讨中，循环论证是不可避免的，但它是具有积极意义的。因为这种探讨总是始于某种前见，而这种前见可以被更合适的见解所代替。这就像是把哲学论当作一艘船，让其漂浮在海上，并边行驶边建造。至于哲学论的哲学性质问题，并不难处理：因为当我们通过辩证探讨弄清哲学的本质之后，就可以对我们的哲学论研究做出相应的规范，对我们已经进行过的研究做出相应的调整，以使其具有哲学的性质。

须知，任何哲学家都无权声称只有自己掌握了哲学的本质，现在也确实很少有人这样做了。排除不适当的成分之后，我们只能多少有些武断地对哲学做出规定，即赋予哲学新的使命、大致限定哲学的范围、确立哲学实践的原则。哲学随时代在不断发展变化，其内容也不断丰富，任何概括都难以周全。所以，持续不断地对哲学进行批判反思是有必要的。

二、哲学论的任务

哲学论是哲学对自身的哲学认识，是对哲学性质的哲学思考。它所探讨的是关于哲学的哲学问题，这些问题涉及人们对哲学的基本看法以及从事哲学探究的基本原则。例如，哲学的使命是什么；哲学问题是怎样产生的；这类问题的性质如何；哲学探究应遵循怎样的方法论原则；哲学理论有什么性质；检验哲学理论的真理性标准是什么；据说哲学无所谓进步，情况是否真的如此；哲学探究的价值何在；我们知道，哲学是整个文化的组成部分，那么它与科学、宗教、艺术等形式的文化有何本质区别？

根据我们的理解，哲学的使命是对指导人类生活实践的基本信念进行批判反思与理论重构；而哲学活动本身是一种社会实践活动，故作为哲学的哲学论便是对指导哲学实践的基本信念进行批判反思与理论重构。根据前述关于哲学的哲学问题，哲学论的主要课题包括哲学使命、哲学问题、哲学思维、哲学观念、哲学方法、哲学划界、哲学进步、哲学功用等。这些任务主要涉及两个方面：一是哲学的本质；二是哲学实践的基本原则。其中，哲学实践的基本原则与对哲学本质的理解密切相关。可以说，一个人有什么样的哲学观，就会有什么样的哲学探究原则，从而也就会创造出什么样的哲学。

如上所说，哲学探究被视为一种社会实践活动。这本身就是一个哲学观点，我们把这种观点当作哲学论的前提，其正确与否取决于我们对实践的规定，而实践概念将在第二章中讨论。在此，只对哲学实践作简要说明。在现代社会中，哲学是一种专业，具有一定的学术体制；哲学是一种职业，有其相应的社会建制；哲学家从事哲学研究，有自己的实践目的和计划。这些都是人类社会实践的本质规定性。

三、哲学论的框架

众所周知，任何一门学科的概念框架都决定着该学科的基本结构。所谓概念框架是由相互联系的基本概念或范畴组成的，它是将思想组织到一起、学问条理化的结构，用来框定和组织学科内容的概念系统。对概念框架的基本要求，主要是完备性和适当性。我们关注哲学论的概念框架，是要建立一种审视哲学的基本方式，以作为我们从事哲学研究的基础。必须指出，我们虽然在某种概念框架下谈论哲学，但这种框架是可以改变的。

哲学论的概念与哲学论基本问题相关联，主要由哲学、生活世界、自由、实践、价值、创造、经验、反思、批判、思辨、本质、原则、理念、论证、真理、检验等构成。对这些概念和范畴加以阐明，自然是哲学论的重要内容。哲学探究从实践出发，以实践为归宿，针对实践建构哲学理论，以指导实践。所以，哲学论以实践为核心，强调人类尊严、价值理想、选择与行动。

就内容而言，哲学论所要探究与发展的是关于哲学使命、哲学认识、哲学方法、哲学价值、哲学进步的哲学理论。其中，哲学认识论包括哲学问题、哲学思维、哲学基础、哲学真理等问题，主要涉及哲学认识的性质、能力与真理标准等。在人类生活实践中，总是伴随着认识活动。除此直接的认识活动以外，还有专门的认识活动，包括科学认识、哲学认识、神学认识等。这里所谓哲学认识论不是指一般的认识论，而是指关于哲学认识的哲学理论，即对哲学认识活动及成果进行批判反思。

四、哲学论的意义

在哲学论中，哲学的批判反思指向自身，旨在弄清哲学的性质，实现哲学的彻底自觉，从而有益于哲学实践。我们知道，哲学家尚未就哲学的基本性质达成过一般性的共识。在哲学领域中，有许多说法是令人费解的，甚至让人感到莫名其妙。比如说哲学史即哲学，哲学问题是永恒无解的等。还有人倡导哲学无用论，认为哲学的意义不在于它的有用性。如果哲学真的毫无意义，那么为什么要从事哲学研究？哲学不是科学，可是一些人却用科学的标准来衡量哲学，并抱怨哲学缺乏科学性；还有一些哲学家，则想方设法要让哲学成为科学。此外，哲学的历史十分悠久，对人类的影响至为深远。为什么对哲学的看法至今仍是五花八门？为什么哲学家总是不厌其烦地证明自己探究的合理性？更有甚者，自进入 20 世纪以来，哲学家自己三番五次地宣布哲学的终结。为什么会出现这种奇怪的景象？

很显然，上述情况是哲学研究中不自信的标志。哲学论问题是哲学家从事哲学研究的前提性问题，也是其他人为真正理解哲学而必须认识的问题。哲学观的混乱难免导致哲学家和哲学史家研究工作的盲目。对于哲学家而言，若不知道什么是哲学，便无法有效地从事哲学研究。一些学者以为自己是在研究哲学，实际则不然。正如我国哲学家叶秀山所说的，哲学常常在做着非哲学的事情①。对于哲学史家而言，若不知道什么是哲学，便写不出高质量的哲学史。对此，德国哲学家黑格尔（Hegel）在《哲学史讲演录》长篇导言中做过深刻的阐释。

所以，有必要对哲学实践进行深刻的反省与考察，有必要对人们关于哲学的观念进行系统的批判反思。只有这样，哲学才能获得清醒的自我意识，才能提出有效指导哲学探索的基本信念与原则。特别是研究哲学的人应该对哲学有一个比较全面而深刻的概观，否则将如黑格尔所说的："我们就会只见部分而不见全体，只见树木而不见森林，只见许多个别的哲学系统，而不见哲学本身。"②

五、哲学论的发展

哲学论探究是何时开始的？我们阅读哲学著作便不难发现，对于哲学本身的批判反思几乎是与哲学这门学问同时产生的，其范围之广泛、思想之丰富，远远超出人们的想象。事实上，任何从事哲学研究的人都会对哲学本身进行反思，就哲学的性质提出自己的看法，并以此来规范自己的研

① 叶秀山. 2006. 哲学要义. 北京：世界图书出版公司：3.

② 黑格尔. 1959. 哲学史讲演录（第 1 卷）. 贺麟，王太庆译. 北京：商务印书馆：11.

究活动。哲学论的任务正是结合哲学探究实践，对前人关于哲学的观点进行批判分析，并在此基础上提出综合性的理论观点。

一般认为，作为哲学分支的元哲学是20世纪60年代诞生的，其标志是苏联哲学家列斐伏尔（Lefebvre）1965年出版的《元哲学导论》一书。但事实上，哲学大师们都发表过自己对哲学的看法，甚至提出过较系统的哲学论。所以，哲学论著作相当多，如黑格尔的《哲学史讲演录》长篇导言，美国哲学家杜威（Dewey）的《哲学的改造》《确定性的寻求：关于知行关系的研究》，美国哲学家罗蒂（Rorty）的《哲学和自然之镜》，美国当代哲学家卡弘（Cahoone）的《哲学的终结》，等等。此外，还有许多"哲学概论""哲学导论""哲学通论"之类的著作，它们一般是为大学生设置的课程，简略地介绍哲学的各个分支。这些课程是为学生了解哲学的一般性质而开设的，即在深入学习分支学科之前对哲学有一个比较全面的了解，获得一个更加宽阔的理论视野和更为高远的思想境界。

一些导论性质的著作写得非常好，深受师生欢迎，如美国哲学家所罗门（Solomon）的《大问题：简明哲学导论》、美国当代哲学家劳黑德（Lawhead）的《哲学的历程：哲学历史导论》、我国学者王德峰的《哲学导论》等。这些著作或多或少也有哲学论的性质，但基本上都是哲学入门性读物。我们所说的哲学论则是学术意义上的哲学，即从理论上系统地阐明哲学的本质与哲学实践的基本原则。由于哲学论是哲学，所以要特别注意避免独断。对哲学的规定不能是任意的，其根据必须从历史、逻辑和理想方面寻找。我们以为，通过批判考察哲学的演变过程，可以说明哲学是什么以及当代哲学应当是什么。除此之外，似乎没有别的路可走。

第一章 哲学的迷误

什么是哲学？这是我们遇到的第一个元哲学问题。黑格尔指出：哲学有一个显著的特点，“就是我们对于它的本质，对于它应该完成和能够完成的任务，有许多大不相同的看法”①。的确，人们对哲学的看法至今仍是五花八门，令人眼花缭乱。为了澄清有关问题，笔者考察了哲学曾经是什么，哲学曾经做过什么，并对已有的哲学观进行批判分析，提出了一些个人观点，以明确哲学的本然使命。

第一节 包罗万象的哲学

被人们称为“哲学”的这门学问肇始于古希腊，在西方世界已获得充分的发展。中文“哲学”一词的英文是 philosophy，源于希腊文 philos（爱）和 sophia（智慧）。可见，在古希腊人那里，哲学起初只是“爱智慧”，但后来哲学却成了包罗万象的学问。这究竟是怎么回事呢？

一、哲学与爱智

据说，古希腊思想家毕达哥拉斯（Pythagoras）自称是一个“爱智慧”的人，并最早提出哲学是“爱智慧”这一观点。也就是说，他认为哲学并非智慧本身，而是爱智慧。爱智慧显然是一种行动，行动的目的和结果是使自己成为有智慧的人。这些观点到苏格拉底（Socrates）和柏拉图（Plato）

① 黑格尔. 1959. 哲学史讲演录（第1卷）. 贺麟，王太庆译. 北京：商务印书馆：5.

时代，已经被正式确定下来了。不过，古希腊人虽然把哲学规定为“爱智慧”，但关于“智慧”一词的含义最初并没有明确的规定。因此，何谓智慧便成了人们争议的问题。

柏拉图在《斐多篇》中借苏格拉底之口说道：“只有一种货币我们可以拿来与其他东西交换，这就是智慧。实际上，使勇敢、自制、诚实，总之一句话，使真正的善得以可能的是智慧。”[①]在柏拉图的全部对话中，渗透着这样一种看法，即智慧使人聪明，而聪明人知道什么是美德。如柏拉图在《泰阿泰德篇》中写道，使聪明人成为聪明人的是智慧[②]。智慧是可贵的、美好的，所以柏拉图在《斐多篇》中写道，哲学家终身孜孜以求的目标就是智慧[③]。

希腊人如此执着地追求智慧，便不可避免地会提出这样的问题：智慧是什么？然而，当人们以这种方式发问时，已经不知不觉地将创造性活动中体现出来的智慧当作某种东西了。那么，智慧究竟是什么？可以肯定的是，通常所说的知识并不等于智慧。古希腊哲学家赫拉克利特（Heraclitus）就曾指出，博学并不能使人智慧[④]。在苏格拉底看来，知识就是智慧，认识到善就会行善。但他所说的知识是真正地知道什么是善、正义等，并不是指关于事实的知识和科学知识。尽管如此，苏格拉底说知识即善也是不恰当的，因为正如亚里士多德（Aristotle）所抱怨的，苏格拉底的观点与人们观察到的事实显然相冲突[⑤]。人们说，知识是特定的、有限的，而智慧则是无限的，可智慧在哪里？智慧究竟着落在哪里？

二、哲学与求知

首次试图对“智慧”一词做出确切规定的人是亚里士多德，他认为智慧是有高低之分的：“有经验的人较之只有些官感的人为富于智慧，技术家又较之经验家，大匠师又较之工匠为富于智慧，而理论部门的知识比之生产部门更应是较高的智慧。这样，明显地，智慧就是有关某些原理与原因的知识。”[⑥]这种从知识方面去规定智慧的做法对于促进科学理论思维的发展有重大意义，这也是当时哲学所完成的一项重要任务。在亚里士多德对学

① 柏拉图. 2002. 柏拉图全集（第 1 卷）. 王晓朝译. 北京：人民出版社：67.

② 柏拉图. 2003. 柏拉图全集（第 2 卷）. 王晓朝译. 北京：人民出版社：656.

③ 柏拉图. 2002. 柏拉图全集（第 1 卷）. 王晓朝译. 北京：人民出版社：128.

④ 北京大学哲学系外国哲学史教研室. 1981. 西方哲学原著选读（上卷）. 北京：商务印书馆：25.

⑤ 苗力田. 1999. 亚里士多德选集（伦理学卷）. 北京：中国人民大学出版社：317.

⑥ 亚里士多德. 1959. 形而上学. 吴寿彭译. 北京：商务印书馆：3.

术的分类中，所有理论形态的知识（如物理学和数学）均被视为智慧，包含在哲学之内。此外，亚里士多德认为关于“存在”的认识是最高智慧，构成“第一哲学”的内容，这便是后人所谓的形而上学。

亚里士多德视关于事物原理与原因的知识为智慧，并认为哲学是单纯为“求知”而进行的学术。很显然，他明确地用知识取代了智慧，哲学也就从爱智慧而被引向追求普遍知识。必须指出，根据亚里士多德所说的话，他是将智慧划分为两类：一是理论的智慧，涉及原理性的知识；二是实践的智慧，涉及实践性技术。亚里士多德强调学者的智慧，轻视实践者的智慧。当然，他虽然将智慧归结为知识，但这并不意味智慧就是知识。他的意思也许是说创造知识的人是有智慧的，仅仅掌握知识的人并不一定有智慧。知识是可以明晰表达的，而智慧则难以把捉。我们可以说掌握知识，但不能说掌握智慧。智慧最充分地体现在人类的创造性活动当中，而其本身则是隐而不显的。

事实上，哲学追求知识的态度在古希腊已根深蒂固。众所周知，在前苏格拉底时期，哲学就是自然哲学，而自然哲学基本上是物理学。苏格拉底把哲学从天上拉到了人间，但他的哲学态度是知识论的，也是形而上学的，因为他企图采用明晰确定的概念方式去把握永恒的理念。到了柏拉图和亚里士多德那里，哲学的使命便被明确地界定为追求绝对确定性的永恒真理，而且哲学成了无所不包的知识体系。

三、哲学包罗万象

在古希腊人的术语中，只有“哲学”而没有“科学”。其实，在人类理性认识的初期，科学认识、哲学认识以及其他类型的认识是混同在一起的，事实和价值、实证与规范同时出现在对事物认识的表述中。如上所述，哲学在亚里士多德那里成了无所不包的知识体系，其中形而上学所占的分量不少于物理学，物理学也不少于数学或任何关于其他社会事务的“哲学”，这种包罗万象的哲学观念对后世学术的影响是极其深远的。到了近代，法国哲学家笛卡儿（Descartes）仍把哲学看作各种知识的总汇。全部哲学就像一棵树，其中形而上学是根，物理学是干，而其他科学就是干上生出来的枝条，主要可以分为三种，即医学、机械学和伦理学。英国科学家牛顿（Newton）也以“自然哲学家”自居，并将自己在 17 世纪 80 年代出版的力学名著取名为《自然哲学的数学原理》。在黑格尔时代，英国的“哲学杂志”讨论化学、肥料、经济、技术知识等，他们还称寒暑表之类的仪器为“哲学的仪器”。

哲学为什么会成为知识的总汇？在人类认识发展的初期，科学知识比较贫乏，人们只能在经验基础上进行笼统的思辨，旨在发展一般性的理论。这种思辨的结论既包括科学认识也包括哲学认识，因而此种学术思想只能是包罗万象的。随着认识的不断发展，实证研究走向成熟的领域作为科学分支，才逐渐从哲学母体中分离出来。

必须指出，即使在古希腊时代，包罗万象的哲学也只是广义上的哲学。其实，哲学的核心一开始就表现出与科学不同的特征，即关心整体并在多元化的世界中寻求统一性。狭义的哲学主要是指形而上学，以追求存在的基本原理为己任，还包括政治学、伦理学、逻辑学等。

第二节　哲学的净化过程

根据前文简单的描述可以看出，源自古希腊的西方传统哲学有两个基本特征：一是追求绝对确定性的永恒真理，这是传统形而上学的根本特征；二是建构包罗万象的知识体系。我们知道，这种哲学观一直影响着西方学术的演进。但近代科学的迅速发展以及经验论的兴起，使传统哲学陷入了深刻的危机。随着各门科学的逐渐成熟并不断地分离出去，特别是经过拒斥形而上学的运动，哲学领域也发生了实质性的变化。

一、科学逐步分流

自近代以来，科学获得了迅速的实质性进步，一系列学科逐渐成熟并从哲学中分离出去，哲学作为包罗万象的学问已不再可能了。关于近现代哲学的处境，德国哲学家伽达默尔（Gadamer）曾有过精彩的论述：“从 17 世纪以来，我们就发现，今天所说的哲学处于一种变化了的情势中。面对科学，它开始以过去从未有过的方式，为自己的合法性寻找证明；而且在直到黑格尔和谢林去世的整整两个世纪中，哲学实际上是在对科学的自卫中被构建的。上两个世纪的体系大厦表现为调和形而上学传统与现代科学精神的一系列努力。此后，随着进入孔德以来所谓实证的年代，人们从相互冲突的世界观的大动荡当中，企图用一种对哲学的科学特性的纯学术的严肃态度，把自己挽救到坚实的土地上。哲学因而进入了历史循环论的泥塘，或者搁浅在认识论的浅滩上，或者徘徊在逻辑的死水中。”[①]科学的分流引起了关于哲学出路的激烈争论，主要有三种看法。一些人感叹哲学地位的寒酸，认为作为知识之王的哲学已如战国时的君王一般，不但不能从它的学科附庸各国收取贡礼，而且觉得它的权力和国土日渐减缩，只剩下较少的食粮，不足以使人民效忠于它了。有些人更形象地比喻说，近代哲学就像李尔王一样，把财产分给子女，自己却成了乞丐。在这些人看来，哲学将随着科学的不断分流而逐渐消亡。也就是说，当哲学的地盘被瓜分殆尽时，它也就没有存在的必要了。

与上述看法相比，德国哲学家海德格尔（Heidegger）的态度似乎较为积极。他说，“早在希腊哲学时代，哲学的一个决定性特征就已经显露出来了：这就是科学在由哲学开启出来的视界内的发展。科学之发展同时即科学从哲学那里分离出来和科学的独立性的建立。这一进程属于哲学之完成。这一进程的展开如今在一切存在者领域中正处于鼎盛。它看似哲学的纯粹解体，其实恰恰是哲学之完成”[②]。显然，海德格尔所谓的哲学之完成也将是哲学的终结。

第三种看法，也是笔者所赞同的看法，认为科学的独立所否定的并非哲学本身，而只是哲学原有的那种包罗万象的性质。即便所有科学都从哲学中分流出去，也还会保留哲学的固有领域，如本体论、认识论、道德哲学，以及诸种实践哲学等。事实上，正是随着科学学科的分流，才使得哲学的任务与内容逐渐具有了清晰的特征。换言之，由于科学的分流，哲学领域被净化了。

二、普遍规律失落

按照上述前两种观点，哲学的地盘若被瓜分殆尽，它就没有存在的必要，只要科学就够了。但学者还是倾向于在科学的层面上，为哲学划出地盘。我国哲学家张东荪认为，科学与哲学的对象都是世界。因此，两者的不同不在于对象的不同，而在于“科学以为必把它分为若干部分，各部分单独去研究。在各自研究的时候最好只许有关系而不互相倚靠与牵制。科学因此便专注重于精细与严确一面。……而哲学却恰恰采取相反的态度：

① 伽达默尔. 1988. 科学时代的理性. 薛华等译. 北京：国际文化出版公司：5-6.

② 海德格尔. 1999. 面向思的事情. 陈小文，孙周兴译. 北京：商务印书馆：70.

就是哲学以为我们要了解这个世界之所以为有理可解的缘故，必须先会合其全，以观其整，而穷究其底蕴。所以哲学是专注重于澈底与整全（即会通）”[①]。美国哲学家奎因（Quine）也认为哲学与科学是同时发展的，甚至是科学的一部分。他说：“哲学处在科学的抽象的、理论的一端。从最广义上说，科学是包括从历史学、工程学到哲学和纯数学的一个幅度很大的连续体。哲学是对最一般的存在的抽象。物理学家告诉我们一类事件之间的因果关系；生物学家告诉我们另一类事件之间的因果关系；而哲学家则探究总的因果关系——为什么一件事会引起另一件事？”[②]

上述学者关于哲学寻求普遍规律的观点可以追溯到古希腊，在我国至今仍是一种十分普遍的观点。这种观点可以表述为：科学研究世界中的各种特殊领域，并提供关于这些领域的特殊规律；而哲学则以整个世界为研究对象，并提供关于整个世界的普遍规律[③]。我国哲学史家兼哲学家陈修斋甚至认为，真正的哲学问题是以宇宙全体为认识对象的[④]。然而，这种观点存在着许多问题。第一，每门科学都不怀疑其对象的可知性，而且从原则上讲，任何适当提出的科学问题都是可以解决的。但是，我们却根本不知道整个世界在本质上是否可知。第二，哲学家如何研究整个世界？采用什么方法进行研究？科学研究的基本方法是观察与实验，研究的对象无论范围多大，也终归有限，所以科学探索总是不断前行的。而整个世界是无限的，我们怎么观察？怎样进行实证研究？第三，即便哲学家能够观察整个世界，能够获得描述整个世界的普遍规律，那么这种知识同科学知识在性质上有何区别？第四，政治哲学、教育哲学、科学哲学、艺术哲学等作为哲学的分支是公认的，但它们并不是以“整个世界”为对象的学问，也不是实证科学。

当然，说哲学追求普遍规律并非完全没有根据的。首先，世界观是人们对世界的根本看法，它影响人们的生活实践，可视为影响人类生活实践的基本观念，对世界观的批判反思与建构应该成为哲学的任务。其次，对“作为存在的存在”进行研究的本体论或形而上学，被亚里士多德视为“第一哲学”。对事物之一般存在方式的追问也就是对普遍规律的追求，我们也

---

① 张东荪. 1999. 科学与哲学. 北京：商务印书馆：173.

② 布莱恩•麦基. 1987. 思想家. 周穗明，翁寒松译. 北京：生活•读书•新知三联书店：243.

③ 赵光武，芮盛楷. 1992. 辩证唯物主义历史唯物主义. 北京：北京大学出版社：1；陈修斋，肖萐父. 1984. 哲学史方法论研究. 武汉：武汉大学出版社：1.

④ 陈修斋，段德智. 2009. 陈修斋论哲学与哲学史. 北京：人民出版社：33.

确实得到了一些概括，如“世界万物总是处于生灭变化之中”。不过，即便有这样的普遍规律，也只能是哲学的极小部分；即便通过概括得到一些结论，它们要么是十分形式化的，要么只是人们的一般信念而非普遍必然规律。在诸多人类生活实践主体的现实状况之间存在显著的差异，适用于所有主体的观念或原则必定是极普通的，也许并不具有实质性的重大意义。第二章的分析将表明，人类的自由与创造使得世界范围内的因果链条发生断裂；就人类事物的现实发展而言，并没有普遍必然的规律。

也许是考虑到整个世界无法研究，或者考虑到哲学不同于科学的性质，一些人认为，哲学的任务只在于联络科学，把各种知识结合为一个系统。简单地说，哲学是科学的概括和总结，即认为哲学研究自然界、人类社会和思维的最一般规律。这个观点与研究整个世界之普遍规律的学说有些类似，因为综合科学所欲得到的也是最普遍的规律。对各种具体科学的成果进行综合性探讨以试图发现对世界普遍适用的规律，这倒是一项现实且必要的任务。但问题是，哲学怎样完成这项任务？哲学家是否有能力承担此重任？综合科学不可能是简单的组合，而是需要跨学科或多学科研究，哲学家显然不具备这样的素养。当然，哲学家可借抽象与概括，得到一些结论并将其扩展到整个世界。但是，这样的结论能够达到怎样的深度？它们究竟又有什么意义？

另一些人认为，不能直接研究整个世界，并不等于得不到关于整个世界的普遍规律。科学结论是普遍性的，但研究对象总是特殊的、有限的事物。在他们看来，普遍性存在于特殊性之中。类似地，通过研究整个世界的有限部分，完全可以得到关于世界的普遍结论。然而，这里的类比是全然无效的。在科学中，关于特殊现象的结论，仅仅被推广到同类现象。所以，这种普遍化不是实质的，而是形式的。也就是说，它只是断言：凡属于这类现象，便服从这种规律。从对于世界之有限部分的认识推广到无限的整个世界，则是不允许的：因为在世界中，未知的其他部分可能完全不同于所研究的有限部分。其实，如西班牙哲学家贾塞特（Gasset）所说的，我们甚至不知道所谓“一切存在的东西”实际上会不会成为一个整体，或者说“任何存在的东西”会不会构成许多不同的整体①。

最后，从哲学与科学的二元关系出发规定哲学，或在对象性知识领域内谈论哲学与科学的分别，这是极不适当的；因为全部对象性知识都是同质的，都属于科学而非哲学。普遍规律学说将哲学视为科学的延伸，体现

---

① 奥德嘉·贾塞特. 2008. 生活与命运. 陈昇，胡继伟译. 南宁：广西人民出版社：101.

不出哲学之主体反思的本质特征。其实，哲学根本就不是对象性的实证研究，为什么能提供最普遍规律？哲学研究的确会揭示或辨明一些具有高度普遍性的观点，将这类哲学观点或理论视为普遍规律似乎也没有什么大问题。但显而易见的是，这类命题与价值观相联系，因而并不具有像科学那样的普遍有效性。再者说，哲学命题也并非全是这类普遍性的东西，那么为什么要把哲学规定为最普遍规律的学说？

三、传统形而上学

一些人认为，科学已经分离出去，那么给哲学留下的便只有形而上学了。的确，哲学被净化了之后，追求绝对真理的企图并没有被放弃，形而上学并没有销声匿迹。此外，追求普遍规律的哲学观也带有形而上学色彩，因为这种规律常被视为永恒不变的东西。事实上，形而上学正是西方传统哲学的核心。

那么，究竟什么是形而上学？笔者认为，在当前哲学界，形而上学主要有两种含义：一是指探究永恒本质、绝对真理的学科；二是指与辩证法相对立的思维方式，即孤立地、静止地、片面地看问题的方式。其中，第二种含义是从黑格尔开始的。这两种含义的核心与实质都是对确定性的寻求，即追求恒久不变性的企图。柏拉图曾经说过："哲学家是能把握永恒不变事物的人。"[①]黑格尔认为："认识理念就是哲学的目的和任务。"[②]哲学就是要追求绝对真理，而且"真理只有一个"[③]。中文"形而上学"一词语出自《周易·系辞上》："形而上者谓之道，形而下者谓之器。"由于把道视为永恒不变的真理，故与西方哲学中的形而上学含义相同。

综上所述，所谓形而上学是指这样一种学问，即承认存在着永恒不变的东西（如柏拉图的"理念"、基督教的"上帝"等），或者承认事物具有永恒不变的本质，其任务就是追求这种本质，即确定性的绝对真理。在西方哲学中，传统形而上学是根深蒂固的。德国哲学家康德（Kant）受英国经验论者休谟（Hume）的影响，虽对传统形而上学采取了攻击的态度，但他还是没能摆脱其影响。康德一方面宣告了传统形而上学的终结，另一方面建构了形而上学性质的先验哲学。他的认识论仍是形而上学的，所谓先验知性形式

---

① 柏拉图. 1986. 理想国. 郭斌和，张竹明译. 北京：商务印书馆：228.

② 黑格尔. 1960. 哲学史讲演录（第2卷）. 贺麟，王太庆译. 北京：商务印书馆：195.

③ 黑格尔. 1959. 哲学史讲演录（第1卷）. 贺麟，王太庆译. 北京：商务印书馆：22.

和先天综合知识便是永恒不变的绝对真理。康德的道德哲学比数学更脱离实际，因为数学还可以利用直觉，而他的道德哲学只是先在地以纯粹理性的概念与命题为基础。

有些哲学家为什么向往形而上学？为什么热衷于追求确定性？为什么总是渴望绝对真理？这是因为绝对的确定性意味着坚定不移，而坚定不移的信念可导致心灵的平静，并给人以安全感。如德国哲学家尼采（Nietzsche）所说，确定性的丧失意味着失去建设经久长存制度的强烈冲动。人类面对变动不居的世界，将无法一劳永逸地达成理想，必须永不停歇地从事批判与重建。所以，为了获得心灵的平静与安全感，希腊自然哲学家不满足于变化无常的世界，致力于寻找万物的始基；柏拉图则建构了永恒理念的世界；亚里士多德虽然不赞同柏拉图的理念论，却也努力在广泛的领域中寻找事物之永恒不变的本质。

四、拒斥形而上学

在形而上学冲动驱使下，一些体系建构者将自己的哲学自封为绝对真理，如柏拉图的理念世界与理念论、康德的先验形式与先验哲学、黑格尔的绝对精神与思辨哲学等。由于传统形而上学仅仅从纯粹概念出发，不需要考虑现实，也就不能应用于现实。所以，对传统形而上学的批判，成了西方近现代哲学家的共同行动。在拒斥形而上学的队伍中，包括古典经验主义、马克思主义、实证主义、逻辑经验主义、实用主义等多路大军。休谟最早发难，明确断言传统形而上学“只有诡辩和幻想”。他说道：“我们如果在手里拿起一本书来……那我们就可以问，其中包含着数和量方面的任何抽象推论么？没有。其中包含着关于实在和存在的任何经验的推论么？没有。那么，我们就可以把它投在烈火里，因为它所包含的没有别的，只是诡辩和幻想。”①

但是，如前文所述，追求确定性的形而上学是根深蒂固的。在法国哲学家孔德（Comte）之前，哲学家普遍把哲学看作高于任何具体科学的真知识。如黑格尔以绝对真理体系标榜自己的哲学，这受到德国思想家马克思（Marx）和恩格斯（Engels）的激烈批判。黑格尔以虚幻的方式使现实世界屈服于绝对理念之下，以试图表达世界的绝对真理不过是纯粹的虚构。孔德坚决拒斥这种形而上学并最早提出这样的思想，即科学提供对象性知识，

① 休谟. 1981. 人类理解研究. 关文运译. 北京：商务印书馆：145.

而哲学本身不是一种知识体系。孔德对形而上学的拒斥是彻底的，他将人类精神的发展划分为三个阶段，即神学阶段、形而上学阶段和实证阶段。实证的基本含义是由经验来检验，主张抛弃一切无法用经验进行检验的假定。20 世纪西方哲学家对黑格尔哲学进行了更为猛烈的批判，遂造成“绝对理念之衰微与没落”。由于黑格尔“以最宏伟的形式概括了哲学的全部发展”①，故对黑格尔哲学的批判意味着对整个西方传统哲学的清算。

实用主义从一开始就以批判改造传统哲学为使命。美国实用主义创始人皮尔士（Peirce）反对形而上学，他认为我们没有理由怀疑这个世界的真实性，也没有必要设定一个永恒本质的世界。实用主义者将杜威改造哲学的出发点也是反对形而上学，他认为经验就是“做”和“行动”。逻辑经验主义（也称为逻辑实证主义）断言形而上学没有意义：一是形而上学陈述中有无意义的语词，句子的构成也不符合逻辑句法，如“上帝存在”中的“上帝”就是一个无意义的词；二是形而上学陈述既不能为经验所证实，也不能为经验所证伪。

现在几乎普遍认为，传统形而上学的确是不可能的，因为根本就没有永恒不变的形而上学实体，如柏拉图的理念、黑格尔的绝对精神、基督教的上帝、康德的先验形式、德国哲学家胡塞尔（Husserl）的本质等。在认识领域，绝对的确定性也是无法达到的，在我们生存于其中的世界里，并不存在绝对真理这种形而上学的东西，至少我们不能证明其存在。

第三节　被净化了的哲学

科学的逐渐分流以及对传统形而上学的否定，于哲学的发展本是有益的，它们使得哲学被净化了。然而，这种变化却使哲学屡遭诟病，并陷入了深重的危机之中。哲学家不得不再三追问：哲学是否还有存在的理由？人类社会进入 20 世纪，哲学对自己进行了更严苛的批判，如“消解哲学”“哲学的终结”“后哲学文化”之类的论调甚嚣尘上。一些哲学家企图彻底瓦解哲学，甚至玩世不恭地胡言乱语，幸灾乐祸地宣布哲学的终结。

然而，哲学终结了吗？哲学真的能够被终结吗？虽然已数次被宣布终结或正在走向终结，但哲学仍在从容自信地走着自己的路。卡弘说道：“哲

---

① 中共中央马克思恩格斯列宁斯大林著作编译局. 1995. 马克思恩格斯选集（第 4 卷）. 北京：人民出版社：226.

学断言无法得到充分的证明，并不意味着我们应当放弃哲学，或我们能够放弃哲学。只有当提供定论变成了哲学必须遵守的标准时，哲学探索从本质上得不出结论才可以成为放弃它的理由。”[①]哲学当然不会终结，但哲学家在关于哲学的出路问题上，发生了激烈的争论，提出了许多新的哲学构想。本节将针对以下几种主要观点分别做出简要说明，并指出这些观点存在的缺陷与不足：哲学面向思、语言分析活动、转向教化哲学以及社会批判理论。

一、哲学面向思

海德格尔认为自希腊时代始，科学在由哲学开启出来的视界内发展。科学发展的同时即科学从哲学那里分离出来走向独立，这一进程属于哲学之完成。哲学的终结是指“哲学达到了最极端的可能性”[②]。所谓哲学的终结，实际上是抽象普遍性哲学的终结，是传统形而上学的终结。当代哲学已经放弃了追求任何形式之抽象普遍性的努力：不再追求永恒不变的绝对真理，就连普遍接受的科学定律也不被视为绝对可靠；不再追求绝对确定的先验框架，笛卡儿、康德、胡塞尔所寻找到的先验的东西都没有确定性。

传统形而上学的终结意味着什么？海德格尔认为哲学的完成不能理解为没有继续发展，也不能理解为颓败和无能。他说：“所谓‘完成’并不是指尽善尽美，并不是说哲学在终结处已臻至完满之最高境界了。”[③]那么，哲学究竟应该采取何种形式？完成何种任务？海德格尔给出了答案，他认为哲学成了面向思的事情[④]。但对于“哲学的思”，海德格尔似乎没有什么积极的态度，他说：“至于说人们现在还在努力尝试哲学思维，这种思维也只能达到一种模仿性的复兴及其变种而已。”[⑤]

海德格尔无疑是一位哲学大师，但他后期对论证感到厌倦，躲避到神秘之物中去了。他拒绝将哲学当作一种论证的学科，放弃了为其前期著作辩护的努力，认为哲学只是诗意的沉思，并使用了许多诗化的语言。海德格尔说：“哲学活动就是对超乎寻常的东西作超乎寻常的发问。”[⑥]那么，哲

① 劳伦斯·卡弘. 2001. 哲学的终结. 冯克利译. 南京：江苏人民出版社：393.
② 海德格尔. 1999. 面向思的事情. 陈小文，孙周兴译. 北京：商务印书馆：70.
③ 海德格尔. 1999. 面向思的事情. 陈小文，孙周兴译. 北京：商务印书馆：69.
④ 海德格尔. 1999. 面向思的事情. 陈小文，孙周兴译. 北京：商务印书馆：70.
⑤ 海德格尔. 1999. 面向思的事情. 陈小文，孙周兴译. 北京：商务印书馆：70.
⑥ 海德格尔. 1996. 形而上学导论. 熊伟，王庆节译. 北京：商务印书馆：15.

学究竟思什么？答案也许会令人失望，他所思的核心问题是：为什么有东西存在，而不是没有任何东西？也许，这是一个深刻的问题，不过它肯定会让许多人觉得毫无实际意义。

二、语言分析活动

在拒斥形而上学的运动中，若将休谟的原则贯穿到底，则形而上学、宗教神学以及所有与价值有关的哲学都在拒斥之列。剩下的只是数学、逻辑和经验科学。现代经验主义者比休谟还激进，他们认为不能通过检验判定为真或假的命题都是无意义的。激进的奥地利哲学家维特根斯坦（Wittgenstein）认为，哲学问题源于语言的滥用①；通过语言分析使其清晰之后，“哲学问题应当完全消失”②。所以，他认为哲学唯一的任务是语言分析，目的在于澄清思想③。哲学不是理论而是活动，最终结果不是提供哲学命题，而是使命题明晰④。当然，哲学家也会提出一些命题，维特根斯坦的哲学研究成果也是以命题表达的，但这类命题终归是无意义的。对此，他说：“理解我的人当他通过这些命题——根据这些命题——越过这些命题(他可以说是在爬上梯子之后把梯子抛掉了）时，终于会知道是没有意思的。”⑤

逻辑经验主义者赞同维特根斯坦的基本观点，如维也纳学派的领袖石里克（Schlick）说：“哲学就是那种确定或发现命题意义的活动。哲学使命题得到澄清，科学使命题得到证实。科学研究的是命题的真理性，哲学研究的是命题的真正意义。”⑥德裔美籍哲学家卡尔纳普（Carnap）断言：“在形而上学领域里，包括全部价值哲学和规范理论……这个领域里的全部断言陈述都是无意义的。”⑦他说：“我们不回答哲学问题，而是拒斥一切哲学问题，不论是形而上学问题、伦理学问题，还是认识论问题。因为我们关心的只是逻辑分析。”⑧

我们该如何评价逻辑经验主义？逻辑经验主义正确地指出了传统

---

① 维特根斯坦. 1962. 逻辑哲学论. 郭英译. 北京：商务印书馆：i.

② 维特根斯坦. 1996. 哲学研究. 李步楼译. 北京：商务印书馆：133.

③ 维特根斯坦. 1962. 逻辑哲学论. 郭英译. 北京：商务印书馆：38.

④ 维特根斯坦. 1962. 逻辑哲学论. 郭英译. 北京：商务印书馆：44.

⑤ 维特根斯坦. 1962. 逻辑哲学论. 郭英译. 北京：商务印书馆：97.

⑥ 洪谦. 1982. 逻辑经验主义（上卷）. 北京：商务印书馆：9.

⑦ 洪谦. 1982. 逻辑经验主义（上卷）. 北京：商务印书馆：13.

⑧ 威廉 • F. 劳黑德. 2017. 哲学的历程：西方哲学历史导论（第4版）. 郭立东，丁三东译. 北京：中国轻工业出版社：563.

形而上学命题的无意义性，语言分析也的确可以消解某些哲学问题，并使语言表达清晰化。所以，他们强调语言分析，从事明确化活动，无疑是有积极意义的。但是，逻辑经验主义对形而上学的拒斥过了头。将一切与价值有关的问题都视为伪问题，将一切与价值有关的命题都视为无意义的，这等于将人类生活实践中最重要的东西排除在哲学之外，显然是极不适当的。事实上，语言分析只是哲学分析的一部分，而且只是哲学探索中辅助性的准备工作。哲学问题关涉人类生活的根本，其实质问题是价值取向，根本不是语言。显然，将哲学的任务限定为语言分析，就是忽视了哲学研究的实质领域。

三、转向教化哲学

包罗万象的哲学早已解体；旨在探索永恒对象、追求绝对真理的形而上学行不通；追求实证性的普遍规律并非哲学的任务；将哲学限定为语言分析活动的做法过于狭隘；同时，人们发现那些被认为是典型的哲学问题，没有一个解决得完全令人满意。于是，一些哲学家对哲学提出激烈批评，甚至试图终结哲学。罗蒂也许是对西方主流哲学批判最为激烈的，他将传统哲学（也包括分析哲学）均视为是本质主义和基础主义的，故也成为他努力消解的对象。在罗蒂看来，哲学家“没有任何特别的‘问题’需要解决，没有任何特别的‘方法’可以运用，也没有任何特别的学科标准可以遵循，没有任何集体的自我形象可以作为‘专业’”[①]。哲学专业化是西方哲学的主流，这种努力是要在特定领域成就一门学科。对此，罗蒂持反对态度。他认为“哲学研究越是变得专业化和职业化，它就越少受到其他学术同伴或公众的尊重。到现在，它有某种被完全忽略的危险，像古典哲学一样被看作一种怪物，尽管很有魅力”[②]。“在它已经努力将自己转化成专家文化时，它已经堕落进了经院主义，堕落进了哲学职业外的任何人都不感兴趣的争论中了。”[③]

那么，罗蒂是不是要终结哲学？他说不是，而是想要哲学成为教化哲学。所谓教化哲学是“治疗性的”，而非“建设性的”，且主要是对以往哲

---

① 理查德·罗蒂. 2004. 后哲学文化. 黄勇编译. 上海：上海译文出版社：14.

② 理查德·罗蒂. 2009. 哲学的场景. 王俊，陆月宏译. 上海：上海译文出版社：34.

③ 理查德·罗蒂. 2009. 哲学的场景. 王俊，陆月宏译. 上海：上海译文出版社：26.

学家提出的观念及其导致的精神状态进行治疗[①]。罗蒂认为哲学的任务不是解决问题，也不是追求真理，而是发展新的说话方式，以有助于发展增进人类幸福的新社会实践。所以，哲学旨在进行教化，哲学家是文化批评家[②]。哲学家应当自觉地融入人类对话之中充当文化批评者的角色，发挥启迪人心的教化功能。哲学与各文化领域进行对话，力争达成一致、形成共识。

实际上，罗蒂反对的是这样的哲学，即认为有独立于历史和社会变化的"永恒哲学问题"，并试图为人类文化一劳永逸地奠定基础。然而，现在已没有多少人还主张这种哲学了。问题的关键在于他否认哲学问题，否认哲学为文化奠基的使命。罗蒂试图劝说我们放弃对根基的追求，放弃对"第一原理"的探究，不要尝试解决问题，不要有任何理论兴趣。他认为，哲学不可能成为其他文化部门的基础，因为它没有能力和方法为其他文化领域的基本主张提供辩护。他要我们放弃传统哲学问题，不要再谈论纠缠不清的"哲学方法""哲学问题"，彻底摆脱认识论和本体论，因为这些都是哲学过于职业化的不幸结果[③]。

如果我们放弃绝对真理而追求历史性的、可修正的、相对有效的信念，罗蒂的态度会怎样？一定不会赞同。他不想让任何观念存留，否则便有可能成为"客观真理""正常话语"。难道人类不需要指导生活的原则？道理很简单，没有永恒不变的普遍原则，并不等于生活不需要指导原则。就指导社会与人生的观念而言，没有绝对可靠的基础并不等于没有相对可靠的基础。此外，罗蒂认为教化哲学没有理论，他真能做到吗？罗蒂提出过太多的判断，当然也都没有提供根据。如他所说："在关于应该是什么的真理和关于实际上是什么的真理之间，没有任何认识论的区别，在事实与价值之间没有任何形而上学的区别，在道德和科学之间没有任何方法论的区别。"[④]他的说法当然没有根据，即便他是正确的，也不能由某个方面没有区别，便根本不做区别。

很显然，罗蒂实际上是要逃避哲学，他的思想在哲学领域遭遇了强烈的抵制，罗蒂本人被视为一个孤军奋战的离经叛道者。我们的确无法从某种超历史的视角来看待世界及万物，但这并不意味着我们没有必要追求一种合理的、有益的根本看法。有学者曾批评说，罗蒂对形而上学的恐惧已

---

① 理查德·罗蒂. 2009. 哲学、文学和政治. 黄宗英等译. 上海：上海译文出版社：219.

② 理查德·罗蒂. 2003. 哲学和自然之镜. 李幼蒸译. 北京：商务印书馆：i.

③ 理查德·罗蒂. 2009. 哲学的场景. 王俊，陆月宏译. 上海：上海译文出版社：1.

④ 理查德·罗蒂. 2004. 后哲学文化. 黄勇编译. 上海：上海译文出版社：248.

经变成了对理性和真理的恐惧。在罗蒂看来，似乎没有永恒不变的本质，就不能谈论本质；没有绝对确定的基础，就不能谈论基础；没有普遍适用的真理，就不能谈论真理。这究竟是什么逻辑？

罗蒂是将哲学作为一种自由的、随心所欲的文化批判，这样做可能会使严肃的理智追求变成一种漫不经心的语言游戏。一些人试图走出传统哲学可以理解，但他们把哲学描述得徒劳甚至滑稽可笑，显然是过分的。按照罗蒂的哲学构想，哲学家不应再去回答何谓“正义”“公正”“真”“善”“美”之类的终极问题，而应提出讥讽与隐喻、创造谈话方式。如此一来，哲学家也许只能成为罗蒂所青睐的反讽人，这种人把一切信念都当作特定条件下的约定。在反讽人的眼里，任何事情都可以被随心所欲地颠倒过来。他们带有游戏性地喜新厌旧，玩世不恭地面对一切。这样的哲学家对社会有何益处？

四、社会批判理论

现在，哲学从事批判似乎已经成为人们普遍接受的观点。马克思强调哲学的批判性，他尖锐地指出哲学就是要对现存的一切进行无情的批判，这种批判不怕自己所做的结论，临到触犯当权者时也不退缩，而且批判本身要求同社会政治批判相结合，并与实际斗争结合在一起。马克思和恩格斯指出：“实际上，而且对实践的唯物主义者即共产主义者来说，全部问题都在于使现存世界革命化，实际地反对并改变现存的事物。”[①]法兰克福学派更是把自己的哲学理论称为“社会批判理论”，德国哲学家霍克海默（Horkheimer）说：“哲学的真正社会功能在于它对流行的东西进行批判”“这种批判的主要目的在于，防止人类在现存社会组织慢慢灌输给它的成员的观点和行为中迷失方向。”[②]社会批判理论是实践理论，它关心的是人类生活状况的改善，支配理论的基础是对人们合理生活条件的关心[③]，其根本宗旨是“把人从奴役中解放出来”[④]。

毫无疑问，现实社会与人生批判是必要的，也是十分重要的。人类总是倾向于制造自己崇拜的偶像，而且偶像崇拜总是使人丧失理智并成为自

① 中共中央马克思恩格斯列宁斯大林著作编译局. 1995. 马克思恩格斯选集（第 1 卷）. 北京：人民出版社：75.

② 麦克斯・霍克海默. 1989. 批判理论. 李小兵等译. 重庆：重庆出版社：250.

③ 麦克斯・霍克海默. 1989. 批判理论. 李小兵等译. 重庆：重庆出版社：191.

④ 麦克斯・霍克海默. 1989. 批判理论. 李小兵等译. 重庆：重庆出版社：232.

己偶像的牺牲品。当一个社会中的批判意识消失殆尽时，必定会成为非人性的社会。正如英国哲学家伯林（Berlin）所说的，如果不对人们思考和行为所假定的前提进行检验，社会就会陷入僵化，信念就会变成教条，想象就会变得呆滞，智慧就会陷入贫乏。社会这样躺在无人质问的教条的温床上睡大觉，就有可能会渐渐烂掉①。因此，哲学批判乃是社会发展与进步的基础。我们可以借助哲学这一批判的武器探查人类文明的底细，使我们从武断的教条中解放出来。

质疑和批判是哲学的本质要求，这一点在后文还会反复谈到。我们现在的问题是，哲学直接批评现实社会人生吗？社会文化批判本身就是哲学吗？我们以为，从学术角度讲，这种批判实际上是某种哲学观念的应用，而不是哲学观念的批判研究与论证。批判总要依据一定的批判标准，这类标准甚至有自己更为基本的原则，这些基本原则必须经过深思熟虑，而对这类标准和原则的批判反思正是哲学的神圣使命。所以，我国哲学家冯友兰说："批评之自身未即是哲学，而批评之标准方是哲学也。"②

哲学当然关注现实社会与人生，关心人类生活中的现实问题，但它并不停留在这个层面上。哲学对现实的批判乃是深刻的批判，即对指导实践的基本观念与原则进行批判。哲学家专心于那些基础性的、根本性的问题之探究，追问终极性的前提假设。社会文化批判是现实层面的，是哲学问题得以揭示的条件，也是哲学观念应用的基本形式。所以，这种批判与其说是哲学，倒不如说是哲学的应用。当然，截然区分两类批判有时并不容易。此外，说哲学批判是深刻的批判，并不意味着哲学家不可以参与现实批判，但他这时的角色是批评家而不是哲学家。这种角色转换是显而易见的，否则批评家都可以说成是哲学家了。

第四节　哲学的实践转向

如前所述，由于科学的分流和对形而上学的拒斥，哲学领域得到了净化。但现在人们认识到，拒斥形而上学的运动有些过头了。实证主义者只赞同那些经验证实了的主张，并试图将价值体系建立在极其单薄的经验基础之上。这注定是行不通的。孔德在认识领域里对实证的普遍要求突显出

---

① 布莱恩·麦基. 1987. 思想家. 周穗明，翁寒松译. 北京：生活·读书·新知三联书店：4.

② 冯友兰. 2005. 人生哲学. 桂林：广西师范大学出版社：3.

狭隘性，而他自己总是不断地把价值和情感偏好混入他的体系。事实上，不用说价值理想，即便是那些科学的前提假设也无法满足实证要求。将拒斥形而上学的原则贯彻到底，也即坚持可证实性原则，结果必然是哲学要么被取消，要么被限定为语言分析活动。此外，根据第三节的分析与说明，哲学家给出的哲学出路虽然有部分的合理性，却没有整体上的适当性。那么，现代哲学能成为什么样的学问？哲学是否已穷尽了自己的潜能？

值得庆幸的是，哲学家并没有遵从逻辑经验主义开出的狭隘“药方”，也没有像罗蒂那样喋喋不休地去跟人谈话。现在可以断言，在哲学领域，并没有绝对可靠的必然真理，即便有，我们也无法证明其绝对可靠；并没有形而上学实体，即便有，我们也没有能力发现它们。所以，现代学者不再热衷于形而上学，不再追求永恒不变、放之四海而皆准的绝对真理。人们放弃了绝对真理的幻想，但并不会放弃对真理的追求。我们欣喜地发现，哲学抛弃了形而上学之后，全身心地转向了人类生活实践。

一、马克思主义哲学

人们普遍认为，促成哲学现代革命的关键学者是马克思。他在《关于费尔巴哈的提纲》中指出：“哲学家们只是用不同的方式解释世界，而问题在于改变世界。”[①]马克思的意思是哲学家只关心理解，而人类的要务是生活，生活的核心是实践，而实践是改变世界。为此，他用“感性活动”的思想取代德国哲学家费尔巴哈（Feuerbach）“感性存在”的思想，他说：“从前的一切唯物主义（包括费尔巴哈的唯物主义）的主要缺点是：对对象、现实、感性，只是从客体的或者直观的形式去理解，而不是把它们当作感性的人的活动，当作实践去理解，不是从主体方面去理解。”[②]显然，这是一种实践哲学的直接宣言。德国哲学家拉普（Rapp）指出：“除了马克思主义哲学之外，死抱着人是‘有理性的动物’这个定义不放的倾向，仍然妨碍着哲学承认人是‘劳动的人’（homo faber）这个在今天相当重要的概念。”[③]

在马克思之前，西方哲学的重心是本体论和认识论，它们都涉及对世

① 中共中央马克思恩格斯列宁斯大林著作编译局. 1995. 马克思恩格斯选集（第 1 卷）. 北京：人民出版社：57.

② 中共中央马克思恩格斯列宁斯大林著作编译局. 1995. 马克思恩格斯选集（第 1 卷）. 北京：人民出版社：54.

③ F. 拉普. 1986. 技术哲学导论. 刘武，康荣平，吴明泰译. 沈阳：辽宁科学技术出版社：2.

界的认识，而实践论则关注人类生活实践。马克思倡导并实现的哲学革命被视为哲学的“实践转向”。在我国改革开放之后的哲学研究中，马克思哲学甚至被称为实践哲学。实践被认为是马克思主义哲学的核心范畴，而且马克思本人也声明他的哲学是一种实践哲学。我们可以这样说：马克思明确而显著地把实践概念引入了哲学之中，尽管他本人并没有明确地给实践下过定义。马克思的《关于费尔巴哈的提纲》昭示了一种不同于传统哲学的新哲学，尽管他并没有建构专门的、系统的实践哲学。

二、实用主义哲学

美国实用主义面向经验、行动、实践问题，其基本精神是注重实际、强调行动、讲求实效、重视方法，避免没有兑现价值的深奥抽象。他们相信最好的理论是有实践效果的，没有理论指导的行动不能算实践。所以，他们要求哲学关注人类的实际生活，重视行动和生活经验，从而使哲学成为指导实践的理论。在皮尔士和詹姆士（James）那里，信念是行动的准则，而确定信念是行动的准备。在杜威那里，所谓经验就是“做”和“行动”，他主张哲学必须由静观的态度转向行动的态度，由理论的态度转向实用的态度，由寻求确定性的理论活动转向对生活经验的把握。

在古典实用主义者中，杜威不遗余力地揭露脱离实际的传统形而上学，批评哲学轻视实践、割裂知行的传统，试图让哲学聚焦于政治、经济、宗教、科学等“人的问题”。他把理论视为对实践的辅助，致力于获得对处理我们在实践中遇到的问题所必要的某种理解，以期对传统哲学进行彻底改造；他鼓励哲学家去正视人类面临的重大社会问题和道德缺陷，提出某种思想和更加美好的社会理想，作为认识和纠正社会弊端的基本原则。从本质上讲，实用主义是实践的，也即其旨趣是实践。

三、存在主义哲学

对传统形而上学和科学技术的过多关注，造成了西方对存在的遗忘，即对人类生活实践的遗忘，以及对人类生存状况的遗忘。存在主义者试图扭转这一不利局面，他们认为生活经验才是哲学探索的恰当主题，并且聚焦于人类存在的阴暗面，分析焦虑、恐惧、内疚、孤独、死亡，以及选择之类的现象或经验，以揭示人类的真实境遇。

德国哲学家叔本华（Schopenhauer）将传统哲学问题与人生意义问题直接联系起来，使哲学恢复了应有的活力。海德格尔的存在哲学也具有鲜明的实践旨趣，他指出：人类存在的本质在于去存在，在于生存[①]。人不是现成的存在者，而是“此在”。“此在”同世界打交道，并对世界有所作为，因而它就是实践。海德格尔说：“此在是这样一种存在者：它在其存在中有所领会地对这一存在有所作为。这一点提示出了形式上的生存概念。”[②]“因为此在本质上总是它的可能性，所以这个存在者可以在它的存在中‘选择’自己本身、获得自己本身；它也可以失去自身，或则说绝非获得自身而只是‘貌似’获得自身。”[③]需要特别指出的是，“此在”这种存在者总是意识到并要面对种种的可能性。

在海德格尔看来，传统形而上学的根本缺陷是“只在纯概念之中摸索”，耽搁了对“存在的意义问题”的追问。他从“此在”出发，力图通过“此在”的生存论分析追问存在的意义。但正如我国哲学家郝立忠所说：“他的‘此在’仍然是停留于抽象的层面。在他那里，尽管他把人视为‘具体的人’，但这样的‘人’却仍然是抹平了现实差别的、‘抽象’的人。因此，海德格尔的‘此在’与马克思‘现实的个人’有着本质的区别。”[④]可见，海德格尔的新形而上学仍然是形而上学，他的“此在”与费尔巴哈抽象的人没有什么本质的区别。

在存在主义者看来，法国哲学家萨特（Sartre）具有突出的地位。他认为，人是什么以及他能够成为什么，完全取决于他自己。例如，一位残障人士无法改变其残障的事实，但他既可以用积极的人生态度来对待这个事实，也可以消沉无为而坐等别人的怜悯和关照。此外，伽达默尔将哲学解释学看作实践哲学，因为理解过程发生在人类生活的一切方面，理解是实践不可缺少的要素，同时解释学反思也是为实践服务的。

四、哲学的实践转向

经过科学的分流和拒斥形而上学的运动，在科学的领地和彼岸世界里，哲学的确是无家可归的，但从人类生活实践着眼，哲学则已使自己四海为

① 海德格尔. 1987. 存在与时间. 陈嘉映，王庆节译. 北京：生活·读书·新知三联书店：52.

② 海德格尔. 1987. 存在与时间. 陈嘉映，王庆节译. 北京：生活·读书·新知三联书店：65.

③ 海德格尔. 1987. 存在与时间. 陈嘉映，王庆节译. 北京：生活·读书·新知三联书店：53.

④ 郝立忠. 2002. 作为哲学形态的唯物主义辩证法. 济南：山东大学出版社：85.

家了。事实上，正是科学的分离和形而上学的不可能，才使得哲学找到了自己的使命。哲学的实践转向拉近了哲学与现实的距离，现在人们热衷于谈论这种转向，甚至大谈实践哲学。所谓实践转向也称为实践理性转向，是指哲学把自己的焦点与核心放在实践上，而不再是近代以来具有突出地位的认识论。

现代哲学为什么会发生实践转向？这一转向是否意味着哲学使命的逻辑定位？哲学是认识，实践是行动；哲学是理论，但不应当只是为满足好奇心的纯粹理论，而应当是指导实践的理论。其实，为实践服务的哲学自古有之，如苏格拉底的概念哲学，柏拉图的政治哲学、法哲学，亚里士多德的伦理学、政治哲学，康德的实践理性批判，等等。当人们说哲学轻视实践时，这里所谓的“实践”仅仅被理解为繁重的、辛苦的、凭借身体和器具进行的生产劳动。实际上，哲学从未轻视过人类其他领域如政治、教育、科学、艺术等方面的实践。但是，本体论在西方哲学中一直占据中心地位，直到近代被认识论所取代。毋庸置疑，是马克思、海德格尔、杜威等大思想家促成了现代哲学革命，使整个哲学聚焦于人类生活实践。因此，所谓哲学的实践转向仅仅是指，那些关心生活实践的哲学分支占据了哲学舞台的中心位置。

实践转向与价值认识密切相关。通常价值判断被认为是主观的，价值与事实、价值判断与事实陈述的二分法亦为许多人所接受。如逻辑经验主义认为，伦理学的、形而上学的和审美的判断是“认知上无意义的”判断，完全在理性讨论的领域之外。显然，如果他们的说法正确，如果人类生活实践中与价值相关联的目的、信念和原则不能被理性地讨论，那么，哲学便真的没有自己的领地了。所以，对与价值相关的信念进行理性论证就具有必要性和可能性，这对哲学而言是一个生死攸关的问题。哲学观念与价值相关联，它们显然都是基于实践和经验的认识成果，为什么说它们没有认知意义？难道那些实际指导人类生活实践的基本信念只是人们主观的偏好？难道哲学家的批判反思以及在此基础上确立起来的哲学观念只是哲学家主观的偏好？第二章的研究表明，绝不能将价值理性归结为情绪与态度，也不能将其视为可随意选择的东西。

必须指出，当哲学聚焦于实践时，本体论问题和认识论问题就都可纳入实践哲学的范畴，因为它们都是有助于实践的开展。对世界及其万物的根本看法无疑会影响实践，而科学认识本身就是人类实践的重要组成部分，因此认识成果就是实践所依靠的东西。事实上，传统的形而上学问题经转换之后仍是有意义的，甚至是相当重要的。如“存在”并非形而上学实体，亚里士多德意义上的“第一哲学”作为形而上学已经终结了。但世界及其万物的存在方式仍是重要的哲学基本问题，将“存在”说成世界及万物的本质并非不适当，只是不要把“本质”当作永恒不变的形而上学实体即可。

五、中国哲学的实践旨趣

中国哲学自古以来，就一直专注于社会人生，所探究的正是关于生命的学问。在现代中国，马克思哲学起了决定性作用，杜威思想也曾激起过强烈反响。为什么中国人会如此顺利地接受他们的思想？答案也许会很复杂，但这与中国传统哲学的旨趣在于实践这一特征不无关系。

中国传统哲学开始于儒道两家，后来佛教思想融入其中，形成儒释道互补的结构。这种哲学的最显著特点是关注生活之道。许多学者都曾指出，古代中国只有政治哲学和道德哲学，而没有类似西方形而上学那样的纯粹哲学。的确，中国传统哲学偏重社会与人生实践，即使讲宇宙自然也是联系着人事来讲的，其着眼点仍是生命与德性。传统哲学的核心概念是道，认为生活的最高境界是得道，所以哲学就是论道，而且是“人道”。即使谈论“天道”也是为明“人道”铺路，为更深刻、更形象地说明“人道”。所谓“人道”就是立人之道、处世之道、治国之道。中国的思想家以自然之道解释人道，追求与自然和谐的天人合一境界，关注的是人道而非天道①。道家似乎有将自然状态理想化的倾向，但实际并非如此，因为他们所谓的道法自然并不是要我们完全按自然状态演变的方式而生活，而是遵循自然的规律，确立人类生活之道。例如，老子的智慧大多来自自然的启示。《老子》中的“道”几乎完全是指理想化的人道，即人道的最高标准，也即圣人处世和治理天下的最高标准。

① 蒙培元. 1993. 中国哲学主体思维. 北京：人民出版社：10.

第二章
论哲学使命

哲学的本质是什么？哲学史告诉我们，哲学并没有什么固定不变的任务，也没有什么永恒不变的本质。因此，上述问题实际是在问：当代哲学应该成为何种性质的学问？哲学的使命是我们指派给它的，这里面没有任何神秘性可言。哲学的定位是否恰当，哲学所领受的任务是否合理，我们可以随时进行审查，必要时就得修改，以把握哲学发展的方向。比如，以往哲学曾是包罗万象的学问，而在科学逐渐独立且获得显著发展的今天，显然我们不能再把科学当作哲学的组成部分了；传统哲学的核心是形而上学，由于世界上根本就没有永恒不变的实体，也没有绝对确定性的真理，拒斥传统形而上学自然也是合情合理的。对哲学使命的规定不仅仅是逻辑的结果，还要基于人类生活需要、基于人类的天性与意愿、基于现实的学术发展状况。那么，现今我们该赋予哲学何种使命？

起初，哲学概念是模糊的，但其核心内涵始终没有改变，即“爱智慧”。智慧体现在人类生活实践中，特别是体现在创造性活动中。我们将从人类实践与自由本性出发，来探讨哲学的使命。根据笔者对哲学的理解，考虑到现当代哲学的实践转向，有以下观点：哲学立足于人类生活世界，关注人类生活实践，致力于社会与人生更美好的未来，其使命是对指导实践的基本信念进行批判反思与理论重构。这是笔者关于哲学使命的哲学论观点，本章将从多个侧面入手来加以阐明。具体说来，将从实践理性批判、辨明生活之道、价值理想思辨以及生活智慧四个方面，对上述哲学论观点做出详细说明与论证。其中，关于自由和道的内容是在拙著《工程哲学——工程性质透视》相关论述的基础上扩展而成的①。

① 薛守义. 2016. 工程哲学——工程性质透视. 北京：科学出版社：3-10.

第一节　哲学与生活实践

哲学立足于人类生活世界，关注人类生活实践，以人为终极目的。这种观点是哲学对自身基点的设定，其鲜明主旨在于脱离那种虚无缥缈的彼岸世界，包括宗教的天堂和柏拉图的理念世界。哲学关注实践，致力于人类生活幸福，而不是神与来世。这样做既是对传统哲学批判的结果，也是哲学经世致用的必然要求。就人类社会历史而言，除了人类自身的生存与发展，不能设想还有其他什么外在的终极目的。哲学是彻底世俗的文化，它不承认世界具有神性，不相信神的存在，也不对任何超自然的东西负责。那么，什么是人类生活世界？什么是人类生活实践？实践的基本特征是什么？

一、人类生活世界

通常所谓的现实世界，是指人类生活于其中的世界。从人类的角度讲，或站在人类的立场上看，可以将人类生活世界当作这个世界的核心。我们所说的人类生活世界是整个世界的组成部分，以地球为中心向外延伸，人类活动影响所及之处为其边界。这个世界是人类与自然相互作用形成的世界，是经人类活动改造过的世界。人们在实践中与周围的事物相互影响，使它们变成了人的“无机身体”。人类生活世界的边界不是很清晰，也不是固定不变的，但在特定的时期是可以大致圈定的。人类的全部生命活动都是在生活世界中进行的，所创造出来的东西都属于这个世界的组成部分，创造活动及其产物都将对这个世界产生影响。从某种意义上说，人类生活世界是人类创造的。人类不仅可以改变世界、改变自身，也使世界及其一切对人类具有了意义。

人类生活世界对于我们来说是亲切的，这不仅是因为我们生活在这个世界之中，我们还参与了这个世界的改造。引入“生活世界”这个概念，主要是强调人类与自然之间的相互作用，特别是强调人类对自然的改造，强调人与世界万物共处、互动，构成一个有机的整体。这个世界中当然包含自然物，但与人类密切相关的自然物已经不是纯粹的自然物了，而是在与人类相互作用过程中被人化了的、为人的自然物。所以，从某种意义上说，它是一个属人的世界，这也是称为人类生活世界的原因所在。对于广阔无垠的宇宙而言，人类自然是十分渺小、微不足道的一种生物，但对于人类来说，一切都被视为自己生存的条件。所以，我们也可把整个世界视为人类生活世界。

“人类生活世界”这一朴素的概念是直观性的、常识性的，并不特别需要为之辩护。对这个世界进行简单分析，便可以展露出哲学的视域，从而明确哲学的使命。也就是说，对人类生活世界进行全面、细致的哲学探究，乃是哲学世界观的任务。我们知道，胡塞尔为了说明欧洲人与科学的危机，也曾提出“生活世界”的概念，并成为其后期哲学的中心。他说：“近代客观科学本身是属于生活世界的具体事物。因此，为了阐明人的活动的这种获得物以及所有其他的获得物，无论如何首先必须考察具体的生活世界，并且是按照真正具体的普遍性来考察。”①那么，笔者的概念与胡塞尔的有什么区别？

在胡塞尔那里，生活世界是在前概念的、活生生的经验直观中提出的。胡塞尔是一个典型的唯心主义者，且不承认外部世界的客观存在；他的生活世界概念所强调的是主观间共同的经验，因此是一个仅在精神领域内才有其地位的概念。笔者这里所说的人类生活世界，则是在存在论意义上讲的，它是人类参与其中并由全部被结合在一起的事物所构成的世界，是一个只有在理论上才可以分割开来的有机整体。也就是说，人类生活世界是由存在着的事物构成的，这种实在论源自我们的观察与直觉，特别是源自我们生活实践中获得的体验。

二、人类生活实践

人类生活世界的根本特征是什么？如前所说，生活世界不仅是人生活其中的世界，更是人参与改造的世界。我们清楚地看到，生活世界之中涌动着人的意图、意志、计划，充斥着人的创造活动。特别地，在生活世界中所发生的是人类社会的实质性变迁。那么，人类存在的典型特征是什么？用海德格尔的说法就是，人总是在理解与筹划中去生存；用马克思主义哲学的语言说就是：“全部社会生活在本质上是实践的。”②

人类生活实践的本质特征是创造，即有意识、有目的、有计划、有组

---

① 胡塞尔. 2001. 欧洲科学的危机与超越论的现象学. 王炳文译. 北京：商务印书馆：161.

② 中共中央马克思恩格斯列宁斯大林著作编译局. 1995. 马克思恩格斯选集（第1卷）. 北京：人民出版社：56.

织的创造活动，正是实践才使生活世界显得不平常。人是在实践中与其他存在者发生关系的，这种关系首先是行动关系，其次才是认识关系。它要观察、使用、消耗并享受其他存在者。只是在生活世界中，在与人的关系中，存在者的存在才能显露出来。例如，一张桌子，我们可以把它用作写字台、吃饭桌或游戏桌。它究竟是什么，要看我们如何利用它。

从实践入手，对生活世界进行本体论分析，可以足够明晰地阐明“世界”这一概念。单纯地直观生活世界，将永远不能揭示其本质，甚至根本无法接近它。人在世界中生存，以各种方式同存在者发生关系；正是这种关系，才使世界得以形成。把实践作为哲学思考的主题，强调人类的特殊性，这并不意味着人类中心主义。人类居住在地球上、利用地球资源满足自己生存的需要，仅此而已。世界并不属于人类，更不是为人类所造。故深层生态学主张“生物中心平等论”，挪威当代哲学家内斯（Naess）认为：“如果人类的非生存需要逐渐与非人类生物的生存需要起了冲突，那么人类就应该服从后者的需要。”①

哲学关注人类生活实践，所以哲学认识是人对自身的认识。这一使命不是现代人赋予哲学的，早在古希腊阿波罗神殿上就刻有神谕：“认识你自己。”这句箴言被认为是人的使命，也被视为哲学的使命。正如德国哲学家卡西尔（Cassirer）所说：“认识自我乃是哲学探究的最高目标。”②根据苏格拉底的说明，认识自己的人知道什么事对自己合适，能够分辨自己能做什么；由于有这种自知之明，还能鉴别他人，从而获得幸福、避免祸患③。自苏格拉底起，西方哲学始终没有忘记这一箴言。由于把人作为终极目的，哲学便直接关注实践，人类存在的境遇也就成为哲学思考的基点。

三、实践概念的界定

由于哲学关注人类生活实践，将实践作为哲学的出发点与归宿，故实践便成为哲学论的核心概念，对实践概念的阐释便成为全部哲学活动得以展开的前提和基础。从学理上讲，对实践特征的先行揭示，可以为哲学提供清晰的领域。那么，究竟什么是实践？

---

① 唐纳德·帕尔玛. 2009. 西方哲学导论：中心保持不变吗？（第3版）. 杨洋，曹洪洋译. 上海：上海社会科学院出版社：312.

② 恩斯特·卡西尔. 1985. 人论：人类文化哲学导论. 甘阳译. 上海：上海译文出版社：3.

③ 色诺芬. 1984. 回忆苏格拉底. 吴永泉译. 北京：商务印书馆：149.

实践本身是一个哲学概念，对其做出适当的界定并不容易，需要先考察概念发展的历史。许多唯心主义者都曾谈论过实践，但在含义上各有不同。亚里士多德的活动分类也许是其中最早的一种观点，他将人类活动区分为三种：理论、实践和创制。所谓理论是指沉思道理的活动，包括科学和哲学；实践是指城邦公民在伦理与政治方面的活动；创制或技艺则是指生产和制造物品的活动[①]。亚里士多德之所以区分实践与创制，是因为前者是以自由为基础的、指向善的活动，后者则是基于技术知识并以功利为目的的生产。此外，亚里士多德所谓的理论并非知识，而是指与实践并列的特殊实践，而且是最高的实践。

康德把亚里士多德称为创制或技艺的东西称为“技术实践”，把亚里士多德所说的实践称为“道德实践”[②]，并开始谈论实践理性。但是，他把实践局限于传统的道德领域，所谓的实践理性是指不依赖于生活情境的道德意识，即按照绝对命令来行动的意识。换句话说，康德对实践的关注是从道德出发的，即只关注了实践的道德层面，这就是所谓的道德实践的含义。一些哲学家受康德哲学的影响，也把实践局限于所谓的道德行动。显然，这种实践概念是比较狭隘的。德国哲学家费希特（Fichte）强调自我的能动性，但他的自我并不是实践主体，而是作为精神实体的绝对自我，他所说的实践活动是绝对自我的抽象的精神活动。黑格尔把劳动引入哲学，将实践与劳动等同起来，与认识相较而言，并认为实践高于认识。但是，他还没有自觉地把实践提高到哲学的首要地位，也没有对实践进行深入的分析。

我们普遍认为，明确而显著地把实践引入哲学的是马克思。在他看来，实践乃是人类自我发展、不断超越的创造活动，是人性展开、自我实现或历史性生成的过程，因而是人类生活的本质特征，是人类最基本的存在方式。人与自然、人与人之间的关系正是通过实践活动建立起来的。在马克思主义哲学中，传统的实践概念才得以扩展。由于马克思所处时代的特殊要求，他所说的实践主要是指革命性和物质性的实际活动，强调生产劳动和革命活动在实践中的基础地位。马克思说：“一当人们开始生产自己的生活资料的时候，这一步是由他们的肉体组织所决定的，人本身就开始把自

① 亚里士多德. 1959. 形而上学. 吴寿彭译. 北京：商务印书馆：119.

② 康德. 1999. 实践理性批判. 韩水法译. 北京：商务印书馆：i.

己和动物区别开来。”[①]在马克思的著作中，找不到关于实践的明确定义，但实践在他那里具有如下特征：实践主要是指生产活动和革命斗争，与理论思维活动相对立，并强调实践的物质基础和人的主观能动性，因此实践具有主体性、物质性、革命性等。

关于实践，我们不能完全照搬前人的观点，而是要全面地理解实践，使其获得丰富的规定性。实践不同于一般生物行为，而是指人类自主、自由、自觉的活动。为此，我们对实践做出如下界定：实践是人类有目的、有计划并遵守一定理性规则的所有活动。首先，从内涵上讲，实践是指有目的、有计划、按规则进行的社会活动；它具有总体性，即不是零碎行动的机械堆积，而是包括多个环节的系统行动；它往往由不同的主体来承担，故有统一的目的、计划与组织。其次，从外延上讲，实践包括所有人类社会生活领域。现代人的实践概念是广义的，而且是与理论相对而言的。理论被用来指导实践，而实践则可以用来检验理论。在日常用语中，行为、行动和实践并没有严格的区别。但在学术研究中，找到明确的界线则是必要的。

首先是生活与实践。实践是人类生活的主要组成部分，也是人类生活的核心。但实践总是具有外在的目的，这一目的指向生活、为了生活。为实践而实践，忘记了实践的根本目的，就有可能忽略了生活。如果在实践活动的同时，也意识到实践乃生活本身，则两者将统一起来，实践将成为本真的生活。其次是实践与行动或行为。仅仅出于动物性本能的行为不是实践，这样的行为也无须理性原则的指导。日常生活中那些琐碎的行动也不应算做实践。当然，哪些行为属于实践，哪些行为不属于实践，很难找到截然分明的界限。但是，那些无意识行为、简单的身体动作、与社会和个人生活主旨无关的偶然活动，都不应被视为实践或实践的组成部分。

四、实践概念的进一步阐释

鉴于实践概念的重要性，我们有必要从多侧面、多层次加以阐释。从本质上讲，实践是人类的社会性活动，也是人类生活的基本形式。作为创造活动，实践是人类的基本存在方式，即通过实践生存于世界之中，并不断地改造世界连同他自身。哲学的奥秘在于人性，而人性的奥秘在于实践。人类是自身实践的创造物，世界也是经实践改造过的世界。实践的根本特

---

① 中共中央马克思恩格斯列宁斯大林著作编译局. 1995. 马克思恩格斯选集（第 1 卷）. 北京：人民出版社：67.

征是不断突破现实，表现为一种持续生长的过程，一种量变与质变相统一的过程。从实践与认识的关系角度讲，实践是认识的基本要素和环节，也是认识的根本旨趣。

人类生存与其他动物有着本质的不同，即是在领悟自身存在的前提下，通过思考去理解自己的存在，并通过真正的创造来把握自己的存在。动物活动受本能支配，是盲目的、无意识的，而人的实践则是自觉的、有目的的、有意识的、有计划的、经过深思熟虑而采取的行动。动物生命是纯粹由本能主宰的自然生命，从本质上讲这种生命是物性的。人类生命除自然生命外，主要是超越自然生命的创造性活动。人类的自由、创造，以及现实发展的多种可能性、选择、理想，这些使人类成为真正的主体，成为超越性的实践主体，实践也就成为人类的存在方式，与世界的关系就是通过实践形成的。通过这种创造性活动，人类实现自我发展，并不断超越。所以，实践可以被视为人性展开、自我实现或历史性生成的过程。作为一个哲学范畴，实践涉及主体、自由、选择、价值、目的、规则、创造性、能动性等概念。根据我们的理解，可以把实践的特征概括为主体性、目的性、筹划性、创造性和规约性。下文我们简单介绍实践的主体性、目的性和创造性。

首先，实践与主体。如前所述，人类生活本质上是实践的；而实践总是主体的实践，主体又包括个人主体和社会主体。我们每一个人都在生活着，都是生活实践的主体。除个体之外，就是相对独立的、具有统一行动能力的社会实体，如国际社会（地区性国际联盟、联合国）、政治社会（国家）、企业、政党、大学等，人们把它们也当作生活实践主体。任何实践总是一定社会现实下的实践，任何实践主体都是特定社会历史条件下的主体。从现实的、特定社会历史条件下的特定主体的实践出发，这是马克思主义哲学对传统形而上学的根本颠覆。我们知道，黑格尔以抽象的绝对精神为主体，这等于是放弃了主体性原则。

通常所说的实践主体，主要是指某种群体即社会共同体。德国哲学家哈贝马斯（Habermas）称社会共同体为交往共同体，并视这种共同体为主体。他特别地区分了以个人主体为中心的理性和交往理性，并将理性规定为“交往性的”，这种理性旨在追求共识。哈贝马斯的观点是适当的，因为正是个人主体之间的交往与合作才使社会主体得以形成。我们可以将社会主体视为某种复杂的实体，这种主体的拟人性意志和禀性与社会结构、制度及历史背景等密切相关，以至于结构主义者将无意识的结构视为主体[①]。一些反对人本主义的学者拒斥人类主体概念，并宣告了“主体的终结”。他们认为，人并不创造历史，历史是一种无主体的过程。情况真是如此吗？在人类社会历史进程中，的确发生了不以个别主体意志为转移的现象，但主体并非完全无所作为。相反，主体的自由意志和选择行动对社会历史走向起了实质性作用。

其次，实践与目的。实践不是盲目的活动，而是有其终极目的和明确的具体目标。所谓终极目的是指最终的、最根本的目的，其他一切目的和手段都是为了实现这种目的。那么，实践的终极目的是什么？这是需要我们凭意志自由设定的。我们以为，人类的要务就是生活，而且要幸福地生活，除此之外，再也没有其他外在的终极目的了[②]。对于人类而言，生活是根本，一切文化创造都是为了生活或更好地生活，这就是人类根本的、终极的价值取向。相对于此目的，一切其他目的都是次要的，一切其他追求都是技术性的。

现在我们知道，亚里士多德提出的目的论不再有说服力了，大自然并没有给我们规定目的。我们清楚的是，人人都渴望幸福，没有人乐见自己遭遇不幸，无论他决意要追求什么。我们的意愿就是要追求幸福，这没有什么不合理。哲学关注人类生活实践，旨在促进人类幸福。这是一种意志的决定，既非基于什么经验，也不是源自理性。

所以，哲学的旨趣在于人类幸福，在于推动人类社会逐步走向真善美的境界。如果哲学的作为无助于甚至有悖于幸福，我们相信是没有人会赞同的。在技术理性起主导作用的当代社会中，哲学尤其要积极地肯定生命的价值，追求人类生活的幸福。那么，什么是幸福呢？亚里士多德给出的答案是“活得好”。至于怎样才算“活得好”，人们会给出各式各样的答案。

我们暂时把幸福视为一个笼统的原则，主要是一个形式上的原则，因为在何谓幸福的问题上会产生无尽的争论。幸福概念的不确定性表明我们不仅没有引入形而上学的预设，而且对于消解人们观念上的差别是有益的，我们至少在形式上认可这一前提，特定情况下的幸福标准则须进一步予以辨明。事实上，对于何谓活得好或幸福之类的问题，我们只能靠经验回答，没有办法先验地确定，纯粹想象的幸福只不过是虚无缥缈的乌托邦。幸福虽然不易从正面进行界定，但至少可以从反面来衬托；而且我们可以断言，

---

① 列维-斯特劳斯. 1987. 野性的思维. 李幼蒸译. 商务印书馆：281.

② 薛守义. 2016. 工程哲学——工程性质透视. 北京：科学出版社：3.

人类摆脱苦难的努力就是在追求幸福。

最后，实践与创造。根据现代人的认识，我们生活于其中的这个世界，是从遥远的过去逐步演化而来的，世界中的万物有生有灭，且变动不居。是否存在永恒不变、不生不灭的事物，我们现在还不得而知。在宇宙演变过程中，新事物不断出现：生物、动物、人类。通过长期而伟大的实践，人类在政治、经济、宗教、教育等社会生活领域已建立起相对有效的规则与秩序，在科学、技术、艺术、哲学等领域也成就斐然。时至今日，人类的创造物比比皆是。现在我们要问的是：为什么人类生活世界与纯自然世界（比如人类诞生之前的世界）有显著的差别？答案是简单清晰的：人类从事创造性活动。我们也许不宜说宇宙有创造性，因为宇宙演化过程中出现的那些新事物仍属宇宙本身。但我们却可以说人类具有创造性，否则，在这个世界上就不会有各种技术物品、观念、制度，等等。

实践是人类从事的创造性活动，其本质是创造性。所谓创造就是使某种东西从无到有，就是对现实的超越。所以，实践的本质特征也就是实践的自我超越性。伽达默尔曾经指出："一切实践的最终含义就是超越实践本身。"①

五、哲学即实践理性批判

我们已经指出，人类生活本质上是实践的，而实践是有目的、有计划、有组织进行的社会活动，是在一定的社会制度、习俗、规范、标准、法律的规约下进行的社会活动。在实践的目的与规约的背后，还隐藏着一些基本信念。换句话说，社会制度与规则是基于一定的信念制定的，它们是关于事物的基本观念和行动的基本原则，而人类生活实践的成效在很大程度上取决于这些信念。

一些哲学家曾将信念定义为行动的规则。事实上，信念并不就是规则，但任何规则都是基于一定的信念制定的。所以说，人类生活实践是基于信念进行的，即以基本信念为指导。如科学探索基于事物发展变化具有规律性这一信念，要是没有这种信念，探索活动根本无法启动。基本信念将导致一定的实践效果，具体效果有好坏之分，从而信念也有正误之别。伯林指出："如果对这些假定前提作批判的考察，结果就会发现，它们有时远远不如看上去那样可靠；它们或明或暗的意义，也远远不如初看上去那样明

---

① 伽达默尔. 1988. 赞美理论——伽达默尔选集. 夏镇平译. 北京：生活 • 读书 • 新知三联书店：46.

确。”[①]我们以为，对这些指导实践的基本信念进行批判反思与理论重构便是哲学的使命，其目的在于帮助人们树立更为合理的信念，从而更有效地行动。按照维特根斯坦较为轻松的说法，人类任何一种实践活动都可视为一种游戏，是游戏就得遵循一定的规则，否则便无法进行下去。哲学就是批判地考察实践中的游戏规则，以帮助人们形成更为有益的规则。

人的行动与激情、意志密切相关，但在秩序正常的社会中，人们基本上要遵从规则行事，而违背规则的行为将会受到惩罚；按规则行事体现的正是实践理性，而且规则也是基于实践理性原则制定的。所谓实践理性原则是指作为实践基础的基本信念，也即指导生活实践的基本观念和基本原则。由于探究基本信念是哲学的使命，故哲学就是实践理性批判。具体说来，哲学的任务在于：对指导实践的基本观念和原则进行批判反思，辨明其根据和有效性，这必然要联系特定的历史条件和实践效果；确立对现实具有指导意义的观念和原则，它们应当是现实可行的、积极的或富有建设性的并具有理想品格，这必然要联系特定的现实；建构哲学理论，对上述观念和原则进行说明与论证；提出理论并不等于哲学研究的完成，哲学家应尽可能促成其理论的实际应用，在实践中检验理论的真理性。由于哲学理论的特殊性质，哲学家也可应用自己的理论对现实进行批判，这种批判也属于哲学的应用。

第二节　实践与自由意志

如上所述，实践的主要特征是具有主体性、目的性、筹划性、创造性和规约性。接踵而来的一个问题是：这些特征的根源是什么？人类为什么能够成为实践主体？为什么能够从事真正的创造？为什么能源于自然又超越自然而与其他动物相揖别？我们的答案是：人类有自由。的确，实践是一个包括意识能动性、行动创造性的主体性概念，其根源在于人类的自由本性。我们之所以能够追求自己的幸福，其根源也在于我们有自由。从本质上讲，人类生活是有目的的意志活动。实践概念预设了自由，即以意志自由为前提。假如人没有自由，全凭本能行动，便不可能追求幸福了。那么，什么是自由？人类真有自由吗？我们将会发现，这是一个真正的难题，

① 布莱恩·麦基. 1987. 思想家. 周穗明，翁寒松译. 北京：生活·读书·新知三联书店：2.

而要解决这个难题，需要发挥我们的自由意志，即以我们的意志来确认意志自由的真实性。

一、自由是人类天性

谈到人与动物之间的根本区别，普遍认为人是有理性的，且会思考，而动物则没有这些能力。其实，更为根本的事实在于：动物依据本能固定的、遗传的行为模式来生活，而人类则是按照自己的意愿，通过真正的创造活动不断地改变世界和他自身。例如，动物的生活方式永远保持同一的自然模式；而人类的生活则发生过翻天覆地的变化：从以采摘和狩猎为主的自然经济，发展到以农耕为主的农业经济，再发展到现今以社会化大生产为主的工业经济、知识经济。动物的活动技能（如蜜蜂筑巢）再精巧，那也是由本能决定的，根本算不上什么文化创造；而人类却依靠无限的创造力，成就了高度发达的现代文明。

动物和人类均源于自然界，但两者的生存状况迥然不同。动物靠其本能与自然界发生联系，并从自然中获得生命的全部所需。“但与动物相比，人的生命状况有两重显著的特性：一是作为物种性的自然生命来说，人的自然生命与自然界的天然纽带并不具有自然的优势，由此人的自然生命较为脆弱，生命力也较为弱小。二是作为人的活动性的整个生命来说，人的全部生命与自然界发生的联系最为主动，最为丰富。因此人的生命比任何其他动物的生命都有着更为丰富的生命内容和更为强大的生命力。”①我国当代哲学家孙璟涛指出：“通过人的第二重生命性，人把自己的生命主动地从自然界中分化出来，成为与自然界相对独立的生命，从而成为从软弱转变为强大、由有限转变为无限的生命存在。”②我们不禁要问：为什么会这样？人和动物既然都是自然的产物，为什么人类具有创造文明的独特能力？说来很奇怪，这竟是源自人类自身进化的未完成性。

从植物到动物再到人类，呈现出由低级向高级进化的趋势。经研究发现，进化使动物的器官达到了相当专门化的程度，本能也相当的精致。这些特征使动物对特定的外部条件具有了天然的适应能力，并以本能固定的行为模式较好地应对环境。如老鹰具有十分灵敏的视觉、尖锐有力的爪子和适合于消化肉食的胃，遂成为典型的食肉类猛禽。与动物相比，人的器

---

① 孙璟涛. 2005. 哲学的个性. 北京：昆仑出版社：68.

② 孙璟涛. 2005. 哲学的个性. 北京：昆仑出版社：71.

官未曾达到高度的专门化，在本能方面也是相当贫弱的。这些使得人对自然的本能适应性比较弱，特别是在幼体时期，需要相当长时期的养育方可独立。因此，王德峰说道："作为一个物种，人具有未完成性。大自然似乎把人只造到一半就推他上路了，让人自己去完成那另一半。"[①]

显然，这种进化的未完成性给人类的生存提出了严峻的挑战：他要么由于器官的非专门化和本能的贫乏而作为一个怪种被自然界淘汰，要么由他自己形成一种具有真正生产性的、创造性的能力去适应外部自然条件而存活下来。我们极为幸运地看到，人类的未完成性既给其带来了自然压力，也为其准备好了尝试学习和发展的潜能；借助这种自然压力，人类形成了超越自然本能的生存方式，并奇迹般地创造出光辉灿烂的伟大文明。真是令人惊叹：在一个一切都各安其位、一切都循规蹈矩地按照自然规则行事的宇宙中，人类却始终保持一种开放的、不确定的状态[②]。

人类状态的开放性意味着自由。人是以自觉的、创造性的方式存在的。"一个种的整体特性、种的类特性就在于生命活动的性质，而自由的有意识的活动恰恰就是人的类特性。"[③]自然界未曾给人类社会规定任何一种确定的生活方式，也没有给人类个体指定走任何一条确定的生活道路。这一切都得由人类自己去选择，去创造。就此而言，人类的自由是天赋的。我们有能力思考自身行为的可能后果，认识到发展的多种可能选项，并在其中做出自主选择。动物则没有理性和思想，没有可能性的意识，不能筹划自己的生活，从而也就无法做出真正的选择。这倒不是说动物不做决定，只是说它们仅凭本能和固定的反应模式来行动。

人类有选择与创造自己生活的自由。纯自然物是自在的存在物，它们没有意识，仅仅是它们所是的东西，其中没有任何东西超出它们当下的所是，其变化是由客观因素及因果规律决定的；而人则是自为的存在物，是自我意识并不断地超越自己的存在物。所以，从本质上讲，人类是自然界中的新事物，是使自然界人化的存在物，人类的诞生标志着宇宙生命的新阶段。人类的创造活动是自由的，创造物全新且渗透着创造者的意图和精神。倘若没有这意图和创造行动，这类创造物是根本无法从世界中自生的。创造者的自由就在于他所面对着的是完全的空无，所以俄国哲学家别尔嘉耶夫（Berdyaev）说："创造永远是从自由而来，生则来自自然界，来自自

① 王德峰. 2002. 哲学导论. 上海：上海人民出版社：8.

② 费尔南多·萨瓦特尔. 2007. 哲学的邀请. 林经纬译. 北京：北京大学出版社：62.

③ 孙璟涛. 2005. 哲学的个性. 北京：昆仑出版社：69.

然界的内部。……创造是通过自由行为从非存在向存在的过度。”[①]

二、意志自由的论证

那么，人类真有自由吗？为了回答这个问题，必须首先明确自由的含义。自由的概念是很复杂的，包括多个方面，如意志自由、政治自由、思想自由、人身自由等。我们只在本体论上谈论意志自由，正是这种意义上的自由关系到人类行动的本质特征。说人有意志自由，并不是说人的意志本身有自由，而是指人可以凭他的意志做出某种真正的选择。选择是“意志表现形式”，选择的自由就是意志自由。一个人（A）有选择的自由，那便意味着“A 的行为是可避免的”。当代美国哲学家斯蒂文森（Stevenson）进一步解释说：“如果 A 做了某种他实际上并没有做出的选择，那么，他的行为就不会发生。”[②]如果某个行为是不可避免的，那么他在这个行为上便没有自由可言。一个人在一些方面或许没有选择的自由，但他不可能完全丧失意志自由，而且法律和规律的限制并不能剥夺意志自由。一个人因畏惧法律而做出的行为也是自由的，因为他还是有选择不做的自由。激进的意志自由论者认为，任何事实状态和环境条件都不能必然地决定一个人的行为，至少他的意志行为是自由的。萨特的观点与此十分接近，他认为：“任何事实状态，不管是什么样的（社会政治、经济结构、心理状态等），本身不可能引起任何一个活动。”[③]

人类真的有自由吗？雅典人知道他们是自由的，但真正意识到人生而自由却要得益于基督教义：在上帝面前，所有的人都是自由平等的。西方意志自由的争论是在神学框架下进行的，而哲学的辨明则不这样进行。首先把自由看作人之特性的是法国思想家卢梭（Rousseau）；康德、费希特和黑格尔的道德哲学与政治哲学以及萨特的存在主义哲学，都是建立在自由观念基础之上的，而我们则认识到，自由是全部哲学的基础与前提。假如没有自由，实践理性原则将是不可能的，也无探究和存在的必要。所以，自由观念必须经过论证。当然，自由不可能由逻辑来证明。事实上，单纯的逻辑什么也证明不了。那么，意志自由体现在哪里呢？是怎样界定人类

---

① 别尔嘉耶夫. 2000. 论人的使命. 张百春译. 上海：学林出版社：45.

② 查尔斯·L. 斯蒂文森. 1997. 伦理学与语言. 姚新中，秦志华等译. 北京：中国社会科学出版社：339.

③ 唐纳德·帕尔玛. 2009. 西方哲学导论：中心保持不变吗？（第 3 版）. 杨洋，曹洪洋译. 上海：上海社会科学院出版社：232.

的自由本性？我们现在只能做出这样的回答，即自由主要体现在面对多种可能性时的意志选择行动，以及对意志选择的体验性直觉。

一个人可以按自己的意愿行事，他的意志便是自由的。在现实生活中，我们经常产生意愿，并做出选择。凭直觉我们的意志是自由的，我们的选择的确是我们自己做出的。人在行使意志时，总是受到各种限制性因素的影响。但除非只有一种选择，除非我们的行为被唯一的决定，便不能说我们的意志不自由。当一个人落入敌手时，他要么叛变或屈服，要么死。他显然也有一定程度的自由，即选择叛变或死的自由。从意志的角度讲，绝对的限制是不可能的。萨特对自由的论证是先验的，是从人的存在结构出发的。他认为人的意识是虚无的、否定的，而否定把人引向自由，因为意识不断地通过否定而使人永远重新选择自己。萨特所说的选择的自由是绝对的，意即任何情境都不能构成对自由的限制，选择总是由自己做出的。

那么，有选择的可能是否就意味着自由？人们做出一个行动决定，通常可分为三个主要阶段：思考、判断和选择。思考是指对将要实施的行动进行探索和质疑，判断是对之进行评价，选择是做出决定。面对一个需要摆脱的困境时，人们的做法与此相似：思考情况进一步发展的各种可能性并尝试性地提出可能的解决方案，对各种方案进行分析评价，最后做出最佳选择[①]。人活着不能没有行动，行动就会面临选择，而选择就需要依据相应的原因和理由。我们可以将原因与理由分开来谈，原因指实际存在并发生作用的客观因素，而理由则是主观的。人的选择与行动作为结果总有一定的客观原因，正是这些原因促使他采取该项行动或做出该项选择。作为原因的客观因素包括环境因素、性格特征、知识结构、实践经验、情感等，它们属于选择的控制性因素。现在的问题是：这种控制是绝对的吗？如果控制是绝对的，如果这些客观条件能够充分说明选择的理由，那么选择便是被决定的，也就没有什么自由可言了。但是，每当我们必须做出关键选择时，都会产生莫名的焦虑，这表明此选择并非已由全部客观因素所决定，而是要求我们的意志参与并提出理由。正是基于这些理由，我们常可发现自由意志的痕迹。

当我们被问及选择的理由时，都会提到客观条件的制约，但这种制约是不充分的。因此，选择与行动者常编织自己的理由，这些理由可能是充分的，但却无法从客观原因中推出。也就是说，就人的行动而言，外在的客观因素并不完备，还需依赖意志决定。理由成为行动的原因，而理由是

① 巴蒂斯塔·莫迪恩. 2005. 哲学人类学. 李树琴，段素革译. 哈尔滨：黑龙江人民出版社：84.

行动者自己找出来的。就起源来讲，理由可由实际的外部刺激引起，可由幻觉产生，可在欲望驱使下编造，也可出于毫无理性的纯粹意志。无论如何，理由是在自由意志参与下形成的。正是因为选择的理由体现自由意志，所以理由是他人无法预测的。当然，人做出选择并采取行动后，其结果将受因果律的支配，即所实施的具体行动是结果的原因。所以，意志自由并不否定因果律。作为原因的行动与结果受因果律支配，只是意味着选择行为本身没有确定的原因，意志决定是自由的。

对于上述论证，我们还可以做进一步补充。我们的行动受到诸多客观因素的影响与制约，这些因素可视为我们行动的原因，萨特称之为我们的现实性。现实性对我们的行动自然是起作用的，但起作用的程度却取决于我们对现实性的回应，正是在回应的方式上体现出自由。换句话说，对现实性的看法不同，人们将会做出不同的选择。关键是我们基于自己的认识，可以考虑多种可能性并在其中做出选择，而且这种选择接着便导致某种实际的效果。不同的选择将导致不同的结果，对此我们可以做出判断，这种判断必定发挥作用。从本质上说，选择是一种意志行动。从多种可能性中，在自由意志参与下做出选择，这种行为便体现出自由。我们常常为自己做出的某项决定而后悔，心想当时要是采取另一种选项就好了。这似乎表明自由的确实性，否则也就不会对错误的选择耿耿于怀了。

此外，意志自由虽不可观察，但可以通过行动显现出来，即从人类创造活动及其成果中可以看出。这种"看"，颇似现象学的本质直观。人类的创造活动是自由的，创造物也渗透着创造者的意图和精神。倘若没有这种意图和创造行动，这类创造物是根本无法从世界中自己产生的。创造者的自由就在于，他所面对着的是完全空无的深渊。这不是很明显的事实吗？事实上，在人类改造世界的实践中，显露出人类的自由意志和权力意志，也显露出人类的诸种能力。

三、决定论及其批判

然而，创造性活动及其成果体现自由吗？行动理由或意志自由的作用可以还原为物理因素吗？或者说，无论什么样的理由，都可以归结为客观因素的结果吗？这些问题难以得到明确的答案，也即自由的作用难以确认。我们似乎可凭直觉确认我们的意志是自由的，因为我们想做什么就做什么，我们想怎么做就怎么做。即便全部客观因素强迫我们去做一件事，我们也可以行使我们的自由意志而不做那件事。但是，对自由的直觉不同于我们对痛苦的感觉，故不能说是确认自由的合理论据。从性质上讲，我们的论证终归都是凭直觉进行的。这也是没有办法的事，对自由只能提供此类阐释；因为自由是形而上的，我们不可能做出确定性证明。

众所周知，意志自由历来是哲学家争论不休的问题。决定论者认为，人的任何行为都是有其原因的，并非他自由选择的结果。换言之，人类的行为是被动的、受控的。决定论有多种形式，主要是科学决定论和形而上学决定论。英国哲学家波普尔（Popper）对各种理论进行了细致的批判反思，最终他相信非决定论，而摈弃其他各种形式的决定论[①]。让我们先来分析科学决定论。自由对于人类生活世界的影响十分广泛，我们可以合理地推测：如果没有人类或人类像动物那样没有自由，那么整个世界范围内的诸多因素和现象之间将以因果链条相联系，一切发展变化由因果规律所控制。英国唯物主义者霍布斯（Hobbes）甚至认为，人类生活世界中的一切事件都由之前的原因必然地决定。在他看来，假设人类本性不同于自然的其他部分是不合理性的，因此物理学的方法更适合研究人类和他们的活动。

从科学的角度讲，人类本身是自然界的产物，与其他事物并存于这个世界之中。在世界万物之间，均发生着直接的或间接的相互作用，并因此而互相联系在一起；现实中所发生的每个事件都是相关事物相互作用的结果，而参与相互作用的所有因素便构成了这个特定事件的原因。因此，任何事件的发生都有一定的原因，人们做出某项决定似乎也不例外。当然，人在选择时有自己的意愿，但连这意愿本身也是由一定的外在原因所决定的。

如果上述认识不谬，那么人的一切行为便被湮没在整个世界的因果关系链之中，此即著名的因果决定论。在此条件下，科学能够干什么？在法国科学家拉普拉斯（Laplace）看来，如果我们掌握了全部自然规律，并在某个时刻能对宇宙进行完整的描述，也即掌握了所有初始条件，那么我们将能够对一切未来事件做出预测，也可对一切过往事件进行追溯。当然，要实际地验证科学决定论是不可能的，所以拉普拉斯才让他的精灵来完成上述任务。

我们再来分析形而上学决定论。经验告诉我们：我们虽然做出了某种选择，但不这么做也行。也的确体验到我们的意志以及意志指导下的行为，也的确体验到了自愿的选择。然而，决定论不承认这种经验，它们认为我

---

① 卡尔·波普尔. 1999. 开放的宇宙. 李本正译. 北京：中国美术学院出版社：1.

们所以为的自由只是幻觉，而意志恰恰是被决定的。例如，霍布斯就认为意志是被所有作用于它的力所决定的。也许我们误以为我们的行动是自主的、自由的，即在自己的意志支配下从多种可能性中进行选择，而实则是由我们不知道的某些因素的作用所导致的。

决定论是可信的吗？必须指出，当我们谈论自由时，所针对的是人类生活实践，而不是纯理论性的形而上学。在面对现实情境时，既然我们可以选择，这就说明外在客观因素并不能起完全决定作用，而是需要我们意志的参与。因此，形而上学决定论是空洞无物的，也是毫无实际意义的。此外，经验科学只是假定，并没有强加给我们任何决定论。事实上，甚至连因果律是否普遍有效，我们都不能确定。此外，当我们谈论意志自由时，实际上是在谈论行为的多种可能性，而不是谈论已发生行为的性质。这种可能性并非由客观因素引起的，也不是科学预测意义上的不确定性。

四、意志自由乃哲学前提

如前所述，决定论是不可信的，而对自由的论证又只是凭直觉进行的。因此，我们不太可能确证人有意志自由。决定论和非决定论是两个相互竞争的世界观，我们该如何选择？詹姆士给我们提供了实用主义原则以做出取舍，他说："两个关于宇宙的竞争性观点，其他方面全都一样，但是其中第一个观点否定了某个重大的人类需要，而第二个观点满足了它。头脑健全的人将青睐第二个观点，理由很简单，它使得世界显得更加合理。"[①]那么，假定人没有自由会导致什么结果？假定人有自由又会导致什么结果？詹姆士比较了相信决定论和非决定论的实践后果，他最后选择了非决定论：如果要继续生活并在生活中发现某种意义，就不得不承认自由意志并非虚幻，并且把这个信念作为行动的基础。他说："我的自由意志的第一个行为就是相信自由意志。……我将让我的意志更进一步，不仅以它行动，而且相信它；相信我的个体实在性和创造力……生活要被置于行动、承受和创造之中。"[②]

如果人类没有意志自由，一切顺其自然，听天由命，那倒是简单省事

---

① 威廉·F. 劳黑德. 2017. 哲学的历程：西方哲学历史导论（第 4 版）. 郭立东，丁三东译. 北京：中国轻工业出版社：542.

② 威廉·F. 劳黑德. 2017. 哲学的历程：西方哲学历史导论（第 4 版）. 郭立东，丁三东译. 北京：中国轻工业出版社：541.

了。但按照现代社会道德和法治精神，坚持决定论将是灾难性的。决定论认为，世界中一切事情的发生都是被决定了的，即按因果规律必然发生，没有自由选择的可能性。如果真是这样，则任何人都不需对任何事负责。如果我们接受决定论，那么世界上的任何事情都不可能不同于它实际的情况：现实社会中的谋杀恶行是必然的，非道德行为也不该受到谴责。这种荒谬的后果将使人类社会生活变得不可能。事实上，倘若除了因果关系链就没有别的作用，那么我们根本就不能真正地谈论什么行为主体，人类由此也就成了纯粹的木偶。

可见，虽然我们不能确定地说人有自由，但假定意志自由是必要的，也是有益的。人类生活并非动物性的本能活动，而是一种有目的的意志活动。无论何种能力，只要它在人类生活中发挥作用，它便具有了实在性。我们做出选择并不是出于必然性，否则其他可能性便不再是可能性了。我们可以在多种可能的方案之间进行权衡，但选择某种方案总是带有一定的盲目性和无把握性，因为选择不是出于必然性。面对多种可能的行为、多种可能的生活道路，我们可以行使自由意志以做出自己的选择。

认定人类有自由，就意味着他必须对自己的所作所为负责。所以，康德把意志自由作为道德的公设。现在，我们则把这个假设当作全部哲学的公设。如果没有意志自由，那么人类行为便与自然现象无异，整个世界也就只是科学研究的对象，哲学将成为没有必要的无益探究。由于自由意志的参与，仅仅聚焦于经验事实、物理刺激和外部原因，将不能说明人类行为。事实上，整个哲学都是以自由为前提的，人类社会的道德与法律制度也是以自由为前提的。退一步说，即便没有自由，即便我们的选择也是未知原因决定的，这也并不能消除相信自由带来的益处。

第三节　哲学与生活之道

人类有自由意味着什么？一方面，自由意味着挑战，人们必须在黑暗中摸索、从空无中创造；另一方面，自由意味着选择的可能性，有自由才可以追求幸福，才能实现自己的理想。在任何现实条件下，人类生活总是面对多种可能性，所以总是需要做出生活道路、生活方式的选择。在生活实践中，人们常常谈论理想与现实、目的与结果。由理想和目的促成的行动是实然的，行动所导致的结果和现实也是实然的。也就是说，实际发生的行动及其导致的结果都是实然的，而作为应然的理想和目的则是想象中的。当理想和目的得以实现时，应然与实然需要达成一致；否则，这种应然的想象就会消失。所以，从根本上说，自由意味着人类生活中永恒的张力。

从现实表面上看，人类生活中所发生的事情，有些是轻松的、随意的，有些则是荒唐的、可笑的；而深入实际生活中便会发现，生活其实是严肃的。人们研读充满苦难的人类历史时，不得不再三地向自己发问：究竟应当怎样生活？怎样应对自由带来的挑战？对于任何社会、任何个人来说，这个问题显然都是头等重要的，因而也应是最值得我们深思的。对于这个根本问题，我们给出的答案是循道而行。显然，要循道而行，首先得明道，即辨明人类生活之道。那么，什么是道？如何明道？由谁来明道？

一、自由与挑战

选择与创造的自由是大自然赋予人类的，但这个恩赐并没有让他的生活有丝毫的轻松之感。别尔嘉耶夫曾指出："在生存的意义上，超越是自由，并要求自由，是使人摆脱自己的奴役。但这个自由不是轻松，而是困难，自由经历着悲剧性的矛盾。"[①]那么，人类的自由可能引起哪些麻烦呢？

首先，自由意味着不确定性，自主选择意味着挑战。人类的自由常使其陷入深渊，前途似乎不可知、不可说。面对这种不确定性和挑战，人们是会焦虑不安的。其次，自由创造意味着责任。我们必须对自己的行为负责，无论是个人、集体、国家，还是整个人类。最后，自由是处处受限的。任何个人或集体都是有限的、依赖他物的存在物；人类生活是一种相互联系、相互制约的社会生活，而且要受到自然环境的限制。马克思说："人们自己创造自己的历史，但是他们并不是随心所欲地创造，并不是在他们自己选定的条件下创造，而是在直接碰到的、既定的、从过去继承下来的条件下创造。"[②]大自然赋予人类自由，并不意味着他可以任意妄为。任性的选择与造作绝不会带来真正的自由；当人们的活动脱离正确的轨道时，便会立即感受到外在的限制，并会遭到无情的惩罚。这就要求人们根据自己的生活经验，理性地确定有效的生活原则。从这一点看，是大自然在强迫

---

① 尼古拉·别尔嘉耶夫. 2002. 论人的奴役与自由. 张百春译. 北京：中国城市出版社：31.

② 中共中央马克思恩格斯列宁斯大林著作编译局. 1995. 马克思恩格斯选集（第1卷）. 北京：人民出版社：585.

人类对自己的行为负责，人类的理性也是由自由和责任限制形成的。

在此，我们想特别强调人类的自由与责任。我们犯了过错，就需承担责任。一方面，过错之所以为过错，只是因为我们有自由，而且这过错本来是可以免除的，否则我们就可不为自己的行为负责。另一方面，我们既然有选择的自由，就需意识到自己的责任。有位西方学者建议在美国西海岸上建造一座责任之神像，以和东海岸上的自由女神像互补。这应该是一个很好的建议，可惜至今还没有得到响应。我们很清楚，由于人类的行为远远超出了本能模式，所以才创造出法律、道德以及其他规范加以约束。也就是说，我们必须用实践理性驾驭自己的本能和情感。由此可以看出，我们不能无理性地任意妄为，否则不仅会受到惩罚，也会丧失人之为人的资格。当今时代，由于许多人为禁忌的解除，人类的自由程度越来越大，相应的责任也就越来越大。

二、挑战与行道

在人类的生活实践中，人们总是在不断地做出判断与选择，这种判断与选择总要依据一定的原则或标准，尽管他们并未清晰地意识到这一点。哲学自觉地把人类幸福作为终极目的，我们的生活是否幸福，实践效果是否令人满意，在很大程度上取决于我们对事物的看法以及所采取的实践原则。指导实践的基本观念和原则不同，实践的效果也就不同。所以，对于我们究竟应当怎样生活这个问题，我们似乎已经有了明确的答案，即人类生活应当受实践理性原则的指导。当然，我们有情感，有时还特别强烈。当我们被情感所控制时，就会倾向于忽视理性。这样做时，我们也就选择了放弃理性原则，而且结果往往是不幸的。那么，什么是实践理性原则？我们以为，这种原则就是人类生活之道。

中国古人相信，自然界有自己的运行之道，人类社会也有自己的运行之道，做任何事情也都有相应的道，可什么是道呢？古今中外，论道者数不胜数，见仁见智。《老子》（第三十五章）中说，道“视之不足见，听之不足闻”；《老子》（第二十五章）中说：道“恍惚”（似有若无）、“窈冥”（深远暗昧）；“寂兮寥兮，独立而不改，周行而不殆，可以为天下母”。老子把道当作万物的本原，颇有些神秘的色彩。我们这里抛开神秘性不谈，可以就道总结出以下几点内容。其一，“道”字的本义是指人行走而成的路径，其引申含义则颇多，如“言说”“通达”等，但核心含义是指规律、法则与生活原则。其二，道是看不见摸不着的，并不像具体的可感知物那样存在着；但道绝非虚无缥缈，而是处处支配着事物的发展变化过程。其三，道是无形的，而且不是独立存在的永恒实体。退一步说，即使有永恒不变的道存在，我们也无法确切地加以证明。其四，道可以分为两类，即自然之道和生活之道。

所谓自然之道，是指现实世界中客观事物的发展变化规律。人类要认识并利用这种规律，否则会受到自然的惩罚。中国古代思想具有泛道德倾向，特别重视道德的知与行，而轻视科学认识，更不懂科学知识的意义和力量，结果必然造成社会的畸形发展与落后。探索自然规律是科学的任务，我们这里所关心的是人类生活之道。这种道虽然是无形的，却能在生活中体现出来，尤其是能清晰地体现在那些正确有效的实践当中。社会与人生之道并不是早已客观存在，并有待我们去发现的规律，而是需要我们在实践中不断探索、创造并逐渐完善的原则。从作用上讲，人类的任意妄为表明无道，必然会受到制约，甚至遭到惩罚；循道而行则可以获得良好的效果。

可见，道就是规定了良善生活之界限的东西；当我们的行为偏离这种界限时，我们便会陷入困苦与灾难之中；若是与道相合，便可达到顺畅自如的境界。从表面上看，遵循规则与自由行事并存是一个悖论，而实际上则不然。印度诗人泰戈尔（Tagore）曾经说过："诗的美被严格的规则所约束，但是美却超越了约束。规则是诗的翅膀，它们不是使它下坠，而是把它带向自由。"[①]人们清楚地认识到，唯有循道而行，人才能实现真正的自由。休谟曾说："我们在何种程度上重视我们自身的幸福和福利，我们就必定在何种程度上欢呼正义和人道的实践，惟有通过这种实践，社会的联盟才能得到维持，每一个人才能收获相互保护和援助的果实。"[②]不仅如此，人在悟道行道的境界中，能像老子所说的，"无为而无不为"；还能像孔子所说的，"从心所欲，不逾矩"。这究竟是何故呢？当规则被内化到人的生命之中时，他便不会感到任何束缚，而是行事自由，怡然自得。

三、对道的阐释

中国古代哲学把"道"作为根本范畴，其中的道虽有天道和人道之分，但只有极少数人主张天道和人道的区别与对立。冯友兰将天道称为天然法则，把人道称为规范法则："天然事物本有其实然，其实然自是客观的，不

---

① 罗宾德拉纳特•泰戈尔. 1992. 人生的亲证. 宫静译. 北京：商务印书馆：56.

② 休谟. 2001. 道德原则研究. 曾晓平译. 北京：商务印书馆：65.

随人之主观而变更。故天然法则是客观的。规范法则是‘不得不然’之道；吾人可不欲达某目的，但如欲达某目的，则非遵某或某某之法则，或用某或某某之办法不可。……故规范法则亦是客观的，不随人之主观而变。”[①]无论如何，道总归是具有超越性的，即超越感性事物与现象，故可将其视为形而上的东西，尽管它不是传统形而上学所说的永恒实体。

可是，道隐而不显，我们又如何能抓住它呢？道虽看不见摸不着，但没有必要把它当作神秘的东西。人类生活实践是有目的、有计划的行动，一般要受到理性原则的指导；而道总是体现在那些有效的实践之中，与那些恰当而有效的生活观念和原则相合。如果我们把这类由经验、理性和理想确立起来的有效观念与原则视为道，或作为道的粗糙模型，也没有什么不可以的；而且这样一来，道便获得了一定的直接性，使我们不致全然陷入道的抽象思辨之中。如“诚信”是人们交往应当遵循的理性原则，也即交往之道；若不信守诚信之道，社会生活就难以正常进行。又如，“孝敬父母”乃是家庭生活的理性原则，也即人伦之道；如果抛弃它，则人将如禽兽一般。这类生活原则的约束力很强，就像康德所说的绝对命令一样。如果完全抛弃它们，人类简直无法生存下去[②]。当然，有些生活原则的约束力并不是很强，但违背它们或逆之而行是不明智的，也不会有什么好的结果。

那么，我们如何寻找道？想要辨明生活之道，就必须对指导自己生活的基本观念和原则进行批判性考察，在此基础上提出更为有效的观念和原则。之所以需要这种批判反思，是因为人们不一定能清楚地意识到这些信念，反思活动可以使其明确起来；即使意识到这些信念并将其作为行动的指南，但由于从未对其加以批判，也就无法揭露出可能存在的谬误。之所以必须进行这种批判反思，是因为这些观念和原则被用来指导我们的生活，决定着实践的效果，且事关我们的命运，必须使它具有足够的可靠性。这就像登山人在抓着一根绳子放心地向上攀登之前，必须反复地抻几下绳子以检验它是否安全一样。通常人们会无批判地、不自觉地接受一些流俗观念与原则的指导，这些观念当然凝结着人类生活的经验与智慧，但它们都不过是有待进一步检验、修正和亲证的基本假设。人类社会总是在发展变化的，对前人或他人合适的东西，并不一定适用于我们。因此，我们总是有必要结合自己的经验，且需对流行的基本信念提出质疑，追问它们的根

① 冯友兰. 2000. 三松堂全集（第 2 卷）. 郑州：河南人民出版社：217.

② 康德. 1999. 实践理性批判. 韩水法译. 北京：商务印书馆：32.

据；并通过批判反思，来确定适合我们自己的信念。

四、行道与智慧

如上所述，指导实践的基本信念就是生活之道，哲学的使命就是明道。那么，道与智慧有什么关系？我们知道，希腊思想家把哲学界定为爱智，即对智慧的热爱。智慧是一个不同凡响的词语，它是人类生活实践中显现出来的光亮，对于我们的现实生活来讲，它比闪光的金子更可贵。那么，智慧究竟是什么？没有人能够彻底地把智慧说清楚，我们所能肯定的是，智慧不是知识：既不是有关事实的信息与记载，也不是那种如实描述客观事物的科学知识。一个掌握许多知识的人，他的生活可能一塌糊涂，简直没有什么智慧可言。此外，我们还可以肯定，智慧和道一样，体现在人类生活实践之中，特别是体现在那些创造性的活动之中，但其本身却是隐而不显的。有人说道就是智慧，也有人说道是由智慧凝结而成的东西。这些说法都有一些道理。其实，智慧可视为良善行为之特征，而且人们都认为悟道的人是有智慧的。

从活动角度讲，哲学追求智慧；从成果方面讲，哲学观念是使人有智慧的东西。智慧不是形而上学的实体，道和基本信念也不是。赫拉克利特认为，有智慧的人认识逻各斯，并遵从逻各斯而行事①。所以，智慧就像道一样，体现在人类生活实践之中，特别是体现在那些创造性的活动之中，但其本身也是隐而不显的。中国古人所说的“道”与古希腊人的“逻各斯”相近，人类生活的奥秘尽在其中。智慧能够使人树立正确的信念，做出明智的选择，从而走上通往幸福的道路。所以，从本质上讲，智慧、正确信念与道是一致的。事实上，我们只能由信念来观道，由行道、悟道来体验智慧的境界。

五、辨明生活之道

综上所述，人类生活实践是人的本质行动，其前提是意志自由，其特征是朝向一定的目的（合目的性）、遵循一定的原则（合原则性）、按科学规律办事（合规律性）。也就是说，人们要想有效地达到自己的目的，必须循道而行。我们现在的问题是，由谁以及怎样来辨明生活之道呢？

---

① 北京大学哲学系外国哲学史教研室. 1981. 西方哲学原著选读（上卷）. 北京：商务印书馆：25.

古人认为，那些体现道的生活观念是神赐予的，或者是某个伟大人物发现的。其实，这类原则乃是人类在生活实践中逐步摸索出来的，每个人都可以为此做出自己的贡献。换言之，人类生活的基本原则是人类生活经验的升华；无论它们是由政治家、道德家提出来的，还是由艺术家、哲学家提出来的，它们都是人类共同拥有的宝贵财富。但是，有效的生活原则并非自明，也不是永恒不变的。那么，由谁去专门反思生活经验、辨明生活之道呢？这项任务可以由哲学家来完成。或者说，专事批判反思的那些人被赋予了哲学家的头衔。在生活实践中，那些原创性的原则被提出时，总是具有自然性、直接性，而且往往是模糊的、粗糙的。正是哲学家把它们引入了批判反思的领域，使之逐渐明晰完善起来。

现在，让我们试着把哲学的使命说得更清楚一些。在人类生活中，无论是个人还是社会团体，也无论是在任何时代、任何社会，都会面对一些根本性的问题，做出一些关键性的决定，而这些决定有赖于对那些问题的解答。这里所谈到的问题就是哲学问题，它们之所以重要是因为关乎人们的命运，且源自人们的终极关怀。也即哲学问题乃终极问题，哲学家就是要追根究底，追问指导人类实践的基本信念及其终极根据。如此说来，哲学的任务就是对那些指导实践的基本信念进行批判性考察，在此基础上提出合乎理性的建设性意见。也就是说，哲学的任务是对基本信念进行批判反思与理论重构。由于基本信念与道、智慧是一致的，故爱智之哲学的任务就是明道，即辨明人类生活之道。

在人类生活实践中，没有绝对真理，那些指导人们生活实践的基本观念和原则无非是一些假说。哲学家并不确切地知道何种观点是正确可靠的，所以他们的任务是阐明各种观点所涉及的因素，权衡各种选择的意义和得失，特别是那些不可避免的价值冲突和矛盾。哲学家在批判分析的基础上，完全可以提出自己的观点或支持某种已有的观点。但他们的观点或他们所支持的观点并没有任何特别的意义，究竟选择何种观点只是实践者的事情。关于道德哲学的使命，伯林有过一段十分清晰的表述，这种表述也适用于任何哲学分支。

伯林说：“道德哲学家的任务，仅在于帮助人们面对问题，面对可供选择的行动范围，向他们解释有哪些选择以及做出某种选择的原因。他应当努力阐明所涉的各种因素；揭示全部的可能性及其含义；不是孤立地，而是统观全局地甚至从整个生活形态的角度描绘各种可能性的性质。此外，他还应该说明一扇门的开启为什么会导致另一扇门的开启或关闭的原因。

换句话说，他必须展现某些价值之间，经常是无共同尺度的价值之间不可避免的矛盾和冲突。……道德哲学家的任务不是说教，不是鼓吹，不是褒贬，而是启发。他的助益仅在于此，剩下的事情只能由有关的个人或团体，根据自己的信仰和目标（可惜现实生活中这些东西远远不够）去做出自己的决定。”①

第四节　自由与哲学认识

我们已从指导人类生活实践的基本信念、人类生活之道以及智慧等三个方面入手探讨了哲学的使命，并得出如下结论：哲学就是实践理性批判，就是辨明人类生活之道，就是对智慧的爱与追求。那么，除对既有观念批判反思之外，哲学家该如何从事创造以建构哲学理论呢？这个问题涉及哲学认识的最根本特征，本节将从自由与世界之知的角度出发，谈论哲学理论思辨的内涵。

就认识而言，人类有自由意味着什么？基于自由的实践必然要求实践主体认识生活世界，为自己提出有效的实践观念。众所周知，人类认识的形式多种多样，如科学的、哲学的、神学的、艺术的等；观念类型有数学和逻辑学、实证经验科学、技术与技艺、规范与理念等。所有认识形式在人们的日常生活中都会涉及，待认识的全面性、系统性、深刻性达到一定程度时，诸学科便得以成立。其中，人类所进行的专业性理论探索主要有两大领域：科学和哲学。那么，这两种认识的本质区别是什么？为了回答这个问题，我们需要从世界及其万物的基本性质谈起。

一、自由与世界

在认识论中，康德将世界万物一分为二，即分为本体与现象。现象被视为经验中的东西，即外部事物在我们头脑中的显像，而事物被称为本体或物自体。当康德称现象为“显像”时，他暗示它们以某种方式与本体相联系，即暗示现象是本体造成的显像。但他所说的因果性属知性范畴，只在现象界有效，所以他必然否定本体是现象的原因。在科学中，我们只能

① 布莱恩·麦基. 1987. 思想家. 周穗明，翁寒松译. 北京：生活·读书·新知三联书店：35.

认识现象，而本体则是认识能力所不能及的。叔本华从康德的理论出发，也将世界分为本体和现象，称现象是科学认识的对象。但他认为本体是可以认识的，所谓本体就是意志，而现象只是意志的表现。

康德和叔本华的观点都是对世界的描述，也都具有认识论意义，但在他们的描述中均未引入人的自由。假如我们抛开人类内在心理过程而只关注其实际发生的行为，则在我们面前展现的就是现象世界。在现象世界中，现象间的因果链条是连续的，我们可以认为因果决定论成立。但作为原因的人类行为本身却不是由全部客观因素因果地决定的，而是与主体的自由意志有关。所以，从外部看，一定的原因产生一定的结果，因果律便成立。但只要我们关注原因本身，则与自由相关的不确定性便会显露出来。于是，我们可以给出另一种描述，这种描述将清晰地突显出生活世界的认识论特征。我们已经认定人类是自由的，这将给关于世界及其万物的认识带来显著的影响。在谈论决定论时，我们已指出：如果没有人类或人类没有自由，那么整个世界范围内的诸多因素和现象之间将以因果链条相联系，一切发展变化由因果规律所控制。在此情况下，如果我们掌握了全部自然规律，并在某个时刻能对宇宙进行完整的描述，那么我们将能够对一切事件做出预测。如果是这样，认识世界只需科学便可以，哲学则是多余的。

然而，人类是有意志自由的。在人类生活世界中，每个实践主体都可视为一个自由源，而主体包括个人和各层次、各类型的社会共同体。如果每个自由源用一个封闭环表示，则整个世界中将分布无数的环，环与环之间可以是并排的，可以是嵌套的，也可以是相交的。环的边际代表自由，从因果角度讲，自由意味着裂痕或鸿沟。如此，世界中就存在着无数的裂痕，这种裂痕源于人的自由以及由自由而衍生的创造潜能；正是在裂痕中，孕育着人类生活世界演进的多种可能性。从认识论方面看，现象世界中因果联系的链条被普遍存在的裂痕割断了，自由以及由此而生的偶然力量，时时处处作用于孤岛式的因果区域，从而使得整个世界丧失了因果连续性。

二、科学认识的局限

从认识的角度出发，我们可以把世界万物大致划分为两类。一类是纯自然事物，如宇宙中的各类天体，以及地球上的无机物、植物、动物；另一类即人类本身及其创造的事物或能动改造过的事物，如社会、经济、政治、宗教、教育、军事、体育、艺术、科学、哲学、工程，等等。对于第二类事物，我们称之为文化事物，它们均为人类实践领域及其创造物，包括艺术实践及艺术品，科学实践及科学知识等。

科学的任务是对世界万物进行实证研究，这种研究通过现象进行，它要面对客观事实、回答实然问题，旨在探索事物发展变化的规律性，并获得描述与说明事物的客观知识。由于人类生活世界中的存在物（包括文化事物）都是客观存在的事物，由于实际发生的一切事情（包括人类的心理现象）都是现象，故它们均可成为实证科学研究的适当对象。科学也实证地探究人类生活实践，并考察指导思想与信念所导致的实践后果。自然主义甚至认为，科学可以彻底无遗地说明所有实在。然而，实证的科学并未对其进行评价，也未对信念进行批判反思。科学的结论以客观的经验事实为依据，是对经验事实的理论说明。科学能够进行预测，但所能预测的范围是极其有限的。从原则上讲，人类生活世界中所发生的任何现象都无法长期预测，因为其间总有人类行为的干预，而这种行为是不确定的。

我们通过实证科学虽然可以认识世界中所发生的任何现象，借助科学技术可以创造伟大的奇迹。但是，即便科学完成其全部任务，即便人类有能力做任何事情，也无法回答人类应该做什么的问题。换言之，人类生存问题依然存在，它们是因人类自由、价值选择、创造性引起的哲学问题。实践是具有价值导向的，而价值导向的行动是自由的。即便通过科学掌握所有影响行动的客观因素及其规律，我们依然不能预测行动；这是因为决定行动的，除所有客观因素外，还有自由意志的参与。

在科学研究中，我们是作为一个旁观者来认识世界的；而在哲学探究中，我们则是这个世界的行动者和认识者。哲学所处理的问题与科学问题全然不同，哲学认识是实践主体的自我认识。哲学认识的对象是实践主体之感性活动的产物即文化事物，主体实践是其核心。所以，哲学认识不是要实证地描述对象，而是从实践出发，探究事物的本质以及实践原则。与科学研究相比，哲学所做的是更难的事情。就一个处于逆境的人而言，科学可以对其做出实证性描述，以客观事实为依据阐明其现实境况；而从实践与哲学的角度讲，所需揭示的是他摆脱逆境的各种可能性，以及应当采取的行动选择和基本原则。之所以存在这种问题，是因为人有自由和能动性。

现代社会危机的主要根源在于人类价值选择上的混乱，也在于生活意义的丧失。科学技术的巨大成功，使现代人沉迷于技术理性；在一定程度上，忽视了人类生活的根本问题，从而疏离了自己的生命。此外，科学技术虽已成为人类预测、控制、改造自然的有效工具，但作为工具理性，也已经变成使人类恐惧的关键因素。

三、价值与哲学认识

由于世界中裂隙网络的存在，以及因果链条的断裂，还原论的物理主义或自然主义世界观是不可能的，科学要揭开全部世界之谜的可能性也是不存在的。人类的自由与创造性使我们清晰地意识到横在我们面前的一道鸿沟，即现实与理性、此岸与彼岸之间的鸿沟。人类的根本特征是，总要试图超越现实，追求价值理想。所以，哲学认识与科学认识不同，几乎是完全从无中而来的。换句话说，哲学家所从事的是基于经验和理想的自由创造。在科学领域，理性所起的作用是整合知性产物，此种理性被康德称为理论理性。在哲学领域，理性所起的作用是价值理想与原则的设定和论证，被称为实践理性。当然，如康德所指出的，理论理性和实践理性归根结底是同一理性，只是理性在不同领域中的应用而已。

让我们从行动及其原因方面，再对哲学认识加以说明。人类生存于世界之中，并且总要采取各种必要的行动，涉及社会与自然、社会与社会、社会与个人、个人与个人之间的关系。我们做出选择并付诸一定的行动之后，世界万物将遵循自然规律发展变化。人的希望、愿望、目的、理想虽然都是心理的东西，但都是人自己可以体认的，故可视为实证科学能够处理的要素。但是，选择的行为是难以解释清楚的。由于人的行动对周围世界施加真实的影响，而人内心的愿望和目的之影响也是由行动体现出来，所以我们以行动为着眼点进行分析。一般来说，影响一项行动或行动选择的因素大致分为两类：一类是所有相关的、施加影响的客观因素，包括行动者本人的性格、禀赋、教养等；另一类是与选择相关的自由。也就是说，全部客观因素对选择是不完备的，或者说全部客观因素与行动之间没有因果关系。若用公式来表示，则可写为：所有客观因素+自由意志决定=行动。

由于人的自由，主体与主体之间、主体与自然之间被鸿沟隔开，因果链条也在鸿沟处断裂，世界靠基于自由的实践理性原则联结起来。人类所进行的一切创造活动都是价值导向的，所创造的价值包括积极的和消极的、正面的和负面的。无论正面的还是负面的，价值创造活动都在人类生活世界中留下了痕迹。价值理想是人的终极关怀，实践的基本内容就是不断地确定或调整价值理想，然后不断地通过创造性活动将其变成现实。价值目标包括各类有用物品，以及科学、民主、自由、艺术，等等。哲学认识不同于科学认识，其核心在于价值理想，而不是要获得知识。科学是认知他物（包括作为实证对象的人），哲学则是人的自知。老子曾说过："知人者智，自知者明。"我们可以稍作修改：知他者智，自知者明，而"他者"包括所有客观事物。

四、哲学即价值理性思辨

在世界中假定并引入自由，并不是我们执意要找麻烦。人类作为有理性的存在，无论人类社会发达到何种程度，作为有自由和创造性的能动主体，永远不会满足于现状。哲学研究则涉及实践，要面对价值，回答应然问题，旨在获得规范性的哲学观点。这里必须指出，哲学并没有科学意义上所要描述的对象，更不会产生对象性的实证知识。那么，与科学本质上不同的哲学究竟要做些什么事情呢？对于社会文化事物，从外部直接观察，我们可以观察到人们的行为；从内部省视审查，我们可以确认作为意识的理想和目的，而理想和目的与主体的价值观相联系。所以，实证科学研究必须考察理想和目的，进而必须引入价值选择。但若进一步就理想、目的、价值取向进行追问，则不再属于科学的研究范畴。就文化事物而言，由于人类赋予其意义，并能动地加以改造，故我们可以在哲学层面上探究其本质。

科学所涉及的领域是有限的，而我们最深刻的人类关切必须以某种不同于经验事实的东西为基础。就选择与行动而言，人类生活实践是开放的，不同的价值取向将把人类带到不同的境地。从认识论方面着眼，哲学作为一种专门的认识活动，其核心问题有两个：一是人类应往什么方向走？二是人类应基于何种原则行动？任何实践主体都无法逃避决断或选择，而选择及其伴随的行动则决定命运。当我们着眼于选择时，就会发现选择与选择是不同的，如有见地的与无见地的、有理性的与无理性的、负责任的与不负责任的[①]。任何行动都必须选择，而选择就是由价值设定的。科学实践自然也设定目的，即揭示事物本质与发展规律。即便在科学探索中，提出融贯性、简单性的要求，也是价值设定的。

黑格尔等哲学家都曾说哲学是自由的思想，为什么他们会这样说？在什么情况下，我们才可以说人是真正自由的？当一切客观因素的制约都消解时，也即在满足一切客观制约性的要求之前提下，透明的自由便

① W. 考夫曼. 1994. 存在主义. 陈鼓应，孟祥森译. 北京：商务印书馆：8.

显现在我们精神或理智的面前。此时，我们面对的是纯然的自由，一切将由我们自由地决定。所以，与其说人是自由的，不如说人是自由和必然性的统一。借用黑格尔的抽象表述："精神在它的必然性里是自由的，也只有在必然性里才可以寻得它的自由，一如它的必然性只是建筑在它的自由上面。"当然，"自由也可以是没有必然性的抽象自由"，但"这种假自由就是任性，因而它就是真自由的反面，是不自觉地被束缚的、主观空想的自由"①。

综上所述，人类实践是创造性的，即创造出世界上原本不存在的东西，人类生活世界中到处都充斥着此类创造物，自然物也打上了创造活动的印记。实践是创造价值的活动，故是具有价值导向的。那有待创造的价值就是实践的目标，与我们的价值理想相关联。对价值的认识与选择决定着实践的方向，规定了生活的道路。那么，哲学认识中判断的标准与原则从何而来？需要靠价值理性进行思辨。从这个角度讲，哲学的核心就是价值理性思辨。

第五节　哲学本质规定性

探讨了哲学的使命之后，我们就可以对哲学的本质做出阐释。人类生活实践是有目的、有计划、有组织的社会活动，旨在满足人类的各种需要。实践决定着人类生存的质量与命运，因而受到人们广泛而持久的关注，并为提高实践效果做出了不懈的努力。为了有效地进行实践，我们必须认识掌握世界各领域中的客观规律，创造并运用各种技术；特别是要基于深思熟虑的基本信念，来制定并遵守各类行动规则与标准。

一、哲学本质阐释

我们的探究已经表明，指导人类生活实践的基本信念可以被视为实践理性原则，它们也就是人类生活之道；接受基本信念或实践原则的指导也就是践行生活之道；明道与行道正是智慧的体现，所以基本信念、实践原则与生活之道是一致的，它们均与价值理想有关。基于此种认识，我们说哲学就是实践理性批判，就是辨明生活之道，就是价值理性批判，也就是

① 黑格尔. 1959. 哲学史讲演录（第1卷）. 贺麟，王太庆译. 北京：商务印书馆：31.

对智慧的热爱。这样，我们的哲学使命论以人类生活实践为聚焦点，将指导实践的基本信念、人类生活之道、价值理想思辨及智慧统一起来，明确了哲学的当代任务。

哲学探索的根基是生活实践，哲学的出发点和归宿是实践。就此而言，可以说哲学就是实践哲学。采用“实践哲学”这一说法，似乎让人觉得还有与之相对而言的“理论哲学”。的确，一些古代西方学者曾把哲学分为两类：一类是理论哲学，如形而上学；另一类是实践哲学，主要包括道德哲学和政治哲学。一些学者在理论与实践对立的意义上，将本体论、认识论等视为理论哲学，将政治哲学、经济哲学、教育哲学、艺术哲学、科学哲学等分支学科称为实践哲学。实际上，这样分类与称谓是不太适当的。在理论与实践相对立的意义上，任何哲学分支都是创造理论的学问。根据我们的理解，哲学关注人类生活实践，哲学理论旨在指导生活实践。因此，从这个意义上说，哲学就是实践哲学，并没有纯粹为理论而理论的哲学。特别地，认识论是一种实践哲学，即关于认识实践的哲学；科学哲学是一种实践哲学，即关于科学实践的哲学。哲学世界观也是一种实践哲学，因为它是指导人类生活实践的基本观念。换言之，对世界的根本看法以及看待世界的方式与态度，将导致与其相应的行为方式，从而影响人们的生活实践。全部哲学的出发点和归宿都是人类生活实践，而他们本身则是指导实践的理论。

综上所述，哲学本身是理论，是思想；而其旨趣则在实践，在行动。在此，理论与实践、思想与行动是对立的。当然，这种观点是现代人的，而古人对理论与实践的理解却与此不同。对古希腊人如亚里士多德来说，理论和实践是生活的两种形式。其中，理论活动是沉思，其任务是探究永恒真理，这是为知识而知识的活动，不考虑是否有用。实践则是自由人的活动，主要是指伦理和政治生活，而体力劳动不在实践范畴之内。西方哲学重视理论性的认识活动，以追求永恒不变的绝对真理为目的。希腊人的实践哲学致力于实践之知，主要是根据目的选择合适的手段；希腊人的理论沉思活动能够实现人最神圣的东西即理性的美德，因而是人类最高的实践。所以，理论与实践是统一的，但两者的关系绝不是仅仅指现代意义上的理论指导实践。

相对于传统形而上学，实践哲学如今是生机勃勃的。但必须指出，在实践哲学名下，传统哲学的问题经过改造或转换便会获得新的意义，许多传统哲学思想经批判继承而成为宝贵财富。所以，现代哲学家的哲学研究并非在传统哲学的外面另辟蹊径，而是对传统哲学的批判、继承与发展。

二、哲学领域划分

在西方学术界，哲学分类自古有之。哲学被划分成若干领域，而且已有多种分类方案，各自都有其历史和逻辑上的根据。由于哲学的范畴一直在变化，学者们对哲学的理解也不尽相同，故分类方案出现分歧并不奇怪。对历史上的分类进行详细探究，也许没有多大必要。我们根据对哲学使命的理解，并参考各种既有方案，将提出一种新的分类系统。

人类生活可以划分为若干实践领域，如政治、经济、军事、宗教、教育、艺术、科学、技术、医疗、体育等。实践主体基于自己的认识而行动，而专门的认识活动由专家学者进行，包括科学家、神学家、哲学家等，他们提供理论即知识或信念，供实践主体吸纳采用。其中，哲学的使命是对人类生活进行反省，对指导实践的基本信念进行批判反思与理论重构。如上所说，人类生活实践是多层次、多方面的。所以不难理解，哲学探索的触角深入到哪里，哪里便会出现相应的哲学分支。我们可以从以下三个方面来谈论哲学领域划分问题。

首先，从实践主体着眼。人类生活主体大致分为社会与个体两类，所以从实践主体方面讲，哲学包括社会哲学和个体人生哲学。社会本身是多层次、多类型的，如全部主权国家组成的人类社会、作为政治社会的国家、政治党派团体、企业、大学，等等。所以，社会哲学包括人类哲学、国家哲学、政党哲学、企业哲学、大学哲学等，所有上述哲学分支可以统称为主体实践哲学。

其次，从实践领域着眼。在一个政治社会或国家的内部，政治、经济、教育、艺术、科学、宗教等领域实践的主体是国家，因为它们都是由国家这一政治社会统一管理的。当然，具体从事各种实践活动的是人，政治家的职业活动属于政治实践，教师的职业活动属于教育实践，艺术家的职业活动属于艺术实践……这些都属于整个社会实践的组成部分。对于这些社会实践，确立实践原则的出发点不是某个社会团体、某个党派，更不是某个人，而是整个政治社会、整个国家。所以，从社会实践领域方面讲，哲学可以分为政治哲学、经济哲学、教育哲学、宗教哲学、科学哲学、艺术哲学、语言哲学、道德哲学、法律哲学、工程哲学、体育哲学、医疗哲学，等等。其中，科学哲学又可细分为自然科学哲学、社会科学哲学、数学哲学、逻辑学哲学。甚至它们还可以再次细分，如自然科学哲学分为物理学哲学、化学哲学、生物学哲学，等等；社会科学哲学分为经济学哲学、语言学哲学，等等。此外，我们也可以将哲学探索视为实践领域，从而有关于哲学实践的哲学，即哲学论或元哲学。所有上述哲学分支，可以统称为领域实践哲学。

最后，从基础性质着眼，可分离出一些哲学基础理论学科，包括本体论（存在论、世界观）、认识论、语言论（语言哲学）、道德论（道德哲学）、法哲学和价值论（价值哲学）等。这些分支可以称为基础实践哲学或哲学基础理论，因为它们所批判反思和重构的信念与理论是所有实践主体及领域哲学的基础，其他哲学分支必须引用它们的基本立场，否则便无法进行。如认识论是关于一般认识的哲学理论，是研究普通认识、科学认识、哲学认识、工程认识等特殊领域的理论基础。又如，道德哲学探究人类生活中所有实践领域的道德性问题。需要注意的是，在哲学发生实践转向之后，上述基础理论都是为实践服务的，故可视为实践哲学的分支，并与其他实践哲学分支相联系，从而整个哲学便成为一个有机整体。

在哲学诸多分支中，并没有所谓的“第一哲学”，无论本体论、认识论，还是语言论，都没有资格成为第一。但是，各哲学分支的确处在不同层面上。在哲学领域中，的确可以谈论一般问题，这种问题统领各个层面的实践领域，相应的探究也将成就上面所说的哲学基础理论。

三、哲学体系性要求

我们知道，许多哲学大家热衷于体系建构，试图探索某种深层统一性。为什么？他们为什么这样做呢？这种现象并不难理解，因为人类社会生活中的诸多因素之间，特别是各领域之间，彼此紧密联系、相互制约，生活实践的有机联系也要求哲学的系统性、统一性。遗憾的是，西方传统哲学致力于建构逻辑完备的哲学体系，而且大多是纯粹的思辨体系。这种体系是虚幻的、脱离实际的，因而是无意义的，早已被现代哲学所抛弃。我们这里所说的体系不同于传统形而上学体系，也不是指任何封闭的理论体系，而仅仅是指对人类生活本身之整体性的反映。

哲学体系可以指全部哲学所构成的体系，可以指哲学分支的学科体系，也可以指一个哲学理论的体系性。哲学要具有系统性，不能是各种经验、信念和见解的大杂烩。根据我们的理解，可以在三个层次上提出对哲学的体系性要求。就单个哲学理论而言，其本身必须是系统协调的，也就是概念与概念之间、命题与命题之间不能存在逻辑矛盾。就某一哲学分支而言，应当有相对严密完整的概念框架，各个理论也构成体系，与特定的实践领域相应。就整个哲学而言，全部哲学分支应当组成有机的系统，与作为有机整体的现实生活世界相对应。此外，就一个哲学家而言，也可以提出对其哲学的体系性要求，即其思想的统一性。孔子在《论语·里仁》中曾说："吾道一以贯之。"明末清初大儒黄宗羲在其《明儒学案发凡》中指出："大凡学有宗旨，是其人之得力处，亦是学者之入门处。天下之义理无穷，苟非定以一二字，如何约之使其在我？"康德曾特别指出，前后一贯是哲学家的最大责任①。

对于整个哲学而言，体系性意味着诸多哲学分支间的相互联系，这种联系反映出了人类生活实践领域之间的联系。哲学被划分为若干领域，但这些领域最终是相互交织在一起的，这是因为各哲学分支所处理的东西都是从人类生活世界这个整体上扯下的碎片。人类生活实践诸领域相互影响、相互关联，且诸哲学分支具有共同的背景。所以，哲学应该是一个具有完整统一性的思想体系。为此，哲学必须在当代人类生活世界的背景下，考察各独特的生活实践领域；必须考虑到各实践领域之间的现实关系，必须考虑到局部价值对总体价值的贡献。哲学发展的结果是哲学大家族的形成，哲学成员与结构的逐渐明晰化。事实上，诸哲学领域之间的关联是显而易见的，如财产是经济哲学中的概念，而财产本身只有法律才能确定，法律则是法哲学中的概念；法律依赖于政治权力而获得权威性，而权力是政治哲学中的概念；经济哲学、法哲学、政治哲学等都是国家哲学的分支，而国家则上与整个人类社会相关，中与社会集体相关，下与国民个体相关，从而各实践主体哲学也就联系在一起了。

哲学领域划分意味着专业化，而这种专业化是不可避免的，没有任何学者或学者集团能研究透彻全部哲学。哲学的专业化也就是专门化，这种研究强化了哲学的职业化和技术化，从而使得哲学研究越来越深入。其实，唯有专门化才能使哲学研究走向深入，从而摆脱简单、抽象、空洞的哲学争论。然而，任何事情总是有利必有弊的：专业化倾向于支离破碎的研究，并导致支离破碎的成果。所以，哲学的专业化很可能使人们"只见树木不见森林"。哲学问题是人类生活的根本问题，不同哲学领域之间常常是交织

---

① 康德. 1999. 实践理性批判. 韩水法译. 北京：商务印书馆：23.

在一起的，狭隘的专业化研究很难得出有实践意义的适当观点。可见，哲学领域之间的协调是必要的。现在，一些现代哲学家对体系性要求表现出不屑一顾的态度，这实在令人遗憾。事情很清楚，体系意识的缺失，只能产生一些相互冲突的零碎观点；而这样的观点除会造成哲学混乱之外，对人类生活根本没有任何指导意义。

如果说人类生活是一个有机的、各领域彼此紧密联系着的整体，那么对任何领域的无知都将损害对其他领域的认识。现实的多样性与整体性，使我们不得不重视“多样性与统一性”问题。换言之，哲学理论必须反映这种现实的“多样性与统一性”。我们也可以断言，人类生活的整合趋势必将引起哲学的深层转变而日益走向综合发展。哲学的体系化要求犹如整体战略的体系性要求。一个国家发展战略必须有一个体系，其中的国家战略是一种总体战略，在国家的战略系统中居于核心和主导地位，而经济战略、政治战略、科技战略、教育战略、军事战略之类的部门必须服从国家战略。类似地，整个哲学体系也应当成为一个有机的整体。如果不同领域的基本原则存在深刻的矛盾，那么社会生活必定出现混乱。矛盾当然总是存在的，但在大的原则上应当是一致的。哲学体系化的目的并非仅仅是形成哲学观念的系统化，而是人类生活实践和谐的必然要求。

哲学建构体系的要求是合理的，这种诱惑也始终存在；只是由于哲学在深度和广度上的扩展，现代学者很难有独自建立体系的能力。此外，哲学体系的协调也是困难的，而且必须经过辩证的过程。即便是那些最杰出的哲学体系，也有“彻头彻尾充满”矛盾。这是何故？人类生活是一个整体，但其中充满着矛盾。这些矛盾反映到哲学家的思想中是很自然的，我们不必为此而惊讶。也就是说，哲学体系中的矛盾可能是人类生活实践中深层矛盾的反映，这种矛盾是难以彻底消除的。此外，作为现实社会生活的参与者，哲学家本身就是矛盾的统一体。在现实社会人生中，到处都存在着矛盾。这是事实，但并非人所愿。我们应当尽可能克服这些矛盾，达到生活的和谐，而这不能不有赖于基本原则体系的和谐。

当然，对于人类生活世界这样的复杂体，要确立一个协调一致的哲学体系是很难的。可是，原则必须坚持。就一个社会或一个人而言，原则上的不协调将引发强烈的内在冲突。人类生活中充满矛盾，和谐只能在矛盾冲突中逐步实现。无矛盾的和谐是不可能的，也无法作为追求的目标。我们所说的哲学体系只能靠众多哲学家的集体努力才能建立起来，同时有赖于他们相互批评、相互纠正、相互补充、彼此促进。此外，无论从事哪个领域的哲学研究，哲学家们都必须具有系统性的眼光，考虑此领域同人类生活整体的相互关系。在最理想的情况下，每个哲学分支都应该在统一的哲学体系框架内展开。

强调哲学的体系性，也意味着必须注意各学科之间的相互影响。前面我们曾谈到哲学的基础学科，但我们绝不只是把它们当作其他学科的基础，好像其他学科对它们没有影响似的。事实上，几乎所有哲学分支都是相互影响的。这就意味着，一个领域的实质性进展可能会引起许多学科的修正，甚至整个哲学观念系统的调整。必须指出，学科之间相互影响与引证并不引起循环论证问题；因为哲学所建构的全部实践观念，均以人类生活实践经验和价值理想为边界，而实践观念和价值理想的合理性则取决于观念的效果经验。

第三章 论哲学问题

哲学探讨的对象为文化事物，是以其中深藏的哲学问题为中心展开的。哲学家要想有效地完成他的任务，就必须超越实证性的知识，消除那些堆积如山的种种误解、那些没有意义的伪问题，以及那些不属于哲学的技术性问题，直接面对真正的哲学难题。哲学问题是哲学探索的命脉，真正的哲学研究始于哲学问题。那些原封不动地接受某种哲学观点的人，最多算是哲学的业余爱好者，而哲学家的核心任务则是提出真正的哲学问题并做出创造性解答。那么，什么是哲学问题？哲学问题是如何提出来的？这类问题具有怎样的性质？与其他类型的问题相比有什么本质上的区别？

第一节 哲学问题简论

哲学家在何谓哲学这个问题上虽然存在分歧，但并没有妨碍谈论真正的哲学问题。这倒不是因为哲学家都看准了问题，而是因为他们所谈论的问题中包含着真正的哲学问题。哲学没有固定的本性，但有一定的隐性主题。进一步说，哲学问题是人的问题，是关于人类生活的根本问题。孙璟涛指出，哲学涉及的问题非常复杂，“但有一点可以肯定，不论哲学谈什么，也就是说凡属哲学意义的问题，其基本出发点都是人的问题，都是对人的生活世界和人本身的命运的思考与理解”[①]。

① 孙璟涛. 2005. 哲学的个性. 北京：昆仑出版社：95.

一、哲学问题的界定

哲学关注人类生活实践，哲学问题自然与生活实践相关。但是，从现实生活实践中直接冒出来的问题并不就是哲学问题，只有那些深层的根本问题才是哲学问题。所谓根本问题，是指其他生活实践问题的解决要以其解决为前提。人们在生活实践中会遇到许多类型的问题，诸如升学、就业、结婚、买房之类的个人生活问题，又如贫富悬殊、人口膨胀、道德滑坡之类的社会问题，再如生态失衡、环境污染、资源危机之类的环境问题，还有数不胜数的科学技术问题，等等。这些问题都是人们在现实生活中需要直接面对的问题，均属于技术性问题。还有一些问题与实际生活离得较远，因而更为基本，也更为抽象。稍加研究就会发现，这些问题主要是隐藏在技术性问题背后的深层问题，它们就是哲学问题。

例如，一个人做了一件事情，我们可能会追问：他这样做道德吗？而要对这件事做出道德判断，就得依照一定的判断标准。所以，进一步的问题是：何谓道德？道德标准是什么？若再行追问，必然会提出这样的问题，即制定道德标准所依据的基本原则是什么？简言之，“最基本的道德原则是什么”这个问题，就是哲学问题。根据笔者在第二章中所做的研究，哲学与价值选择相关联，哲学问题自然是与价值相关的问题，而那些在一定价值前提下解答的问题则是技术性问题。从历史上看，哲学家所讨论的许多问题并不是真正的哲学问题，而是科学问题和政治等实际生活问题，如身心关系问题、宇宙起源问题，政体选择问题则是实际生活问题。

由于逻辑经验主义拒斥价值问题，故只把逻辑问题视为哲学问题。如英国哲学家罗素（Russell）就认为：“那些忘掉了善和恶而只寻求知道事实的人比那些经由他们自己的欲念这个歪曲一切的中介来看世界的人更有可能达于善。”[①]“每一哲学问题，当我们给以必要的分析和提炼时，就会发现，它或者实际上根本不是哲学问题，或者在我们使用逻辑一词的意义上说是逻辑问题。”[②]事实上，那些主张哲学是语言分析的学者都认为：

---

① 鲁道夫·哈勒. 1998. 新实证主义. 韩林合译. 北京：商务印书馆：23.

② 罗素. 2006. 我们关于外间世界的知识：哲学上科学方法应用的一个领域. 陈启伟译. 上海：上海译文出版社：24.

“哲学问题是这样一些问题，它们要么可以通过改善语言而得到解决或清除，要么可以通过更多地理解我们现在使用的语言而得到解决或清除。”[①] 对于逻辑经验主义狭隘的哲学问题观，笔者自然是不会赞同的。

二、哲学问题的提出

我们知道，科学研究是从疑难问题开始的。对于提出科学问题的重要性，爱因斯坦有句名言：“提出一个问题比解决一个问题更为重要，因为解决问题也许仅是一个数学上或实验上的技能而已；而提出新的问题、新的理论，从新的角度去看旧的问题，却需要有创造性的想象力，而且标志着科学的真正进步。”[②]对于哲学问题，也是如此。那么，哲学问题是怎么提出来的？

哲学问题的提出主要有三种途径。一是从哲学史上批判继承，这样做时可能需要改变问题的提法。我们之所以能够从哲学发展的线索中寻找，是因为前辈哲学家提出了许多问题，所给出的答案存在缺陷或已不适用于现实，故仍需我们根据自己的现实做出新的解答。二是从现实生活中的具体问题开始追问，最后的基本信念问题便是哲学问题。由于矛盾、对立、分歧最终都归结为基本信念的不同，因此现实生活中到处都隐藏着哲学问题；只要我们进行终极追问，这类问题便会显现出来。如我们所采用的某种标准出了问题或引起了争论，我们就可以追问这条标准的根据，并探索新标准及其所依据的基本原则，这就是哲学问题。三是既有信念或理论与新经验发生了冲突，从而引出哲学问题。

根据哲学使命论，哲学家应特别关注人类生活实践。当现行信念引起生活实践问题时，哲学反思就会随之进行。迷恋于理论研究而不去注意现实当中正在发生的事情或出现的问题，这是年轻哲学家最容易陷入的危险。此外，我们不能轻易地否定哲学问题。一些问题看上去似乎没有意义，也难以找到确切的答案，如人死后灵魂是否继续存在。其实，这个问题是一个形而上学问题，也是一个哲学问题。这类问题之所以成立，是因为其解答直接影响人们的生活态度与行为。一些人将这些科学不能回答的问题斥为无意义，这样做并没有解决人们现实生活中的根基问题。

---

① 张国清. 1999. 无根基时代的精神状况：罗蒂哲学思想研究. 上海：上海三联书店：52.

② 爱因斯坦，英费尔德. 1979. 物理学的进化. 周肇威译. 上海：上海科学技术出版社：59.

三、哲学问题的提法

进行哲学研究的人必须特别注意哲学问题的提法，否则给出的解答可能是不着边际的。人们以哲学的名义提出过许多问题，有些属于科学（如宇宙起源问题、社会发展规律问题）而回归原主；有些因虚幻不实（如上帝存在问题、永恒不变的本质问题）而被摈弃了；还有一些问题关乎人类生活实践（如政治正义性问题、人生意义问题），这类问题至关重要，故被保留了下来。不过，那些被保留下来的哲学问题，在提法上也大都发生了变化。这是因为人们普遍承认，许多哲学问题的提法是不适当的。

例如，一些行为体现出行为者的勇敢，我们也能指出这类行为。但仅仅指出勇敢的行为是不够的，苏格拉底和柏拉图要求为勇敢下定义：什么是勇敢？需要注意的是，它不是问什么样的行为算勇敢，而是问勇敢本身是什么。同样地，当我们列举出美的艺术品、道德的行为、正义的制度之类的具体事物时，并不是对相应哲学问题的适当回答。哲学要求进一步抽象，从而达到本质、达到概念，亦即要求给出"美""道德""正义"等概念的确切定义。这些概念就是柏拉图所谓的理念，也即事物之永恒不变的本质，哲学的核心任务就是严格界定它们。他说："在我看来，绝对的美之外的任何美的事物之所以是美的，那是因为它们分有绝对的美，而不是因为别的原因。""如果有人对我说，某个特定事物之所以是美的，因为它有绚丽的色彩、形状或其他属性，我都将置之不理。"[①]

现在人们已经认识到，上述问题的提法是不恰当的，永恒不变的理念根本就不存在。柏拉图的最大问题在于把"正义""勇敢""美"之类的品性当作真实存在的东西，也即把性质说成真实存在物。可见，哲学问题的提法不当导致了将抽象概念实体化的倾向。维特根斯坦等通过语言分析，揭示出某些问题的无意义性，这是他们的贡献。但是，如果我们放弃这种实体化的错误倾向，具体阐明正义、道德之类的概念，确立相应的基本原则并追问其根据，那么这类哲学探究将成为非常重要的事情。

必须指出，维特根斯坦的狭隘哲学观使他过于匆忙地得出了激进的结论：哲学问题要么是可以被解决的问题，要么是可以被清除的问题。他说："关于哲学问题的大多数命题和问题不是虚伪的，而是无意思的。因此我们根本不能回答这一类问题，我们只能确定它们的荒谬无稽。哲学家们大多

---

① 柏拉图. 2002. 柏拉图全集（第1卷）. 王晓朝译. 北京：人民出版社：109.

数问题和命题是由于我们不理解我们语言的逻辑而来的。”[①]现在也许没有多少人会赞同这种观点，除了那些把语言分析视为全部哲学活动的人。对此，芬兰哲学家赖特（Wright）说：尽管维特根斯坦对现代哲学产生了也许比其他任何人都更为深刻的影响，但只有相对少的人认真对待他关于哲学是什么的观点[②]。

四、哲学的基本问题

所谓哲学的基本问题，是指那种最根本、最普遍的哲学问题。众所周知，恩格斯把思维和存在的关系问题当作哲学的基本问题，而且认为这个问题只是在近代哲学中才被清楚地提出并获得了完全的意义。他说：“全部哲学，特别是近代哲学的重大的基本问题，是思维和存在的关系问题。”[③]现在，人们从三个层面上谈论这个问题，揭示出三种不同的重要关系。第一，在本体论层面，思维是精神、意识，存在是外部世界，“思维与存在”表现为精神与物质的关系，即精神与物质何为第一性的问题。第二，在认识论层面，思维是知识、认识，存在是认识对象，“思维与存在”表现为知识与对象之间的关系问题。第三，在实践论层面，思维是观念、原则，存在是人类生活，“思维与存在”表现为理论与实践的关系问题。人类的理想则是在认识论和实践论层面，实现思维和存在的高度统一。

将“思维与存在的关系”当作哲学的基本问题是否合理？需要进一步追问。哲学究竟有没有基本问题？我们必须承认，如上述所理解的哲学基本问题是比较全面的，这些问题的确是人类生活实践中带有根本性的问题，并分别构成了本体论、认识论和实践论的核心。不过，如当代苏联哲学家弗罗洛夫所说，在哲学发展的很长时期里，哲学家们并没有提出过这个问题。于是，他问道：“能不能把大多数哲学家总体上没有形成的问题作为基本问题来研究呢？是不是后来为了给哲学流派和观点分类而把它列为基本问题？”[④]

将哪些问题视为基本问题，人们并无一致的见解，甚至在是否存在基本问题这点上也难以达成共识。很显然，对于那些不承认存在哲学问题的

---

① 维特根斯坦. 1962. 逻辑哲学论. 郭英译. 北京：商务印书馆：38.

② 冯・赖特. 2003. 知识之树. 陈波，胡泽洪，周桢祥译. 北京：生活・读书・新知三联书店：206.

③ 中共中央马克思恩格斯列宁斯大林著作编译局. 1995. 马克思恩格斯选集（第 4 卷）. 北京：人民出版社：223.

④ 弗罗洛夫. 2011. 哲学导论（上卷）. 贾泽林，等译. 北京：北京师范大学出版社：22.

人，根本就没有基本问题；对于具有不同哲学观的学者，即便承认有基本问题，也会给出不同的答案。事实上，我们实在没有必要就此争论不休。对于哪些问题是哲学的基本问题，人们完全可以有不同的见解。不过，在所有哲学问题中，有些问题的确较其他问题更为基本、更为一般，如存在问题，所以亚里士多德才把研究存在的学问当作“第一哲学”。其实，我们可以根据所研究的哲学领域划分方案，认定基础理论哲学的问题均为基本问题，即那些一般性的本体论问题、认识论问题、价值论问题、道德论问题等。

第二节　哲学问题的类型

哲学关注人类生活实践，哲学问题是实践中的根本问题，这类问题是与技术性问题相对而言的。就实践的实质内容来讲，主要包括两个方面，即认识世界与改造世界。前者涉及对世界和事物本质与规律的探讨，其中哲学认识文化事物的本质，以获得指导实践的基本观念；后者涉及实践的方法与行动，哲学要探讨的是指导实践的基本原则。所以，哲学问题大致可分为两类：一类是本质观念问题，涉及文化事物的本质；另一类是实践原则问题，关系到指导实践的基本原则。从内容上说，哲学批判反思与建构的指导性观念可分为两类，即本质观念和实践原则。这两个领域是相互关联着的：对事物本质的看法必然影响实践的基本原则，而实践原则的改变也会影响人们的本质观念。

一、本质观念问题

本质问题也称为概念问题，它们是传统哲学的主要问题。本质追问是最基本的追问方式，目的是对所论事物做整体和根本性的把握。那么，什么是本质？柏拉图是理念论者，他认为本质是形而上学实体，是理念世界中真实存在的东西。亚里士多德虽然反对理念论，但他也认为本质是事物固有的、不变的，因而亦带有形而上学的色彩。这种认为每类事物都有永恒不变的普遍本质的观点，就是所谓的本质主义。现在，人们已经认识到，至少对于文化事物，并没有永恒不变的固有本质。我们已经说过，对永恒不变的固有本质的否定，是拒斥形而上学运动的显著成果，但若因此而彻底放弃本质概念则是因噎废食。就自然物而言，认为它们各自具有固定的本性，仍是一种极有吸引力且为科学家所持有的观点。就文化事物而言，在特定时期特定背景下探究其本质是必要的，也是可能的，尽管这种本质可能会随着事物演变而发生变化。探究本质问题就是要求我们对事物获得本质的看法，做到全面的把握，以免迷失方向。

所谓本质是指某种事物的本质，即该类事物的定义性属性，正是本质使事物成为它所是的那种东西。任何种类的事物都有许多性质，在所有这些性质中是否有本质属性？如何区分本质属性与非本质属性？罗蒂是反本质主义者，他认为并不存在这种区分，根本就没有什么事物本质这种东西。维特根斯坦也不承认有什么本质，一类事物并没有一种普遍的规定性，只有类似于家族成员那样的相似性。所以，他用“家族相似性”来说明概念。如被称为“游戏”的活动，种类繁多，目的各异，规则也不相同。所有游戏是否具有某种共同的本质或定义性特质？维特根斯坦说，不同种类的游戏可以相联系和相似，却没有一个它们都具有的共同特征。所以，他用“家族相似性”来消解本质概念。

情况真如罗蒂、维特根斯坦所说的那样吗？显然不是。如果事物之间没有本质区别，那么类型划分将会是无根据的，我们脑海中的世界也将是一片混沌。为什么那些学者否认本质呢？也许主要是因为人们曾受到过形而上学的伤害。西方传统哲学倾向于把事物的本质说成是该类事物的共相，说它们是普遍的、永恒的、必然的规定性。就此而言，反本质主义把本质问题当作虚假问题予以拒斥，显然是合理的。哲学概念无论多么完善，也不会成为柏拉图式的理念。然而，哲学探讨本质并不一定意味着本质主义，而只是在追问事物的本质特征。本质并非与实体一样的东西，更不是永恒不变的。

必须指出的是，纯自然物是科学研究的对象，其本质是科学研究的内容。这种事物是自在的存在物，如星球、岩石、桌子、植物、动物等。它们仅仅是它们所是的东西，其中没有任何东西超出它们当下的所是，其变化是由客观因素及因果规律决定的。简言之，自然物的本质是自然的、客观的。哲学所认识的文化事物并非纯自然物，而是人类事物或人参与其中形成的事物。从历史的角度看，纯自然物的变化只是重复；文化事物则不是简单的重复，而是将会发生实质性变化。人本身没有不变的本性，人参与其创造过程的事物自然也没有什么永恒不变的本质。事实上，由于人有自由与创造性，文化事物通常是会发生质变的。那么，哪些事物是文化事物呢？只要是将人参与的系统作为整体进行研究，则均包括在文化事物的范畴之内。从某种意义上讲，作为世界观探究对象的整个世界也是文化事物，因为它是人类曾经改造过并将持续改造的世界。

科学既研究纯自然物的本质，也研究文化事物的本质，但它只基于现象进行实证研究。哲学与科学不同，哲学所追问的是有待人类去创造的东西；这种追问伴随着规定，即揭示文化事物之应然的本质特征。所以，在哲学领域中，本质不仅是一个本体论术语，也不仅是一个认识论术语，它还是一个价值论术语。从实践的角度看，文化事物的本质是指应然即理想状态下的本质属性，并非现实状态下的实然属性。也就是说，哲学探究文化事物的本质，而本质蕴含着应当并指向理想。之所以如此，是因为这类事物作为本体，人们的主观因素参与其中，价值观渗透于本质理论之中。此外，本质探究基于主体经验，主要是内在体验，即主体在事物发展过程中所产生的体验。对事物本质的认识，就是探究无法实证检验的事物属性，如人的自由、民主、平等、正义等。

文化事物的本质与实践有关，其中涌动着实践主体的意愿、动机、目的、信念、价值选择、筹划、创造性行动等。从本质上讲，文化事物是实践主体创造的事物，不是既定的事物，所以没有固定的本质。人也是自己创造的，故萨特提出过一个著名的命题："存在先于本质。"哲学中的本质问题不是科学问题，不能采取实证科学的态度与方法去描述。换句话说，由于事物中包括理想化或应然的因素，故不能纯然实证性地进行观照。现以"艺术的本质是什么"这个问题为例来说明。显然，艺术是使特定的作品成为艺术作品的那种东西，因此艺术在艺术作品中成其本质。追问艺术的本质就是寻求艺术的本质规定性，最终目的不外乎是使艺术得到规定而成为概念。又如哲学的本质也是一个哲学问题，它要探究的是哲学观，而哲学观不可能从以往人们对哲学的看法中实证地归纳出来，问题的实质是：在当今时代，哲学应当是什么？与此相类似，社会的本质、宗教的本质、教育的本质、政治的本质、科学的本质等，也都是这样的哲学问题。

本质问题也就是本体论问题，这种问题是重要的，也是非常困难的。说它重要是因为对事物本质的看法决定着我们对待它的态度，影响我们制定生活的指导原则；说它困难是因为哲学所关注的文化事物十分复杂，揭示其本质要求我们必须具有透视的眼光，并对整个事物获得全面的认识，任何简单化的定义都将偏离本质。对于文化事物，以实证方式不能穷尽其属性，而实证无法把握的属性正是此类事物区别于自然事物的本质属性。在哲学中，关于世界本质的看法构成哲学世界观，而对各种特殊事物的本质看法则放在各相关哲学分支中讨论，它们是指导人类生活实践的基本观念。

二、实践原则问题

我们在第二章中已经指出，人类生活本质上是实践的，实践的根本标志是有目的、有计划、有组织，并在一定的社会制度、习俗、规范、标准及法律的规约下进行，而规约的深处则是基本的实践原则。哲学的重要任务之一就是对指导实践的基本原则进行批判反思，并在此基础上提出合理的建设性意见。此类实践原则称为实践理性原则，大体上可以分为三类，即道德原则、法律原则和一般原则。

哲学关注人类生活实践，而对其他事物的关注也是为了实践。换言之，本质探究也是为了实践，本质认识有助于确立正确的实践原则。如马克思对社会本质的看法：经济基础决定上层建筑，而上层建筑对经济基础有反作用。只有认识到经济权力的作用，才可以确立统治的策略。那些倾向于自由民主的人，主张财产私有化、经济自由化；而那些倾向于专制的人，则主张国家必须掌握足够的财产和资本，以平衡私人经济可能导致的政治民主化。

三、哲学问题示例

哲学的领域非常广泛，哲学问题自然也很多。我们这里仅以认识论问题作为哲学问题的示例。对人类的认识活动及其成果进行批判反思，引出了一系列难以解答的哲学问题，古希腊的思想家曾讨论过其中的一大部分。此后，人们也始终没有忘记这些问题。甚至自笛卡儿之后，认识论问题一度成为哲学家关注的重心。在认识论中，知识是一个哲学概念。那么，什么是知识？知识的标准是什么？在认识领域，最典型的是科学认识。我们知道，科学知识虽被成功地建构起来了，但对它们的解释却成了难题。一方面，我们何以能够认识外部事物？这是典型的康德式问法，已为哲学界所习惯。哲学研究表明，科学知识的建构依赖于经验事实和认识框架。人们争论的问题是：作为知识基础的经验事实和认知框架究竟具有怎样的性质？另一方面，科学知识与实在具有怎样的关系？科学知识的真理性标准是什么？对哲学史有所了解的人都知道，上述科学基础论和科学知识论涉及的问题，都是十分恼人的认识论问题，就是它们让无数伟大的哲学家殚精竭虑。

第三节　哲学问题的性质

哲学问题是独特的，也是十分吸引人的。当我们直接地、真切地、清晰地面对哲学问题时，它们往往会使我们醒觉与惊异。我们知道，休谟提出的归纳问题就曾使康德从独断论的迷梦中惊醒过来。前文列举了一些哲学问题，现在我们要追问：这类问题的性质如何？人们常说，哲学问题是有关人类生活的根本问题，是终极问题。为什么这样说呢？

一、终极问题

从基本特征上讲，哲学问题是根本问题，任何哲学分支都研究相应领域内的根本问题。只要从生活中遇到的具体问题出发，不断地追问下去，我们就会触及根本，这类根本问题就是哲学问题。在现实生活中，当我们面临解决问题的情境时，会很自然地先考虑几种可能的对策，然后发问：我们应该怎么做？如果打算采取的行动在道德上比较敏感，我们可能会进一步追问：这样做是道德的吗？接下来，通常的做法是根据我们自己认可的道德标准，做出裁决并付诸行动。到目前为止，我们仍然停留在技术性问答阶段。如果再进一步追问，就会进入意见分歧的哲学领域：何谓道德？我们所用的道德标准之根据是什么？也即这道德标准是基于何种道德原则确立的？这种道德原则的根据是什么？是否存在普遍有效的道德原则？可见，哲学虽关注社会与人生，却并不直接面对社会人生的表层现实，因为它所追问的是指导人类生活的基本观念和原则并为其提供根据，这就是终极关怀。所以，哲学问题是一些刨根问底的问题，涉及人们的终极关怀，故称为终极问题。哲学问题之所以被称为终极问题，还可以理解为它们涉及人类的终极价值。

一棵大树上有无数的树叶，许多大大小小的树枝，以及一个树干，当然还有扎在地层中的树根。树叶长在小树枝上，小树枝长在大树枝上，大树枝长在树干上，树干则通过树根立于大地之上。我们可以把生活中直接显露的问题比喻为树叶，较为深层的问题比喻为树枝，最基本的问题则比喻为树干，这树干所代表的才是哲学问题。对这类终极问题给出回答并做出合理的论证，这便是哲学的任务。在论证过程中，必定会追问基本信念的根据。此时，我们只能诉诸人类生活经验和价值理想。一般人很少能将思维和意识的触角伸入基本信念的深处，他们并不认真对待哲学问题，甚至根本意识不到其存在。这样说并不意味着他们的现实生活问题与哲学无关，而是说他们对实际问题的思考尚未进入批判反思的层面，结果只能是停留在自行约定或流俗的信念上。对于任何信念，他们只知其然，而不知其所以然。

如上所述，哲学问题是人类生活实践中最深层的信念问题，也就是所谓的终极问题，它所追问的是生活之基本信念与终极根据。这里我们说“深层”并不是傲慢，而是因为这种问题处于其他问题的下方并支撑着它们。只有经过哲学家的不断追问才能深入实践的核心，哲学问题才能获得明确的表述。此外，终极追问涉及终极关怀，并不是要追求绝对真理，而是要达到最深层的信念，并追问最终的根据。这意味着什么呢？一方面，由于深层的缘故，哲学问题必定与现实保持一定的距离，任何哲学理论都不是对现实问题的直接回答；另一方面，由于哲学追问基本信念的最终根据，而这种根据就包括生活经验，故哲学问题和理论又具有一定的现实性。

许多现代西方哲学家认为，人类生活是根据下一步必须要解决的具体问题来考虑的，而不是根据人们被要求为之献身的终极价值来考虑的，并把当今的时代说成“相对主义时代”。然而，哲学的形而上冲动是不可避免的，尽管哲学家提出的“基本原理”总是具有历史局限性，从来没有达到绝对的确定性。在一定历史条件下，哲学家完全可以获得相应的最佳答案。当然，条件发生变化时，最佳答案也会发生变化。

必须指出，所谓“终极”也是相对的，即追问必须在保持问题同质性的基础上只前进一步，再追问就成为不同哲学领域的事情了。如在探讨道德哲学问题时，我们只能追问道德基本原则，而不能追问最普遍的存在问题。终极的相对性，决定着哲学的层次性。此外，哲学追问最终根据，结果必定导向直接明证的东西。如我们说知道某件事情，通常并不是直接明证的。如果试图对此宣称提供理由或证据，而且不懈地进行这种追问，那么我们迟早会达到某个终点，它对我们来说是明确的，不再需要其他根据，如我曾经来过这个地方。

二、无定论问题

从前，许多哲学家都以为自己一劳永逸地、最终地解决了他所探究的哲学问题。如康德在《纯粹理性批判》第一版前言中宣称：“没有任何一个形而上学问题在这里没有得到解决，或者没有至少为其解决提供了钥匙。”然而，哲学问题是最令人困惑的问题，它们既没有唯一答案，也没有最后的答案。因此，陈修斋认为哲学问题是无定论的，他说：“无定论正是哲学的本性，只有无定论的问题才是真正的哲学问题，而真正的哲学问题总是无定论的。”[①]也就是说，从本质上讲，哲学问题不会有最后的答案。

的确，到目前为止，那些被认为是典型的哲学问题，没有一个解决得普遍令人满意，多元化的历史与现实充分证明了这一点。哲学问题是终极问题，但没有终极的答案，最多只有暂时的解答。这倒不是说哲学没有确定性的绝对真理，毕竟很多科学问题也没有绝对确定性的结论。陈修斋指出：“真正的哲学问题”之所以无定论，并不是由于时代或条件的限制而一时无法达到，而是原则上无法达到[②]。我们赞同陈修斋关于哲学问题原则上无定论的观点，但不同意他对此观点所做的下述说明：“真正的哲学问题是以宇宙全体为其认识对象”的，这类问题必然会导致悖论，因而无定论[③]。

为什么笔者认为哲学问题是无定论的？如上所说，说哲学问题没有最终答案，并不是说现有答案总不会完全理想，毕竟很多科学问题也没有确定性的答案。我们知道，哲学所面对的，乃是人类现实生活中的根本问题。由于人类生活的条件与状况总是不断地发生变化，生活经验不断地积累，作为哲学基础的科学认识也不断地深化，特别是由于人类社会生活发生实质性的变化，故与此相关的问题不可能有永恒的、确定的答案。换句话说，从本质上讲，哲学问题的背景以及解决问题的资源和方式都是历史性的，因此要求不断给出新的解答。这样一来，哲学探究活动也必然是永无止境的。若进一步追问哲学无定论的根本原因，答案也许是人类具有自由，以及需要、价值趋向的无限可能性。

---

① 陈修斋，段德智. 2009. 陈修斋论哲学与哲学史. 北京：人民出版社：31.

② 陈修斋，段德智. 2009. 陈修斋论哲学与哲学史. 北京：人民出版社：33.

③ 陈修斋，段德智. 2009. 陈修斋论哲学与哲学史. 北京：人民出版社：33.

哲学问题无定论，这是否意味着哲学总是空无着落？一些哲学家认为，哲学问题是永恒无解的①。这种说法显然不太适当，哲学问题没有最后解答，但并不等于无解。在一定时代，哲学问题可以得到有益的解答，并可有效地用于指导人们的生活实践。我们必须清楚，哲学问题不是没有答案，也不是哲学家不能给出相对稳定的答案，只是没有唯一的、绝对确定性的答案，不能保证获得永远有效的结论。我们总可以追问，总可以沉思，总可以用某种方式表达，但不能得出完全令人满意的最后答案。此外，哲学问题没有唯一的答案，并不意味着可任意回答。正如当代德国学者拉纳（Rahner）所说："一个可以被任意回答的问题便不再是一个问题了，因为既然任何一种答案都无所谓，它本身也就无所谓了，这就是说，它并不期待回答。"②

哲学问题没有唯一的最终答案，将陷入这样一种情境：即便哲学家找到了答案，他多半也是既相信又困惑，所以研究工作会不断地进行下去。哲学问题大都是思想为之百般努力而前景仍不明朗的课题。因此，从事哲学活动就如同海德格尔所说的"上路"，即不断地追问。正如贾塞特所说的，哲学问题无法最终解决，它们仍将在夜晚黑暗的苍穹里，像闪烁的星星似的向我们眨眼。③也许正因为如此，哲学问题才有不竭的吸引力。哲学探索是无尽的，哲学家永远走在探索的路途之中，并容忍其结果的不确定性。这等于承认："如果有人赞同一个哲学判断是正确的，从而放弃了对这类判断的研究，他便不再是作为哲学家作出判断。"④

哲学问题没有确定的答案，这一点令许多人苦恼，甚至心灰意冷，以至于否定哲学存在的合理性。人类生活之路有千条万条，为什么要求以明道为使命的哲学只有一种答案呢？有些哲学家认为，根本不存在什么真正的哲学问题。如果说有，那也只是语言问题。因此，他们认为哲学的全部任务就是进行语言分析，分析活动的最后结果是哲学的终结。然而，哲学问题并不是哲学家闲极无聊制造出来的，也不全是滥用语言产生的。对任何哲学问题都简单化处理肯定是不恰当的，因为人类的生活经验以及人们对它们的反省与反思都是极为丰富的。康德曾说："我个人坚持一种相反的意见，我认为，不论何时，一种争论，特别是哲学

---

① 张志伟，冯俊，李秋零，等. 1999. 西方哲学问题研究. 北京：中国人民大学出版社：8.

② K. 拉纳. 1994. 圣言的倾听者：论一种宗教哲学的基础. 朱雁冰译. 北京：生活・读书・新知三联书店：36.

③ 奥德嘉・贾塞特. 2008. 生活与命运. 陈昇，胡继伟译. 南宁：广西人民出版社：91.

④ 劳伦斯・卡弘. 2001. 哲学的终结. 冯克利译. 南京：江苏人民出版社：420.

方面的争论，风行了一个时期后，本质上就不可能只是语词问题，而是关于事物的真正的问题。”①

三、非永恒问题

哲学常给人以这种印象，即哲学问题或至少有些哲学问题似乎是永恒不变的。然而，实际情况不可能这样，因为哲学问题永远是当代的，不仅源于现实生活实践，而且总是与反思的主体相关联。这是由哲学的现实品格和实践品格所决定的。从表面或形式上看，一些哲学问题似乎是永恒问题，每一代人都必须回答它们。但实质上，这些问题总是以特殊的、独一无二的方式呈现在我们面前，因为与问题相关的人、时代、社会条件等都发生了实质性的变化，别人的答案并不完全适用于我们。

哲学问题具有抽象性、一定程度的普遍性，但哲学研究不能脱离人类生活现实，哲学问题和答案都是与现实相关联的，因为从根本上说，哲学问题是现实主体的问题，答案也是针对现实主体的生活实践给出的。就此而言，哲学问题总是具有其时代性，并要求给出适合时代的解答。随着时代的发展、社会的演变以及哲学资源的不断丰富，那些以往哲学家探究过的问题，即便提法不变，也获得了新的意义。

---

① 纪树立. 1987. 科学知识进化论：波普尔科学哲学选集. 北京：生活·读书·新知三联书店：3.

第四章
论哲学思维

我们已对哲学使命和哲学问题做了说明，接下来要考虑的是怎样解决哲学问题，即如何进行哲学探究以建构哲学理论。哲学是一种专门的认识活动，而且主要是一种理论思维活动。哲学家当然要观察现实社会与人生，但他们的主要活动是反省与沉思，所关注的焦点是生活经验、观念和原则；哲学理论的真理性需要在生活实践中检验，但效果经验及其解释也是精神性的。所以，从本质上讲，哲学认识主要是一种精神性的思维活动，而且主要是批判性反思活动。那么，哲学思维的基本特征是什么？在哲学思维中，有哪些资源可以利用？是否可以为哲学思维与理论提供可靠的基础？

第一节　哲学思维的特征

科学分支都有自己明确的研究对象，即现实世界中的具体事物，确切地说是某种现象。科学的对象是科学家所要描述的，而且是实证性地加以描述。哲学也是一种认识活动，哲学家自然也要观察、要思考。在哲学著作中，人们也经常谈到哲学研究的对象；但实际上，哲学既不拥有科学意义上的描述性对象[①]，也不建构对象性的知识。所以，与科学思维方式相比，哲学思维方式有其特殊性。就主要方面来讲，科学思维方式是实证性的，哲学思维方式是价值思辨性的；科学思维的基本特征是对象性、实证性、

---

① 黑格尔. 1980. 小逻辑. 贺麟译. 北京：商务印书馆：49；陈越. 2003. 哲学与政治——阿尔都塞读本. 长春：吉林人民出版社：5.

描述性，而哲学思维的基本特征则是主体性、反思性、批判性、思辨性、辩证性和理论性。

一、主体性

任何认识活动中的思维都是认识主体的思维，科学思维和哲学思维自然也不例外。近现代西方哲学特别重视主体性，但他们所谓的主体均是指认识主体，而且都是抽象的精神实体，如笛卡儿的“我思”、康德的“先验主体”、费希特的“自我”、黑格尔的“绝对精神”。笔者这里所说的主体既指具体的认识主体，也指生活实践主体，而且特别强调实践主体，这种主体概念意味着人是自己活动的主宰者。从这个角度出发，我们将会看到科学思维与哲学思维有本质的不同。

作为认识主体和实践主体的“我”是哲学的前提，否则便无反省与思考者。科学认识是对象性认识，科学思维是对象性思维，即认识主体与认识对象相分离；而哲学思维是主体性思维，即认识主体与实践主体相统一。可见，哲学思维的主体性也就是实践主体的自识性。哲学以人类生活实践为思考对象，科学也研究人类生活，但两者有原则性的区别。在科学那里，人类生活实践被客体化了，并采取实证描述的态度。别尔嘉耶夫说：“哲学从人出发看世界，哲学的特点就在这里。科学则在人之外看世界。”①

哲学关注人类生活实践，关注人类生命活动本身，而且是生活实践的主体关注自身生活实践而不是其他主体的生活实践，哲学家只不过是这生活主体的“代言人”，当然他本人也属于这一主体。

二、反思性

在哲学领域，哲学反思是人们最熟悉的一种说法。那么，什么是反思？人类思维可以分为两类：一类是伴随生活实践过程进行的思维，可称为自然思维或直向思维；另一类是将某种特定的生活实践停下来，对已然完成的这种生活实践进行反省并反思相关的指导信念，这就是反思。为什么说哲学是一种反思？反思又有何特点呢？

哲学探究人类生活经验，审视指导实践的基本观念与原则，这类观念和原则的效果即实践的效果。在实践活动过程中，我们的意识专注于实践

① 别尔嘉耶夫. 2000. 论人的使命. 张百春译. 上海：上海学林出版社：11.

活动的目的和对象，并未清晰地意识到自我活动过程中的细节和经验。由于实践主体不可能在实践的同时思考其实践本身，实践经验只能事后经反思才能确定下来。所以，哲学思维只能采取事后反思的形式，即对观念及其有效性进行思考。哲学家常说观察生活，而实际上我们不能仅在观察的本意上观察我们自己的生活，还要反省与思考。原因很清楚，人们的生活实践都有一定的动机和意图，都要接受一定观念与原则的指导，都会产生一定的效果。这些动机、意图、观念、原则及效果均处在直接活动层面上，即与实践合一。当哲学家从后面反过来思考它们时，它们便被放置在了反思层面上。所以，哲学思维被恰当地称为反思，其有两个特点，一是事后的思考，二是以思想为对象。实践主体进行反思时，将中断日常行动，反省与思考自己此前的行动，特别是反思指导行动的基本信念。在此，认识的主体与客体，通过时间上的错位，而与实践主体同一。

哲学活动是反思的观点是谁提出来的？苏格拉底把“认识你自己”当作哲学的使命；柏拉图在《查密迪斯篇》中将一种与自身有关的“思索”作为讨论的课题，这是一种包括道德反省、自身沉思在内的精神活动，他也曾谈论“对认识的认识”；亚里士多德在《形而上学》一书中将“对其自身的思想”或“对思想的思想”称为“最出色的思想”。很显然，这三位古希腊哲学家虽然没有明确提出反思的概念，但这一概念已经是呼之欲出的了。关于反思的两个特点，黑格尔做出过清晰的说明。他说道：“哲学的认识方式只是一种反思，意指跟随在事实后面的反复思考。”[①] “反思以思想的本身为内容，力求思想自觉其为思想。”[②]马克思认为，对人类生活形式的思索总是采取同实际发展相反的道路，即从发展过程现实终点开始反观性的思索[③]。英国哲学家柯林武德（Collinwood）也曾说：“哲学是反思的。进行哲学思考的头脑，决不是简单地思考一个对象而已；当它思考任何一个对象时，它同时总是思考着它自身对那个对象的思想。因此哲学也可以叫作第二级的思想，即对于思想的思想。”[④]冯友兰也表达过类似的看法，他说：“哲学是人类精神的反思。所谓反思就是人类精神反过来以自己为对象而思之。”[⑤]

---

① 黑格尔. 1980. 小逻辑. 贺麟译. 北京：商务印书馆：i.

② 黑格尔. 1980. 小逻辑. 贺麟译. 北京：商务印书馆：39.

③ 中共中央马克思恩格斯列宁斯大林著作编译局. 1972. 马克思恩格斯全集（第 23 卷）. 北京：人民出版社：92.

④ 柯林武德. 1997. 历史的观念. 何兆武，张文杰译. 北京：商务印书馆：28.

⑤ 冯友兰. 1998. 中国哲学史新编（上）. 北京：人民出版社：10.

人类生活实践中总要伴随着思维，主要是指引导活动本身的自然思维。实践主体也可能意识到自身的活动，甚至对自己刚刚采取的行动感到后悔或得意，但这种主体对自身活动的自我意识不属于哲学反思。也就是说，并非所有反思都属于哲学反思。我们所说的哲学反思主要是指专门的、系统的、批判性的反思，尤指哲学家进行的批判反思。反思是主体反身朝向自己的生活实践，批判地思考指导自己生活实践的基本观念和原则。换句话说，反思是实践主体对自身活动的回顾反省，是对指导观念及其效果的思考。其中，反省以社会人生过程为对象，思考以观念性的东西为对象。所以，我们可以把对活动过程的反省也包括在反思概念之内。

对生活观念的反思必然联系到具体的生活，因为实际生活乃是观念得以形成的基础，而且只有通过对实际生活的反省才能考察以往观念的合理性。哲学家当然要批判性地审视以往人类的全部生活经验，以及哲学家所提出的各种理论。但是，哲学研究不能仅仅关注以往的经验与思想，必须深入现实社会和个体人生，分析现实社会与人生的实际指导思想及其效果。哲学反思只有关联着实践才能找到批判的固着点，因此哲学对社会与人生观念的思考总是连同社会与人生一起共同思考。哲学研究若仅仅关注以往哲学家的思想，那便是在故纸堆里过生活，只是在“炒冷饭”。

三、批判性

批判被视为哲学的本质特征，也是哲学思维的本质特征之一。那么，什么是哲学批判？康德称他自己的哲学为“批判哲学”，他所用的“批判”一词源自希腊语，意思是“拣选”或“筛出”。在《纯粹理性批判》一书中，康德批判的对象是“一般理性能力”，看理性是否真有能力提供先天的（不依赖于经验的）知识，以及其有效性范围如何[①]。现在，当人们谈到批判时，意思有所扩展，特别是包括批评、反驳等。但无论如何，哲学批判都不是消极的、刻薄的否定，不是单纯的对抗与拒斥，也不是简单地对某种观点或理论持反对意见，而是对之解析、审视、扬弃、吸收、修正等，以揭示前提、审查逻辑、追问根据、评估效果、辨识原则、指出得失、反驳观点等。

哲学批判之所以发生是因为从前的观念不足以应对生活中遇到的新问题，特别是矛盾与冲突。哲学反省的重点在于生活实践的得失，思考的重

① 康德. 2004. 纯粹理性批判. 李秋零译. 北京：中国人民大学出版社：i.

点在于指导生活的基本观念和原则，批判的重点是基于效果经验来评判观念和原则的适当性。马克思哲学是批判的、革命的，他主张“对现存的一切进行无情的批判”[①]。正如德国哲学家阿道尔诺（Adorno）所指出的：“这种辩证哲学推翻了一切关于最终的绝对真理和与之相适应的人类绝对状态的想法。在它面前，不存在任何最终的、绝对的、神圣的东西。”[②]但哲学批判并不是直接批判现实社会与人生，而是批判指导实践的基本信念。即便是对现实社会进行批判，也并非只针对统治阶级。任何社会中总是存在着各种各样的问题，统治者自然也会看到这些问题，负责任的统治集团也总是倾向于妥善解决这些问题以推动社会健康发展。

批判精神与怀疑精神是密切联系在一起的。当人们从事哲学探索时，往往会带进范畴、假设及成见。所以，哲学探究需要怀疑精神，对他人和自己的观点必须抱着质疑的态度。我国哲学家金岳霖认为，从事哲学研究需要“彻底的和经过训练的怀疑态度”和批判精神。所谓彻底的怀疑态度就是对任何事物、任何问题都要问个“为什么”。思想起始于问题，不怀疑就不可能发现问题。当然，怀疑不能是无缘无故的怀疑，必须有正当的理由，否则就是不真诚的。如在通常情况下，怀疑我们见到的事物真实存在，就不能说是真诚的怀疑。皮尔士曾告诫说：“我们不要在哲学中假装怀疑那些我们心中并不怀疑的东西。”[③]怀疑精神并不是弃绝任何肯定性或否定性的判断，而是避免教条主义态度。

以批判的态度对待一切，既是哲学探究的精神，也是哲学方法论原则。丧失批判精神的哲学不再是真正的哲学，其典型代表是为教义和政治教条辩护的哲学。中国在漫长的封建社会中，真正的哲学思维并不显明，尤其是严重缺乏批判精神。在整个中国古代，经典具有绝对权威性。学者们论学立说须借助经典，故传统哲学并无多少创新。哲学的批判功能在西方得到了持久而全面的发挥（也许中世纪是例外）；而在我国，哲学家们更注重内在，发展了人生哲学。

---

① 中共中央马克思恩格斯列宁斯大林著作编译局. 2009. 马克思恩格斯文集（第 10 卷）. 北京：人民出版社：7.

② 刘福森. 2017. 马克思哲学的历史转向与西方形而上学的终结. 北京：北京师范大学出版社：i.

③ 威廉·F. 劳黑德. 2017. 哲学的历程：西方哲学历史导论（第 4 版）. 郭立东，丁三东译. 北京：中国轻工业出版社：535.

四、思辨性

哲学思辨常被认为是哲学认识的基本方式，因为它是哲学理论建构的主要方法。然而，一提到思辨，就会使人想起黑格尔的“思辨哲学”。所谓思辨哲学是指纯粹思辨的产物，即从纯粹概念出发进行逻辑推论，以建构绝对的、普遍有效的哲学体系和永恒真理。这里所说的“纯粹”是指与经验无关的，故脱离现实是思辨哲学的根本特征。在西方近代哲学史上，哲学家建构了许多思辨体系。如笛卡儿从“我思”开始，建立其哲学。黑格尔运用概念辩证法，从纯粹概念中辩证地推出现实来。他的逻辑学是一种纯思辨体系，只不过推演所用的逻辑不再是形式逻辑而是辩证逻辑。费希特努力寻求一个最高的、明确无误的出发点，凭其独特的性质逐步推演以建立严密的逻辑体系。他所确定的出发点是“自我”，这个自我与经验意识无关，是凭自己本身而存在的。

本质上讲，由纯粹思辨产生的思辨哲学属于传统形而上学，已经被现代人所抛弃了。但是，被否定的是纯粹思辨，而不是作为哲学认识之基本方式的思辨，思辨方法仍是重要的、基本的哲学方法。事实上，思辨从概念到概念抽象推理及抽象议论的含义是从德国古典哲学之后被赋予的。那么，究竟什么是思辨？“思辨”一词的德文为spekulation，英文为speculation，法文为 spéculation，其含义有揣测、推测、思索、沉思、冥想等。哲学思辨的根本特征是超越性，即对实证内容的超越。德国哲学家雅斯贝尔斯（Jaspers）曾指出：“哲学的方法是超越客体的方法。从事哲学推究本身就是超越。”[①]人类理性要极目远望，靠超越性推测，希望看清实证科学所无法触及的东西。根据对西方语词“思辨”进行的词源和词义分析，我国当代学者王天思指出：“所谓思辨，实际上就是一种超越性的理性认识活动。它是一种特殊的‘推测’，一种站在高处的‘眺望’。而哲学认识的根本特点，就是具有超越性。”[②]哲学认识是对事物的超越性认识，这种认识所得到的结果不是客观知识，而是指导人类生活实践的基本信念。当然，思辨并非心灵的任意创造，思辨成果中浸透着经验和理想，其中理想是符合人们合理需要的理想。

哲学思维的创造性是显而易见的，因为真正的思辨就是创造。哲学家

---

① 卡尔・雅斯贝尔斯. 1988. 智慧之路. 柯锦华，范进译. 北京：中国国际广播出版社：112.

② 王天思. 2002. 理性之翼：人类认识哲学的方式. 北京：人民出版社：103.

并不是走马观花式地历数前人的观念，也不是将众人的观点烂泥似地堆到沙发上，他必须创造，包括概念创造及系统化理论创造。法国哲学家德勒兹（Deleuze）曾指出："哲学的真正目的是创造概念。"[①]"哲学没有任何反思上的至上地位，也绝不处于创造上的低下地位。创造概念并不比创造新的视听合成或科学功能更容易。"[②]他甚至认为："哲学家不是反思者，而是创造者。"[③]其实，哲学的思辨超越性即意味着真正的创造。

哲学探究要靠思辨来得到观点，科学研究也须思辨以提出科学假说。爱因斯坦指出："既然感官知觉只是间接地提供了关于这个外在世界或'物理实在'的信息，我们只能用思辨的方法来把握它。"[④]所以，科学思维也是具有超越性的。那么，科学与哲学在超越性上有何区别？科学思辨超越的实质是一般化、理论化、系统化，是对既有实证知识的超越，但仍在实证范围之内，也即思辨结果必须经受实证检验；而哲学思辨的超越是在不同层面进行的，即在价值或规则层面对生活经验和实证知识的超越。也就是说，哲学思辨要超越实证层面而进入理想层面，结论是要指导创造性活动，有效地达成实践目标，而无须科学意义上的实证检验。

五、辩证性

宇宙万物及人类生活的发展本身就具有辩证性，并显示出对立统一、质量互变和否定之否定的辩证规律。就人类认识而言，无论是科学还是哲学，也都是辩证发展的。哲学研究作为一种精神活动，以批判反思为核心，而批判反思的实质是论辩性的对话，即苏格拉底所实践的辩证方法。

在哲学领域和现实生活中，极端化是比较普遍的，它往往使我们的生活陷入两难与摇摆不定的境地。超越极端化必定要求采取辩证思维，这种思维最终形成古老的智慧，即中道或中庸原则。在中国语言中，两个极端表现为对偶结构，如阴与阳、是与非、善与恶、民主与专制、积极与消极等，哲学思维的辩证性表现为追求平衡与中道。法国哲学家布尔迪厄（Bourdieu）指出，虚假的矛盾性强调和归类破坏了知识分子的创造能力。只有当分析超越了传统的对立关系及二分法，超越了由此造成的视

① 吉尔·德勒兹. 2000. 哲学与权力的谈判. 刘汉全译. 北京：商务印书馆：140.
② 吉尔·德勒兹. 2000. 哲学与权力的谈判. 刘汉全译. 北京：商务印书馆：141.
③ 吉尔·德勒兹. 2000. 哲学与权力的谈判. 刘汉全译. 北京：商务印书馆：138.
④ 许良英，李宝恒，赵中立，等. 1983. 爱因斯坦文集（第1卷）. 北京：商务印馆：292.

野的局限性之后，理论的发展才会成为可能。

哲学思维方式的辩证性还表现在反思与建构上。反思与建构都是实践主体的思维，其中反思是向前的、理论的，建构是向后的、实践的。哲学研究的重要方式是辩证地推敲前人的哲学思想，在这种辩证的思维过程中，创造性的观点可能会自然地显现出来，从而建构用于指导实践的理论。

六、理论性

在人类生活实践过程中，首先产生的是自然思维；而哲学思维是对自然思维的反思。哲学思维是一种具有反思性质的理论思维，因此它不可能是与人类同时诞生的。显然，在人类的理性思维方式尚未形成时，哲学不可能存在。那么，哲学发展的真正开端在哪里？我们知道，古希腊哲学家泰勒斯（Thales）最早提出了以水为万物始基的哲学命题。但黑格尔不承认这种观点是哲学的真正开端，他认为只有达到概念思维的水平，认识才能把握事物的本质。哲学思维是一种理论思维，即是一种反思性的、批判性的概念思维。黑格尔认为："水及类似的物质本原，固然应该是共相，但作为物质，仍然不是纯粹的思想。"[①]按照他的标准，巴门尼德正是最早达到理论思维水平的哲学家，因为他提出了纯粹的概念，即"有"或"存在"。追求普遍的本质涉及给概念下定义的问题，这在西方思想中是根本性的，西方哲学家从未放弃概念思维。在哲学问题上，中国古人没有西方人那种理论性的知识论态度，概念思维不发达，基本上停留在类比、隐喻、寓言的层次。

哲学思维是一种理论思维，自然具有理论性。我们可以做这样的设想，即人们的生活观念起初是逐渐形成的，特别是通过习俗确定下来的。当生活境况发生显著改变时，觉醒了的精神才使其成为批判反思的对象。未经批判理性审视的观念无法进入哲学，更谈不上哲学理论。神话、宗教、艺术主要是以感性的、形象的形式表达思想，而哲学则是一种理论活动，哲学思维是一种理论思维。哲学越来越专注于概念思维，借助概念通过思维去把握真理，旨在建构系统性、逻辑性的哲学理论。所谓哲学思维的理论性是与日常生活中的经验性、常识性，以及神话、宗教、艺术思维的感性相对而言的。即便是接受现行意识形态的基本主张并为其进行辩护，也还是理论活动，不应理解为对现实社会政治的直接支持。

---

① 黑格尔. 1966. 逻辑学（上卷）. 杨一之译. 北京：商务印书馆：77.

最后，从本质上讲，哲学思维是理性化的。这里所谓理性是宽泛的，并不限于演绎逻辑推理。由于我们抱有的信念不可能得到纯粹逻辑证明，一些人便得出了理性无能或理性精神破产的非理性主义结论。事实上，信念没有逻辑必然性，并不等于没有理性根据。哲学的显著特征是批判理性，它并没有也不会像有些人所认为的那样成为非理性的东西。波普尔、巴特利等许多人，都把探索的合理性置于批判之中。也就是说，合理性在于一切信念都必须受到批判，接受最能经受住批判的信念就是合理的。

第二节　哲学资源——哲学史

哲学家从事批判反思，进行哲学理论建构，自然需要思维的材料或资源。到哪里去找这种材料呢？我们知道，影响或指导人类生活的观念，存在于哲学家的理论中，体现在实践家的行为里，并散布在一切文化作品之中。所以，一切经验、一切思想、一切文化，都是哲学家可以利用的资源。哲学研究的重大问题之一，就是如何对待人类文化资源，特别是哲学史资源。我们的问题是，哲学资源具有怎样的性质？它们将以何种方式被利用？本节谈论哲学史资源，第三节将讨论实践经验。

一、哲学史资源

哲学发展有着悠久深厚的历史，故哲学史资源十分丰富。对哲学史的研究将告诉我们哲学问题是怎样提出来的，哲学概念和理论是怎样被创造出来的。前辈的观点自然是时代的产物，是针对自己时代的问题而提出来的。他们所处的时代社会与我们不同，他们所面对的问题也与我们不同，这是否意味着我们不能采用他们的思想？答案是否定的。

前人观点之所以仍具有现实意义，是因为他们所面对的哲学问题往往以相近的形式出现在我们面前，更重要的是因为它们乃是人类生活经验与智慧的结晶，涉及人性最基本的方面。由于哲学是终极关怀，追求普遍性，再考虑到人类天性的稳定性，前人哲学中的许多观点都具有现实意义，甚至具有永恒的价值。退一步讲，哲学史资源至少对哲学家回答自己的问题具有启发意义。此外，哲学家的观点也往往具有超前性。也就是说，他们在自己所处的时代敏锐地意识到以后时代问题的萌芽，甚至推测到了解决这些问题的适当原则。

所以，人们普遍认为，哲学史资源具有永恒的参考价值。当代日本哲学家村濑裕也指出：“为完成今天人类共同现实的课题，不管是洋的还是土的，正确地继承和运用一切人类历史上优秀遗产是必不可少的重要条件。承担着此课题的一翼的哲学安能外此道理？”①事实上，哲学家的思考常采取与前人对话的形式进行，即批判地审视前人所提出的观点，从而为自己的研究和学术的发展开辟道路。具体说，哲学史资源为我们提供了概念、理论、问题或论题，以及哲学方法示范。

二、哲学史资源的重要性

哲学史对哲学研究的重要性是公认的，批判地继承前辈的思想是哲学发展的必由之路。为什么哲学家非要阅读那些哲学著作呢？罗蒂从消极的方面给出了理由：“如果他们不读这些书，他们就会冒自己去写它们的危险。”②他说道：“作为成年人的标志之一就是懂得：没有任何书会向我们揭示宇宙的秘密或者生命的意义。这意味着认识到，所有这些过去的有趣的书籍都只是一个我们终有一天有幸能摆脱掉的梯子上的一些梯级而已。如果我们停止阅读哲学经典，我们对是哪些力量使得我们像如今这般思考和谈话就不会那么清楚了。”③

从积极的方面讲，不熟悉哲学史，也就谈不上批判与继承。这样做不外乎有两种结果：一是所创造的哲学理论一定是浅薄的、时髦的、空洞的、无根基的；二是那些苦思冥想所提出的观点也许早就有人提出甚至已被抛弃了。伽达默尔指出：“运用概念需要认真，而要达到这种认真则要求具有概念史意识，这样我们才不会随意下定义，不会陷入幻想，才能把具有约束力的哲学话语规范化。”④我国当代哲学家张汝伦认为：“在哲学上，创新的力量是和回忆与了解过去的能力成正比的。对哲学史一无所知的哲学家注定只能是哲学海洋中稍纵即逝的泡沫。”⑤“事实上，枉顾哲学史的哲学

---

① 村濑裕也. 1996. 戴震的哲学：唯物主义和道德价值. 王守华等译. 济南：山东人民出版社：1.

② 理查德·罗蒂. 2009. 实用主义哲学. 林南译. 上海译文出版社：328.

③ 理查德·罗蒂. 2009. 实用主义哲学. 林南译. 上海译文出版社：328.

④ 汉斯-格奥尔格·加达默尔. 1999. 真理与方法：哲学诠释学的基本特征（下卷）. 洪汉鼎译. 上海：上海译文出版社：788.

⑤ 张汝伦. 1999. 思考与批判. 上海：上海三联书店：9.

不但走不远，而且也很难站得住。”[①]在中国现代哲学界，有些人喜欢凭空构筑自己的哲学“体系”。由于构筑者对于前人的努力未能有充分和深入的了解，导致这些体系未能切入、展开和推进中外哲学史存在的那些基本问题[②]。

三、哲学史资源的利用方式

任何哲学都有其产生的背景，任何哲学言论都是有感而发的。当社会发生显著改变时，从前有效的指导观念也可能过时。即使是那些最伟大的哲学家，他们的思想也不可能永远有效。这样就产生了一个突出问题：如何利用哲学史资源？我们以为，对于哲学家来说正确做法是：一切观点必须在当前语境下理解与应用，这种态度就是所谓“六经注我”；而哲学史研究则是“我注六经”，追求理解的客观性，即追求文本或话语的本来含义。哲学家应当特别注意的是，在当代社会条件及语境下，批评前人的观点很可能不得要领。将前人观点与当代人观点放在一起，讨论他们的意见分歧也往往是不恰当的。哲学家当然要历史地理解前人的思想，但更重要的是吸收那些现在仍有意义的东西，或在当前语境下加以改造后而为自己所用。须知，哲学史资源并非哲学的客观认识对象，而是解释与转化的对象。也就是说，哲学研究通过某种形式的加工改造，使资源成为自己理论建构的材料。

哲学家是在批判继承的基础上从事创作的，因此常常涉及前人的观念。在哲学研究与著述中，引用他人思想时，要么赞成，要么反对。但无论是赞成还是反对，都是针对当下现实而发的。引用即是创造，阐发也是合法的，只是哲学著作必须在当前语境下理解，同时前人对被引用与阐发不负任何责任。因此，任何学术资源都将被创造性转化，即便是直接引用亦是如此。事实上，引用前辈的思想来阐明或论证自己的观点也是哲学家著述的普遍习惯。我们对引用哲学家的原话也许会感到有些踌躇，这是因为所引用的语句在当前的意义很可能不同于作者的原义，至少不会是完全相同的。然而，这种当下引用的做法是适当的，也不能被指责为断章取义，因为哲学不是哲学史。在哲学中，一切话语都应在当下的语境中被理解。哲学家在自己的哲学论述中，被引用的思想都经过解释，已转化成为自己思

① 张汝伦. 1999. 思考与批判. 上海：上海三联书店：11.

② 张汝伦. 1999. 思考与批判. 上海：上海三联书店：11.

想的组成部分，其意义、价值及适用与否均针对当代社会与人生而言。当然，所引用的言论要真正起作用，必须在论证结构中占有适当的位置。

一个哲学史家考虑前辈的说法在当时究竟是什么意思，这是他的本分，即他的职业要求；一个哲学家也应该设法理解前辈所表达的真实意思，但他没有必要时时处处说明前辈的原义和当下引用时自己的理解与把握，无须对他人的思想做过多的批判性叙述，也无须为其进行辩护，一切只作为资源来利用。否则，哲学著作将成为四不像的混合物。引用前人的思想就意味着让其在我们自己的理论中获得新生，在哲学著作中引用别人的话为的是表达我们自己的思想。这样说当然不是想要把别人的东西据为己有，那种事情是任何人都做不到的。我的意思是，引用本身不仅包含着自己的理解，而且是在当代现实语境中来理解的，所以这种理解不一定与作者的原意完全相同。正如黑格尔所说："当我们去吸收它、并使它成为我们所有时，我们就使它有了某种不同于它从前所有的特性。"①此外，正如法国思想家蒙田所说的，蜜蜂到处掠取各种花朵，酿成的蜜糖却完全是它自己的。类似地，我们从别人那里借来的观念，也已经变成了我们生命的一部分。它们之所以能在我们这里生根，正是因为与我们的心性和生活相协调。

第三节　哲学资源——实践经验

科学认识是主客二分的，即认识主体对外在对象的认识；而哲学认识是主客同一的，即认识主体反思自身生活实践。无论是科学认识还是哲学认识，均源于人类经验，这是公认的认识论观点。在哲学研究中，哲学史资源固然是重要的。但是，人类的经验绝没有全部凝结在已有的哲学理论中，对这种经验进行仔细的研究应该成为哲学研究的重要组成部分。所以，哲学家既要观察现实生活，也要研究历史经验和事件。我国当代学者陈少明指出："归根到底，是活生生的生活经验，而非哲学文献，才是哲学创作的资源。对经典提供的经验进行哲学性反思，事就得进入我们的视野。"②德国哲学家布伦塔诺（Brentano）在其重要著作《从经验立场出发的心理学》中指出：哲学研究必须从经验出发，以经验为基础。所以，在哲学论中，经验是一个重要的哲学概念，必须得到充分阐释。那么，什么是经验？科

① 黑格尔. 1959. 哲学史讲演录（第1卷）. 贺麟，王太庆译. 北京：商务印书馆：9.

② 陈少明. 2015. 做中国哲学：一些方法论的思考. 北京：生活·读书·新知三联书店：123.

学认识所依赖的经验与哲学认识所依赖的经验有何不同？哲学家是怎样利用经验进行哲学创造的？

一、经验概念

近代经验论者是从认识论视角谈论经验的，而且其经验概念主要限定为感觉经验或感觉印象。这种经验是内在于心灵或大脑中的东西，以主客分裂的二元论为前提。经验论者正确地认识到，一切知识均源于经验，单凭人的理性什么也做不到。但他们将经验等同于感觉经验，无疑是狭隘的。詹姆士反对把经验当作孤立的感觉材料的集合，他试图摆脱主客二元论，提出了“纯粹经验”的概念。所谓纯粹经验即“直接的生活之流”，是指一种流变的、前反思的东西；它在不同的关系结构中，可以表现为意识，也可以表现为物。所以，在詹姆士看来，经验既是主观的，又是客观的。这种经验学说被称为中立一元论，但其实质仍是一种现象主义观点。

詹姆士的经验学说比较难以理解。杜威则对经验概念进行了较为彻底的改造，并摆脱了现象主义和认识论的束缚。他把经验与生活等同起来，说经验即做与经历，就是生命活动[①]。杜威认为，感觉材料只是来自丰富完整之经验场域的人为选择性抽象。从较大的范围观察，我们的经验是一个持续的、完整的复合体，其中包含感觉印象、体验、直觉、反省，等等。我们经验到的是某种整体性的境遇，而特殊事物在其中显示意义。经验有一个过程，这个过程可以为我们提供非常丰富的思考材料。陈少明指出：“人生经验的内容丰富多彩，不仅包括人与物关系的经验，也包括人与人关系的经验；不仅包括外在行为的经验，更包括内在意识的经验；不仅包括直接的经验，还包括间接的经验。只有形成一种含义广泛但又可分类认识的经验观，才是我们理解观念意义的有效框架。”[②]

一般说来，经验指未经加工整理的感性知识。但当我们说一个人经验丰富、能力强时，这种经验已是宝贵的知识、方法或信念。当代美国学者史密斯（Smith）举例说明杜威的经验概念：“在杜威的经验意义上，例如，具有马的经验，远远不止是具有马的感觉特征的记录；它意味着熟悉马的习惯，熟悉马也许会怎样行动；它也意味着了解怎样和它们‘打交道’或

---

① 陈亚军. 1998. 哲学的改造——从实用主义到新实用主义. 北京：中国社会科学出版社：110.

② 陈少明. 2015. 做中国哲学：一些方法论的思考. 北京：生活・读书・新知三联书店：235.

在它们面前表现自己。”[①]事实上，作为哲学思维资源的经验就是这种经验，我们称为实践经验。

二、哲学与实践经验

根据上述简单说明，人类经验是复杂的且有多种类型。从认识论角度看，大致可分为两种，即感觉经验和实践经验。感觉经验就是感觉印象，由外物刺激而产生于头脑之中，它们是对象性实证知识的材料。实践经验即生活经验、工作经验，是人们在生活实践中形成的体验，由实践本身反省而得到。在不断反复的实践中有修正、积累，并形成经验性规则。当我们感知某物时，在我们头脑中便产生感觉印象；当我们做过某件事情之后，我们便对这种事情有了经验，这种经验也有助于我们以后再做类似的事情。就后一种情况而言，我们是从主体经验方面来理解“经验”概念的，这就是所谓的实践经验。我们可以用实践经验指除感觉经验之外的全部经验，主要是主体生活经历、体验、直觉、顿悟，以及神秘的宗教体验。

简单说，科学知识以感觉经验为基础，哲学观念以实践经验为基础。在经验事实问题上，哲学与科学至少有三点不同。其一，经验事实的类型不同。哲学中的经验是指生活实践经验，它们是在实践方法、效果、感受方面的所得，不是通过感官所获得的事实；而科学事实是指关于客观事实本身的，也即关于对象或现象的事实陈述。说一个科学家经验丰富，并不是指他有丰富的感觉印象或掌握了许多科学事实，而是指他在研究方面有深刻的体验和很强的能力。哲学家也观察人类生活实践，但他注意的焦点在于实践原则及其效果，而不是所观察到的那些实证性的经验事实。其二，经验事实的性质不同。任何生活经验都是具体的、个别性的。所谓个别的，即是具有唯一性的，与特定实践者相关，且有特定的情境条件。对这样的经验进行分析、概括是要慎重的。科学概括所基于的感觉经验或科学事实也是具体的、个别的，但科学家们针对的是同一对象，科学事实是客观的，而人类生活经验就复杂多了。其三，对待事实的态度不同。科学理论必须与事实相符，尽可能精确地描述或说明事实；而哲学理论则建立在对正反两方面经验进行批判分析的基础之上，并具有理想的性格。在此，经验和教训均作为哲学观点的支持理由。

人类自诞生到现在经历了漫长的历史时期，并积累了丰富的生活经验。

---

① 陈亚军. 1998. 哲学的改造——从实用主义到新实用主义. 北京：中国社会科学出版社：110.

这些经验或已被融入各种思想理论之中，或以传统习俗观念、经验常识的形式仍然指导着人们的生活，或已淹没在历史中等待发掘与重新认识。哲学家必须继承并运用一切人类优秀思想遗产，将它们融合在自己的哲学理论中。当代德国哲学家那托普（Natorp）说："哲学要求广义的经验的'丰饶的深谷'，也就是说，它要求把根扎到全部文化创造中去。"

三、实践经验的利用

哲学研究不是纯粹理性的游戏，哲学理论不是纯粹理性建构起来的逻辑体系，而是必须具有经验根据。实践经验对哲学研究的重要性，并不亚于感觉经验对科学研究的重要性。事实上，深刻的哲学理论必定基于丰富的实践经验。唯有如此，哲学才能真正贯彻到生活实践中去。所以，哲学家要关注经验，即使是在研究以往哲学家的思想时，也要透视这些思想中凝结的经验。那种脱离现实、不承担经验之重量的思想，尽管可以美妙无比，却是不具有现实可行性的。此外，哲学家在探索过程中，必须考虑正反两方面的经验。注意不要让偏见蒙住眼睛，而对一些事实视而不见。

众所周知，长期从事某种活动的人，总会或多或少地积累起经验，这种经验使活动得以顺利有效地进行，总结这种经验可形成一些经验规则。对于技术性的事务，重复性的经验积累可以达到相当精深的程度。实践经验是非常宝贵的，从经验中总结出的经验规则可以指导实践活动。但仅凭经验办事是不行的，因为我们面临的情境可能会发生实质性的变化。哲学的任务之一就是对经验及经验规则进行批判反思，使其成为建构理论的重要材料。这里有必要指出，哲学理论建构要考虑现实，特别要重视当代人的生活经验。哲学家已经习惯于把绝大部分精力用在叙述和分析他人的意见上，注意力似乎不在现实问题与当代人的经验上，这是需要我们注意的。

在哲学研究中，须特别注意两类人的经验。一类是那些伟大实践家的经验和思想。他们的根本主张和前提假定往往只是潜伏的、隐微的，寓于其行为和言论之中，哲学家必须对其进行深入分析。如在科学哲学研究中，那些著名科学家的观点值得特别重视。这当然不是因为他们的观点都是正确的，而是因为他们具有丰富的科学研究经验和看问题的深度。但必须指出，实践家的哲学观点往往只是局部视野或微观分析的结论，是根据他们自己的经验和思考提出的、自己认为最佳的观念，而不是系统批判性的学术研究得出的结论，他们并不具有宏观综合的视野和条件。因此，实践家的哲学观点与其说是哲学，还不如说是哲学批判反思的材料。另一类是哲学家自己的生活经验与体悟。尽管哲学不是哲学家所做的孤立思考，尽管哲学家的个人经验较少，但他的经验和感受的确很重要。那些经受人生磨难的哲学家会对社会与人生产生深刻的认识。刻骨铭心的体验最为关键，在此基础上进行哲学反思，可以使哲学家抓住实质性的哲学问题。

最后，我们需要指出的是，哲学研究可利用的材料既丰富又贫乏。说它丰富，是因为以往人类的生活经验和思想被记载下来了，而且都有某种意义；说它贫乏，是因为哲学最需要的是当代生活经验和认识，而这往往是最不可靠的。也就是说，当代距离我们太近，稳定的经验不易得到，即景性的认识还很不可靠。海德格尔曾经说过，哲学必须学会再次屈尊到它所使用的素材的贫困中去。这也许是我们上面所说的原因。

第四节　哲学思维的基础

以往哲学家建构哲学体系，一般都有自己的起点，都是从某些基本假定开始的。换言之，哲学家提出自己的哲学理论，并将某些观念作为理论体系的基础或前提。基础的重要性是显而易见的，因为它关系到整个理论的稳定性与正确性。长久以来，哲学家一直关心哲学的基础，关心哲学基础的可靠性，并试图将自己的哲学大厦建立在绝对可靠的基础之上。那么，什么是基础？哲学是否具有无可置疑的坚实基础呢？

一、什么是基础

我们知道，建筑物的上部结构是有基础的，基础下面还有地基。我们可以将基础和地基共同视为基础，与上部结构相对应。要使结构安全，必须保证基础的稳定。在认识领域，人们常采取隐喻手法，将观念系统喻为结构，将支撑观念系统的基本信念喻为基础。所以，哲学的基础即哲学思想的前提。这种基础概念虽然建立在视觉隐喻之上，但并非不适当。也许有人会说，按其本性，哲学是不能预设前提的，但这只是说哲学不能引入未经批判考察与澄清的假设。一个命题或观点，只要经过考察并得到充分论证，就可以作为进一步哲学探究的出发点，我们可以把这样的出发点称为哲学的基础。

众所周知，几何学的基础是几何对象的定义和几何公理，逻辑学的基础是逻辑公理。对于任何理论来说，作为基础的前提总是不可避免的，哲学理论亦不例外。所以，关键问题不在于是否引入前提，而是我们怎样对待它们。对于几何学，笛卡儿认为公理是自明的，也是天赋的，即不能从经验中得到，而要靠理智直观。笛卡儿在普遍怀疑之后，开始寻找一般认识的基础。他要找的基础是类似数学公理那样的出发点，必须是不证自明的、确定性的、不可怀疑的。我们知道，他为知识所找到的确定性基础是“我思”。这种诉诸自明性、天赋或理智直观的做法是合理的吗？如黑格尔所说的，诉诸自明性恰恰是独断的表现。

哲学家的思想是有前提的，绝对无前提是达不到的。德国哲学家西美尔（Simmel）就曾说道：“在认识的起点之处，某些东西就已经成为前提，它或者作为一种不明的、不能驾驭的事物让我们恐惧，或者反过来成为我们在认识的相对性、流动性和独具自身的状态中的一个支撑点。因此，绝对无前提虽然是哲学思维一种方向明确的，但却是无法实现的目标，而无前提状况在其他知识领域里从一开始就只具有一种相对的程度。”[①]对此，英国哲学家怀特海（Whitehead）有清晰的认识，他说道：“当然你为了谈话必须从某个地方开始，但哲学家，当他从他的前提进行推论的时候，他已经标记下前提中的每一字每一句，作为进一步探索的主题。”[②]

事实上，哲学家常常从权威出发开始自己的论述。许多西方哲学家以宗教信仰为自己哲学的基础，如英国哲学家洛克（Locke）就将自己的政治哲学建立在信仰的基础上，他认为上帝创造人类并赋予他们基本权利（“生命、健康、自由和财产”的拥有权）。劳黑德指出：“在中世纪，即使像托马斯·阿奎那这样的革新思想家也从没有在开始一个题目时不首先引用权威，即亚里士多德和教父。”[③]其实，任何哲学都有自己的预设，只是有些哲学家未能意识到而已。就其本性而言，哲学不能引入未经充分考察的信念。遗憾的是，哲学家常常引入此类信念，而以为理所当然，康德哲学就曾暗中认定数学和物理学知识是普遍必然真理。

哲学家作为学者，当然要关心自己学问的基础，并努力将自己的哲学

---

① 格奥贝格·西美尔. 2006. 哲学的主要问题. 钱敏汝译. 上海：上海译文出版社：10.

② 阿尔弗莱德·怀特海. 1999. 思想方式. 韩东晖，李红译. 北京：华夏出版社：152.

③ 威廉·F. 劳黑德. 2017. 哲学的历程：西方哲学历史导论（第4版）. 郭立东，丁三东译. 北京：中国轻工业出版社：251.

理论建立在稳定可靠的基础之上。一些哲学家认为，存在着绝对可靠、永恒不变的基础，而哲学能够为包括哲学在内的社会文化奠定这样的基础，这种观点被称为基础主义。现在，我们的问题是：哲学有绝对确定性的可靠基础吗？

二、基础主义批判

近代西方哲学的开端处，笛卡儿强迫自己抛开一切假设以及出自权威的东西，试图从理智直观和纯粹思维开始达到确实可靠的东西，从而为哲学提供一个纯洁的开端、坚实的基础。我们知道，他所认定的确实可靠的真理是“我思故我在”。在这里，笛卡儿是通过普遍怀疑，确认了无可置疑的“我思”或“我在怀疑”，进而断言“我”作为精神实体的存在；并依靠上帝担保，确认了物质实体存在。在此，“我”当然是指那个“思考”的认识主体，是精神性的、纯粹形式化的，因而是唯我论的东西，即他人无从知晓的东西。笛卡儿之所以能够确认“我”，是因为他认为思想必须有一个思想者。其问题是：由“我思”能推出“我在”吗？

笛卡儿的“我思故我在”这个命题是有争议的。“我思”是认识论命题，“我在”是本体论命题。这种推论或转化依靠的是自明性，而不是形式逻辑，所以是不合法的。康德在其《纯粹理性批判》中说：“我不能像笛卡儿所认为的那样从我思中推导出我的存在（因为设果如此，那么就必须有一个大前提在先：所有思维着的东西都存在着），相反，我的思维与我的存在是同一的。”①所以，康德认为它不是推理，而是同语反复。黑格尔的理解也是“思维=存在”，他说：“在笛卡儿的形而上学之中，存在与思维的统一是第一要义。”②黑格尔把笛卡儿视为近代哲学的真正创始人，因为近代哲学是以思维为原则的。“他是一个彻底从头做起、带头重建哲学的基础的英雄人物，哲学在奔波了一千年之后，现在才回到这个基础上。”③将思维与存在视为同一也未尝不可，问题在于黑格尔将笛卡儿的“我思故我在”视为绝对有效的第一原理。事实是，我们无法证明思维着的东西存在，除非把思维与存在相等同，或确认思维是一些存在物的属性。如果坚持前一等同，显然不适当，因为不能思维的东西都不存在吗？如果坚持后一确认，则这

---

① 倪梁康. 2002. 自识与反思. 北京：商务印书馆：46.

② 黑格尔. 1978. 哲学史讲演录（第4卷）. 贺麟，王太庆译. 北京：商务印书馆：345.

③ 黑格尔. 1978. 哲学史讲演录（第4卷）. 贺麟，王太庆译. 北京：商务印书馆：63.

个确认命题本身并不是逻辑命题，而是经验命题。这样的话，纯思维建构哲学基础的企图就破灭了。此外，设定思维的主体是我，绝不是凭理性，而是靠直觉。

康德虽不赞同笛卡儿的“我思”，但他也要为知识寻找具有必然性的确定性基础。在认知领域，他找到的基础是所谓先天的认识形式，即先验的知性形式和知性范畴；在道德领域，他找到的基础是无条件的道德命令。这些基础都是先验的、不可修改的。然而，康德的做法是有一些问题的：首先认定数学和自然科学知识具有普遍必然性，然后追问这种普遍必然性何以可能。结果是他揭示出认识形式（如时间、空间、因果性原理等），并将它们视为永恒性的、确定性的东西。康德哲学的形而上学色彩浓厚，其纯粹理性批判是要确立“理性永恒的和不变的法则”，他说道：“在这类考察中，无论如何都不允许有所意见，一切在其中看起来类似于一种假说的东西都是禁品，即便是以最低廉的价格也不得出售，而是一经发现就必须予以封存。因为每一种应当先天地确定的知识都自身预示着，它要被视为绝对必然的，而所有纯粹先天知识的规定则更有甚者，它应当是一切不容争辩的（哲学的）确定性的准绳，从而甚至是其范例。”[①]

在拒斥形而上学运动中，形而上学也陷入了危机。但是，罗素和胡塞尔等仍为寻找某种必然真的东西而努力。罗素找到了逻辑形式，胡塞尔发现了意识的本质，一些语言哲学家找到了语言的意义。现在人们已经认识到，所有这些东西都是虚幻的，哲学应当抛弃先验的设想。其实，任何绝对的确定性都是达不到的。如果我们承认“怀疑”的发生则意味着“能怀疑的东西”存在，似乎是可以接受的，因为思维活动不能没有思维的主体。但确认“能怀疑的东西”存在也只是凭直觉，而且这“能怀疑的东西”是什么也不能确定。若认为是“我”在怀疑，那“我”又是什么？我们单凭理性可以确认怀疑是一种精神活动吗？即便可以确认这一点，那么由精神活动的确实发生，就能凭理性确认精神实体存在吗？由精神活动能逻辑地推出精神实体吗？如果我们说“能怀疑的东西”是一个有血有肉且能思想的东西，便不会引起实质性的错误，但这种推论便不再是确定的了，也即无法运用逻辑证明。此外，现代物理学的发展已使人们确信，康德的先验形式是可以修改的。

现代哲学家承认，没有什么观念是自明的，没有什么观念能够得到逻

① 康德. 2004. 纯粹理性批判. 李秋零译. 北京：中国人民大学出版社：i.

辑证明。所以，几乎没有人还奢望绝对确定性，哲学并没有绝对可靠的基础。我们的理性和经验都无法确立绝对确定性的信念，所以基础主义是行不通的。于是，反基础主义者否认基础的存在，认为谈论基础是无意义的。我们不禁要问：不存在绝对可靠的基础，难道就不能谈论基础了吗？建筑物没有绝对可靠的基础，探究基础的可靠性就没有意义吗？基础主义源于确定性追寻，是传统形而上学；而反基础主义弃绝基础概念则是源于对形而上学的过度恐惧。我们认为，谈论哲学的基础并非不合适，因为我们完全可以摈弃基础之永恒不变的形而上学意义。在哲学探究中，总需要一些类似公理的基本信念及一些必要的定义，这些东西是实践主体的意志设定，在日常生活实践中基本上是不能违背的。当然，它们并非永恒不变的绝对真理，而是可以修改的前提假设。所以，这些类似公理的基本信念必须进行说明或论证，以便成为有根据的东西。我们当然不能要求绝对确定，甚至不能要求笛卡儿式的怀疑，但免除合理的怀疑是哲学的职责。

其实，我们还可以在更为宽泛的意义上谈论哲学的基础。首先，以上谈到的作为哲学基本原理的前提假设，它们必须经过充分的合理性论证；这种论证的实质是为其提供根据，而这类根据不外乎实践经验、价值理想，并凭借理性统合起来。其次，哲学思辨是在实证认识的基础上进行的，所以我们可以说，科学知识是哲学思维的基点。

三、科学知识为基点

哲学与科学辩证发展的历史告诉我们，科学是哲学发展的前提，至少是哲学发展的强大推动力。我们认为，科学知识是哲学思维的基点，也会对哲学思考形成某种限制。为什么这样说？科学知识在哲学思想的形成中起什么作用？以何种方式起作用？

首先，哲学基于事实并超越事实，哲学思辨是在实证科学认识的基础之上进行的。所以，在科学发展起来之前，哲学只能暂时承担起科学的任务，这也许是起初哲学包罗万象的主要原因。在哲学发展的初期，科学知识十分贫乏，哲学家只能基于日常经验凭借直观猜测来从事哲学活动，所得到的哲学观念具有整体性、模糊性、象征性、朴素性乃至神秘性。也正是由于缺乏科学认识，中国古代哲学始终停留在直觉与体悟的水平上。如中国传统哲学推天道以明人事，所得结论如气论世界观、辩证思想、中道原则、天人合一等，基本上没有超出直观猜测的阶段。

哲学观念的思辨内涵必须以相应的实证内容为基础和起点，否则便可能成为纯粹的虚构。关于事物的实证知识越完善，它就越容易接近那些难以实证的性质。科学对哲学的显著影响是众所周知的，数学和物理学对康德哲学的影响、生物学和相对论对现代哲学的影响都是突出的实例。我们知道，在科学哲学领域中，对科学的看法是随着科学的发展而改变的。假如没有非欧几何学的诞生，对数学的看法不可能超越康德；如果没有相对论和量子力学引起的科学革命，现代科学哲学也是不可想象的。一位日本学者指出："对现实情况中的各种事实认识的越深刻、越广泛、越正确，那么也就能相应地弄清楚价值和理想在其认识网络中的位置，也就能指定价值和理想的有效存在范围。这绝不是说轻视价值、目的和理想，认为它们是无力的。这只是说明价值、目的、理想在认识事实的网络中打下的基础越深，就越能发挥真正强有力的作用。"①

其次，我们必须按科学规律办事，这是一条哲学原则，即人类生活实践应遵循的原则。所以，哲学的基本观念和原则不应与科学真理相冲突，否则就意味着不可行。也就是说，仅有美好愿望是不够的，理想必须切实可行。如一些学者试图以利他主义作为人类行为的基本原则，这很难行得通，因为人的自然天性是利己的。由于利己的天性，利益在人类行动中起支配作用。不考虑这一点，只想当然地基于理想的道德确定生活原则，必定不能取得成功。此外，在生活实践中，科学技术所起的作用基本上是工具性的。实践的任务和目标确定之后，科技能给我们提供有效完成任务、实现目标的手段。但如果我们的价值目标不切实际，科技也将是无能为力的，实践将以失败告终。由此可知，科学对哲学具有制约作用。我们的要务是使事物向有益于社会人生的方向发展，实证知识从技术层面制约事物发展，实践原则的确定不能与此相违背，即人类实践的方向应有技术层面的可行性和有效性，否则只能是脱离实际的纯粹幻想。

考虑到科学对哲学的重要性，不懂科学便不能正确认识事物的本质，也很难提出可行的实践原则，从而也就不能指望有什么重大的哲学建树。人们对现实事物的科学认识，可实质性地改变生活实践的态度与原则。所以，从某种意义上说，科学认识是哲学探究的基础。具有纵观全局能力的哲学家必须身兼哲学家和科学家的身份，至少要有极其广泛的认识兴趣与极其宽广的学术视野。绝大多数科学家对哲学不感兴趣，这可能是无关紧

---

① 大河内一男，海后宗臣等. 1984. 教育学的理论问题. 曲程，迟凤年译. 北京：教育科学出版社：221.

要的，因为他们在已确认的领域中探究，哲学也许帮不了多大的忙。但若哲学家对科学成就无动于衷，那就是比较危险的了，因为哲学思辨是以科学知识为基点的。经验事实和科学知识是主客关系的产物，哲学思辨是要以其为基础并超越之，从而达到事实与价值的融合。

四、经验为终极根据

哲学总是关注现实并指向未来，将以往的经验和思想加以批判性的提炼，让其沉淀结晶在指导生活的观念中。人们常说哲学是形而上学的追问，这很容易让人误解，认为似乎存在着形而上学的东西。古希腊人的最初说法是恰当的，哲学爱智慧；智慧隐而不显，难以捕捉，揭示它便是哲学的任务。把智慧当作绝对真理的哲学之路没有走通，但这并不是哲学的失败。如前所述，哲学的基础是指哲学理论的前提假设。不过，我们也可在另一种意义上谈论哲学的基础，即哲学观念的终极根据。

哲学是终极关怀，终极追问必至基本信念，必定涉及这种信念的根据，而这种根据本身则不是一般观念性的东西。那么，哲学思想的终极根据是什么？我国思想家严复在其译著《穆勒名学》中提出不可知论说："理至见极，必然不可思议。"①金岳霖在为冯友兰的《中国哲学史》所写的审查报告中说："哲学中的见，其理论上最根本的部分，或者是假设，或者是信仰；严格地说起来，大都是永远或暂时不能证明与反驳的思想。"②我们认为，哲学理论的终极根据只能是生活经验以及统摄经验的价值理想。如上所述，哲学的本性要求我们必须对前提做出合理论证；对于那些最基本的观念，也即没有其他观念给予支持的观念，我们只能求助于生活经验和价值理想，只有实践经验才能告诉我们信念是否适当或有益。哲学论证不会无休无止，也不会无穷倒退，最终的根据是经验和理想的统一。除此之外，似乎再也没有其他认识的途径：理想引导前进的方向，经验则校正方向，在此基础上定出实践原则。

哲学若不以经验为根据，其所采用的方法便不足以产生具有实际内容的观念和理论。事实上，缺乏经验根据的哲学理论既没有说服力，也不可能在实践中发挥作用，甚至不能得到人们的认真对待。当然，哲学并不是对生活经验进行实证性描述，而是通过辩证地分析、扬弃，得出合理的生

---

① 贺麟. 2002. 五十年来的中国哲学. 北京：商务印书馆：83.

② 金岳霖. 2000. 哲意的沉思. 天津：百花文艺出版社：285.

活观念及其根据。说哲学以生活经验为基础，绝不是经验主义的，因为理想和理性使其超越经验。换言之，哲学观念以经验为基础，它们本身却并不是经验性的。经验的局限性是显而易见的，特别是它具有具体性、庞杂性、狭隘性、非完满性。经验甚至是相互对立的，对经验的解释还掺杂着复杂的情感因素。不过，正是经验的局限性才为实践理性留出了价值理想和意志选择的空间。对生活原则的肯定与批判，只能诉诸经验上的适当性，或经验有效性。此外，绝对价值并不存在，从根本上说，价值只能依赖经验的辩护，因此我们必须深入经验之中去追问前提假设的最终根据。

五、价值理想与希望

对于哲学家来说，最要紧的是弄清当代人在生活实践中持有哪些信念，遵循哪些规则，获得了哪些经验。如上所说，经验是宝贵的，它能告诉我们遵循何种原则行事会令人满意。然而，仅有经验是不够的。哲学思考以经验为基础，又要超越经验；超越经验不仅表现在理智的普遍性上，还必须表现在理想的合目的性上。任何哲学探究都包含着对理想的追求，而理想涉及价值选择。所以，人类基于自身需要对价值的认识成果，乃是哲学研究的重要资源。在这一点上，哲学与科学存在着实质性的不同。因为从本质上讲，科学描述经验事实，而哲学则不能屈从于生活经验。如果实践经验表明某一指导原则于实现理想不利，就应该寻找更合适的原则并取而代之。

人类生活经验是事实性的，如何由“实是”跃进到“应该”？休谟指出：“任何‘是’都不意味着‘应该’。”经验只能告诉我们情况怎样，不能告诉我们应该怎样做，即便实践是令人满意的，也不能由此引出应该。这就意味着从现实生活的实际出发，我们无法引申出应然性的指导性观念与原则，除非有我们价值观和理想的参与。换句话说，从实然过渡到应然不可能逻辑地解决，只能求助于美好的理想和希望。所以，哲学家在关于生活实践取向上，必须做出价值判断。事实上，哲学追问到终点，除经验之外，必定会面对虚无，从而为自由、理想和创造准备了条件。从根本上说，哲学的养料只有生活实践经验和伟大的理想，而且哲学的源泉不会干涸，因为人类总是在源源不断地通过创造产生新经验、提出新理想。

六、理性本身的贡献

哲学是一种理性的事业。指导实践的基本信念是人们靠理性来统合经验与理想建构起来的，在此建构过程中，理性极有可能被误用，也即理性走向迷途，哲学的任务就是实践理性批判。即使是强调非理性的哲学家，他的思想也是理性审视的产物。然而，哲学观点是基于人类生活经验确立起来的，其间少不了直觉、假设与猜测，有什么理由说它们是理性的？什么是理性？理性在哲学理论建构中究竟起怎样的作用？

首先，什么是理性？在德国古典哲学之前，认识能力一般被分为感性和理性两种，认识被分为感性认识和理性认识。在康德之后，人们常谈论感性、知性和理性，谈论理论理性和实践理性。感性是获得感觉经验、感性知觉或感觉印象的能力。知性是对象性认识能力，通过思维来完成。康德认为知性是实证科学的认知理性，也就是理论理性，其适用范围是现象界。在他那里，知性主要是指认识形式，是与感性经验相结合起作用的东西。理性是指在主体自由的基础上，认识价值理性的能力，也即认识理念的能力，而理念并不是对象性知识。康德说："自由概念对于一切经验主义者都是一块绊脚石，但对于批判的道德学家却是打开最崇高的实践原理的钥匙，后者通过这个概念领会到：他们不得不以理性的方式行事。"①

对于理性概念的内涵，也可从以下几方面来说明。一是逻辑理性，也就是逻辑推论。这是方法意义上的理性，是科学和哲学都需要的。二是根据理性，即通过批判反思为观念提供实践经验方面的根据。这是根据意义上的理性，对某些观点进行理性批判，对某些观点进行理性辩护，亦即给出令人信服的理由，故理性就意味着不能是武断的肯定或否定。三是理智理性，这是从情感与理智方面来说明的理性。我们人类当然是有感情的，但在那些重要的根本问题上，我们不能感情用事。换言之，我们的生活应当接受实践理性原则的指导，这些原则应当是经过深思熟虑的，理性地加以确立的。四是本体理性，即在本体论上认为客观世界是有规律的，是合乎理性的。古希腊人关于逻各斯控制了事物发展变化的信念，就是本体意义上的理性。

可见，哲学理性绝不仅仅指逻辑推理意义上的理性，经批判确立的信念也是哲学理性的重要部分。信念必须经过哲学批判的洗礼，盲目的意志、

---

① 康德. 1999. 实践理性批判. 韩水法译. 北京：商务印书馆：i.

愚蠢的信念与哲学毫不沾边。换句话说，哲学提出的是理性信念，即批判理性确立的观念与原则。根据康德关于实践理性的观点，理性不仅可以制约和认可手段的选择，而且可以制约和认可它所依赖的目的的选择。如果我们的行为仅仅受激情或自然的力量的影响，那么我们就是被动的，而不是自由的。因此，实践领域内的自由行为因而是本真意义上的自由行为，必然是由理性所控制的行为。这就是康德所说的“自由的法则”，即理性据以决定行为的原理。纯粹基于欲望、情绪或兴趣的行为是“他律的”行为。自律的主体能克制产生自他律的目的之激励，如果这些目的同理性冲突的话。

其次，理性怎样起作用？康德清楚地认识到，基于经验概括确立的任何原则都不可能具有普遍必然性，所以他要引入所谓先验原则或绝对命令。他说：“理性命令我们应当如何行动，尽管找不到这类行动的榜样，而且，理性也绝不考虑这样行动可能给我们得到什么好处，这种好处事实上只有经验才能真正告诉我们。”①通过对科学知识的批判分析，康德断言：除感觉经验之外，人类理性认识能力对知识有所增益，即提供了先天的直观形式（如时间和空间）和理性原理（如因果性原理）；前者是感觉经验得以形成的前提，后者是科学理论得以形成的前提。于是，他提出了所谓“先天的知识”②。

然而，被康德视为先天知识的直观形式和理性原理也是以经验为基础的③。那么，理性在哲学中究竟做出了什么贡献？其实，人类的理性只是一种潜能，在某些行为能力中表现出来。与理性相关的能力可以对经验和理想进行加工，但它并不能提供所谓的先验要素。理性的作用在于对经验的分析、对观念的批判与论证。哲学所说的实践理性主要是指批判理性，特别是指确定有效实践原则的能力，这种理性不仅包括逻辑推理，而且与情感、理想也不是对立的。换言之，哲学作为反思与建构的理性也把非理性的东西纳入自己的考察范围，以理性的方式掌握非理性的东西④。事实上，一旦我们要为某种观念提供理由时，我们便已经进入了理性领域。人类理性无止境地追求全面和普遍性，获得超越经验的东西；其本质就在于能够积极主动地统合经验和理想，做出概括并进行推理。这是一切科学知识和

---

① 康德. 1991. 法的形而上学原理. 沈叔平译. 北京：商务印书馆：16.

② 康德. 2004. 纯粹理性批判. 李秋零译. 北京：中国人民大学出版社：30.

③ 薛守义. 2009. 科学性质透视. 济南：山东人民出版社：210.

④ 郭湛. 2000. 哲学与社会. 北京：中国人民大学出版社：5.

哲学思想得以形成的前提。

那么，理性是哲学的基础吗？这要看我们怎么理解。无论如何，理性只是一种认识能力，本身并非构成基础的材料，单凭理性也不可能得到任何观念。那么，在哲学探索中，理性究竟起什么作用？事情很清楚，没有理性的帮助，人们便不可能建构实践理性原则；没有批判理性，哲学也就无法审视人类生活。哲学基于经验又超越经验，否则就不会得出概念和普遍命题。生活经验是零碎的、变化无常的，甚至是相互矛盾的，对此我们都有清晰的体认。所以，经验必须借批判理性加以整合。如果说理性是哲学的基础，那也是指哲学批判、建构与论证均凭理性进行。说哲学理论是理性的，也并不意味着哲学体系是一个严密的演绎逻辑体系，而是说哲学理论必须经得住批判理性的审视，必须得到合理的论证。在这个意义上，可以说理性是哲学的基础。

第五章 论哲学观念

科学将客观事物作为自己的研究对象，构造科学概念和理论，从而对现象做出描述、解释和预测。哲学不是实证科学，它并不具有科学意义上的对象，也不建构科学那样的实证知识。但哲学也是一种认识活动，需要提出哲学概念和命题，建构哲学理论，这种理论建构将采取命题或命题系统的形式。我们可以把哲学概念、哲学命题和哲学理论当作哲学知识。不过，人们为了将它与科学知识相区别，通常把哲学成果称为哲学观念。现在的问题是，哲学观念具有怎样的性质？从前，哲学家总是怀着极为崇高的使命感，追求普遍适用的确定性真理，并不断地宣布发现永恒的真理。遗憾的是，哲学观念从来没有达到过绝对的确定性。人们已经认识到，哲学也许无法达到绝对确定性，至少我们无法证明这一点。那么，哲学观念是否具有真理性？哲学真理的标准是什么？如何检验其真理性？

第一节　哲学理论的构成

哲学探究所获成果及其称呼是多种多样的，主要有哲学概念、哲学理念、哲学原理、哲学前提、哲学观点、哲学信念、哲学命题、哲学思想、哲学理论和哲学观念等。从形式和内容方面综合考虑，此类成果不外乎三种相对独立的形态，即哲学概念、哲学观点和哲学理论。本节将简要分析哲学理论的构成，重点阐明哲学概念及其基本特征。

一、哲学理论

陈少明将哲学成果分为两部分，即哲学观念和哲学理论。他说：“哲学观念是对宇宙、社会或人生中某些重要问题的根本观点，哲学理论就是对哲学观念的学理化表达。没有哲学观念就没有哲学理论，但哲学观念不一定表现为哲学理论，它可以体现为常识，表现为诗、寓言、戏剧，也可能存在于其他的知识分支中。”[①]显然，陈少明所说的“哲学观念”就是人们通常所说的“哲学观点”“哲学信念”“哲学命题”。在观点和理论上加以区分是有道理的，但并非所有成果都可理解为哲学观念。此外，陈少明还把哲学观念和哲学理论分别称作哲理和哲学。将哲学观念说成哲理并无不妥，但将哲学理论说成哲学显然有些不妥，因为它所谓的哲学不包括哲学观念。

不过，我们没有必要在称呼上过于计较，只要明确我们称呼的实际所指就可以了。在本书中，笔者将哲学观点、哲学命题和哲学信念视为同义的单个见解，哲学思想和哲学观念视为同义的一般说法，而哲学理论则是指系统化、学理化的命题系统。相对重要的问题是：哲学理论是由哪些要素构成的？它们具有什么特征？谈到哲学理论，就意味着系统性、学理化的思想，包括哲学前提、哲学概念、哲学观点以及系统说明与论证。其中，哲学概念是哲学观点、哲学理论的核心要素，哲学观点一般以单个命题的形式表达，而若干相关联的哲学观点以及对这些观点的阐释、论证共同构成哲学理论。

在哲学理论中，作为基础的前提假设也是哲学观点，但它们是在理论之外得到论证的，即类似数学公理。换言之，在哲学理论中，哲学前提是作为基本原理看待的。

二、哲学概念

哲学概念是哲学观点或哲学理论的基本单元，就像科学概念是科学定律或理论的基本单元一样。哲学概念所涉及的是文化事物及其性质，大致分为两类：一类涉及文化事物的本质，如人类的生活世界、社会、人生、实践、政治、教育、宗教、科学、艺术、技术、工程等；另一类涉及文化事物的某种性质，是非自然属性的概念，如真理、自由、民主、平等、正

① 陈少明. 2015. 做中国哲学：一些方法论思考. 北京：生活 • 读书 • 新知三联书店：138.

义、道德、自由、善、美等。哲学概念，都是所谓的本质观念；在柏拉图那里，它们被视为永恒不变、独立存在的理念。亚里士多德承认这些概念的重要性，也承认本质的必然性，但他否认它们具有独立实在性。我们既不认为它们所表达的是永恒不变的本质，更不承认它们是独立存在的形而上学实体，而只认为它们是人为建构的、可修正的一般概念。

哲学概念不是那种关于现实世界中既定事物及其实证性质（如“天体”“动物”“植物”“桌子”“弹性”等）的概念，而是与人类参与其形成的事物及性质相关，这类事物总是有可能向理想的方向发展，而且人们也总是试图把它们推向理想境界。换句话说，哲学概念的对象不是既成的东西，而是人类创造且不断改进着的东西；这样的事物没有固定的本质，人们的理想不断地灌注在其形成与发展过程之中。

哲学概念与科学概念有本质的差别：后者是知性的产物，是对既定事物进行描述所获得的概念，可以通过概括和归纳建构起来；而前者则是理性的产物，具有理想的、应然的、规范的性质，其内涵不可能仅仅靠概括与归纳获得。我们可以问某化合物含有哪些元素，而不能问该化合物应该含有哪些元素，但我们可以问而且必须问艺术应该是什么、道德应该是什么之类的问题。此外，科学概念是描述性的，而哲学概念是非描述性的。科学概念分为具体概念和抽象概念，前者如树木、植物、动物等，后者如引力、电场、弹性等；而哲学概念都是抽象的，因为它们是理念，即理性超越经验结合理想而构造的概念。

三、哲学概念与阐明

综上所述，哲学概念并不能像科学概念那样，可由知性帮助建构起来。它们是本质研究的产物，是在生活经验和实证知识的基础上进行思辨的结果，故有时也称其为思辨概念。此外，哲学概念也可以由日常概念和科学概念转化而来，但它们必须获得日常概念和科学概念所没有的超越性内涵。

哲学研究的对象是开放的，所以哲学概念也是开放的。由于这种概念并不是对现成物的界定，故其外延无法清晰地限定，其内涵也存在分歧。正因为如此，许多哲学概念往往歧义丛生，常遭人诟病。由于哲学所要把握的是不断发展变化着的复杂事物，而且人的主观能动作用渗透其中，故哲学概念是无法明确定义的，只能通过阐明来揭示其内涵。在柏拉图的对话录中，谈论哲学概念的定义是核心内容，却没有明确给出过任何概念的确切定义，这充分表明简单化的做法是行不通的。所谓阐明概念是指追问其根据和意义，如哲学家并不是简单地给“艺术品”下定义，而是追问“艺术品”之为“艺术品”的根据，即追问“艺术”的意义；哲学家并不是简单地给“道德行为”下定义，而是追问“道德行为”之为“道德行为”的根据，即追问“道德”的意义。

哲学概念具有不确定性，封闭性就意味着僵化。即使我们确定性地谈论它们，即使它们似乎获得了其完备形式，那也只能是暂时的确定与完备。因此，伽达默尔认为，牺牲哲学概念的确定界限就是哲学与生俱来的“语言困境”[①]。可见，哲学概念是那种“本质上富于争议的概念”，基于这种概念的探讨通常是费力不讨好的事情，也不是没有人反对的。例如，巴克莱（Berkeley）的反抽象论就集中体现了他的具体思维方式，它要求人们尽量直接面对和把握个别、具体的事物。

第二节　哲学理论的性质

以往的哲学家具有一种强烈的形而上学冲动，即向往永恒和无限，追求绝对真理。正如我国哲学家周国平所指出的，人类最初的哲学兴趣起源于寻找变中之不变，相对中之绝对，正是试图把人的瞬息存在与永恒结合起来[②]。哲学家怀着美好的理想，不懈地追求确定性真理，理性论者和经验论者均是如此。洛克就曾坚信道德和政治观念可以“像三角形三个角等于两直角那样无可争辩”[③]。然而，绝对的确定性是难以达到的。哲学探究表明：也许根本就没有什么永恒不变的普遍真理，即便有这样的真理存在，我们也无法做出确定无疑的证明。那么，哲学理论具有怎样的性质？

一、价值性

人类生活基本上是有目的的实践活动，而实践目的与人们的价值取向密切相关。所以，价值考虑贯穿于人类活动的所有领域，并制约着人们活

---

① 汉斯-格奥尔格·伽达默尔. 1999. 真理与方法：哲学诠释学的基本特征（下卷）. 洪汉鼎译. 上海：上海译文出版社：747.

② 周国平. 1987. 诗人哲学家. 上海：上海人民出版社：i.

③ 张汝伦. 1999. 思考与批判. 上海：上海三联书店：308.

动的方向和性质，因此哲学思辨也将进入价值领域。换言之，哲学思想作为指导实践的基本观念，必定含有价值取向。人们清楚地认识到，正是由于涉及价值问题，哲学观念的分歧才无处不在。那么，什么是价值？

价值是相对于人而言的，确切地说，是相对于主体而言的。客体的属性是价值的基础，主体的需要是价值现实生成的因素。主体需要及客体满足这种需要便构成了价值关系。马克思曾经指出，价值这个概念是从人们对待满足他们需要的外界物的关系中产生的。价值问题的关键不在于事物，而在于人与事物之间的关系。价值的相对性是显而易见的，对于不同的主体而言，某物的价值很可能完全不同。对一个人来说是毫无价值的东西，对另一个人来说可能是很珍贵的。

由于哲学观念与价值密切相关，故可称为理念，即渗透或寄托着人类理想的观念。我们这里对“理念”一词的用法与柏拉图有所不同。众所周知，柏拉图使用“理念”（idea）来谈论他认为是永恒不变的形而上学的实体，但英语中的“idea”也指人类心灵的主观内容。柏拉图还用了另一个术语“共相”或“理型”（forms）来表示理念。我们可以用“共相”或“理型”表示柏拉图意义上的形而上学的东西，而用“理念”表示与价值理想相关联的基本信念。实际上，柏拉图所说的“理念”就是理想的，只是他将理念视为真实存在的形而上学实体。

任何哲学信念不可能完全来自我们的经验，但总是寄托着我们的理想。而且这种理想是我们当前的理想，而不是绝对意义上的完美理想。哲学信念不可能是固定的，而是可变的。在现实当中，我们也没有看到过绝对完善的事物。至于人类的终极完善的理想是什么，目前我们谁也说不准。即便能够描述出来，可能也难以完全实现。所以，我们所阐明的哲学信念只是当前值得我们坚持的信念。

二、特殊性

我们知道，许多哲学家都宣称自己的哲学是普遍真理。但实践表明，要建构超历史、超文化的普适哲学，那是不可能的。任何哲学都是特定社会历史条件下针对特定实践主体建构起来的，都是哲学家个人的创造物，这就是哲学的特殊性，也即哲学的个性。哲学家的哲学是极具个性的，这种个性源自时代性、社会性，以及哲学家个人的境况。孙璟涛曾著书专门谈论哲学的个性，他认为：“哲学的个性既指哲学在各种文化样式中所体现出来的特质，也指特定的哲学理论所具有的不同于其他哲学理论的特质。”[①]

首先对哲学观念之特殊性这个问题进行思考的人是黑格尔，他深刻地认识到每个哲学家连同他的哲学都是自己时代的产物：“每一哲学都是它的时代的哲学，它是精神发展的全部锁链中的一环，因此，它只能满足那适合于它的时代的要求或兴趣。”“每一哲学属于它的时代，受它的时代的局限性限制，即因为它是某一特殊发展阶段的表现。个人是他的民族，他的世界的产儿。”[②]

我们已经谈过哲学的主体性，即任何哲学都是特定主体的哲学，所表达的是该主体的观点，而不是所有人的看法或追求。哲学的主体性也就意味着哲学的个性，或者说，哲学的个性所体现的就是实践主体的个性。此外，任何哲学都是哲学家个人创造的，而任何哲学家都有其个性，故“没有一种哲学体系脱离得了它的创始人的这种品格方面的影响”[③]。

为什么会这样？虽然人类生活世界只有一个，但诸多实践主体在这个世界中所处的位置不同、所面对的问题不同、对世界及周遭的感受不同，所要遵循的生活原则也就不相同。此外，哲学家的个性、阶级性、社会地位等，也都将使其哲学显示出个性。

三、普遍性

由于哲学具有特殊性或个性，故哲学观念的适当性和有效性是相对的、有条件的。但是，这并不排除其具有相对的普遍性，特别是对其普遍性的要求。那么，什么是普遍性？一种观念得到所有相关者的普遍认可，或对所有相关者都有效，它在这些相关者那里便具有了普遍性。这里问题的关键在于对“相关者”一词的理解。数学和自然科学具有普遍性，无所谓西方数学和东方数学，也无所谓西方物理学和中国物理学。它们对所有人都有效，故其普遍性是最广泛的。显然，哲学没有这样的普遍性。首先，人类社会总是在发展变化的，因此指导人们生活实践的观念与原则也将随之改变。其次，人类社会文化是多样化的，社会性质或发展阶段不同，如何能有共同的指导思想？最后，受压迫剥削者生活的基本原则如何可能与压

① 孙璟涛. 2005. 哲学的个性. 北京：昆仑出版社：36.

② 黑格尔. 1959. 哲学史讲演录（第1卷）. 贺麟，王太庆译. 北京：商务印书馆：48.

③ 文德尔班. 1987. 哲学史教程（上卷）. 罗达仁译. 北京：商务印书馆：24.

迫剥削者的一致？从客观上讲，人类生活方式各种各样，指导观念与原则亦各不相同；哲学思想与特定的主体相联系，其真理性要在该主体生活实践中实现与检验。因此，许多人断言，根本就没有普遍的哲学真理。

然而，哲学理论有其普遍性，通常也是被当作普遍性的东西看待的。对于哲学问题，似乎有多少个人，就会有多少种看法。但我们绝不能说有多少种观点，就有多少种哲学，因为那些纯个人的、非系统的、未经深思熟虑的观点根本就不能称为哲学。哲学总是个别哲学家的哲学，但他的出发点不是他个人，他代表实践主体反思，而这主体是社会集团、民族或国家，甚至整个人类社会。即便是个体人生哲学，也是站在当代特定人群的立场上考虑问题。换言之，哲学的主体总是某种社会共同体。所以，哲学反映价值观，但并不是哲学家个人的价值观，而是实践主体之主流的、积极的价值观。哲学家只是实践主体的代言人，考虑到公正的要求、良心的召唤，哲学家应当是忘我的，而且应当尽最大可能摆脱阶级的偏见。事实上，任何哲学家的探究都不可能是他个人的、主观的计划，而是要靠哲学共同体甚至是社会共同体的努力。哲学研究是一项集体事业，个体性并不像一些人想象的那样突出。所以，真正的哲学思想并不是哲学家纯个人的主观见解，因为那样的东西根本不会被人接受，也不会成为社会与人生的指导原则。

毫无疑问，哲学观念的普遍有效性是值得研究的。在现代社会中科学受到高度重视，以至于当人们要为其观点或做法的优越性或可靠性辩护时总要说它是"科学的"。之所以如此，是因为科学知识具有普遍有效性。哲学家必须明确自己的哲学立场，他所代表的是他所论及的实践主体，而不是他个人。哲学追求普遍性，并不是哲学家个人自我任性的产物。一个贫穷的哲学家，当他谈论经济哲学时，并不会像一个穷人那样发表议论，因为他代表的是他所在的社会群体，作为他批判反思对象的是整个社会的经济生活，而不是他个人的经济状况。当一个哲学家思考政治哲学问题时，他是站在他所属的社会之立场上的，旨在利于社会政治生活的健康发展，否则便不是政治哲学。人们在哲学观点上存在分歧，这是显而易见的事实；但是，哲学上的分歧绝不仅仅是情感及利益上存在分歧的反映。

当然，不同的观点可能会有相当不同的普遍性：一些观点几乎适用于任何时代、任何社会及任何个人，而另一些观点则只适用于特定时代、特定社会及特定的人群。此外，就哲学的不同分支而言，所能达到的普遍性显然不同。如科学认识论可以达到很高的普遍性，而社会哲学则是高度个性化的。全人类社会哲学追求为所有国家普遍认可的观念，特定社会哲学应当追求为该社会所有成员普遍认可的观念。在全球化的当代，人类社会已成为名副其实的实践主体。关于这种实践主体的哲学必须具有相当高的普遍性。换句话说，在整个人类社会内，追求普遍性也可以作为理想的目标。谁能否认消除种族局限性的意义呢？谁能否认整个人类协同的重要性呢？这种协同不是只能在某种普遍原则的基础上才能达成吗？哲学认识是由哲学家进行的，而且是由多个哲学家分别进行的。哲学家能够代表实践主体，而取得一致的见解吗？这得有赖于哈贝马斯的社会交往理论，他的重要观点是以交谈理性替代以往单个主体为核心的理性，即通过社会共同团体成员间的充分沟通以达成某种程度的共识。其实，哲学追求普遍性的实质就是通过商谈、交流达成共识。

虽然说任何哲学都是时代的产物，都是哲学家对当代问题有感而发，但哲学思想并非完全为时代所限定。哲学有超越时代、超越社会的一面，其中许多认识是一般性的，与特定的时代并没有多大关系。也就是说，有些哲学观点可能是普适的，或具有很大范围的普适性。再说，自哲学诞生以来，人类社会虽然发生了巨大变化，但人的本性并无明显的变化。人同此心，心同此理，人类的确有共同的理性。有些价值几乎是普适的，应当为人类普遍采用，即便那些践踏者也不会公开否认。讲诚信、讲责任、讲道义、讲公正的人都会维护一些普遍的价值原则。此外，慷慨受到尊敬，节制得到赞扬，吝啬遭人唾弃。哲学成果中必定包含着具有普遍性的东西，否则就难以理解为什么哲学史中有许多观念历久弥新。

社会与文化差异的存在是事实，但差异并不等于截然不同，更不意味着不可能有共同的理想、共同的价值取向。事实上，共同的价值取向不仅可能，而且在许多领域已经成为现实。民主、自由不是人类共同的价值取向吗？如果不是，为什么连独裁者也高喊民主自由？仁爱、幸福、公正、民主、自由、诚信不是现代人所普遍期望的吗？哲学的普遍性根源于人性的普遍性，根源于人类生活经验的普遍性。当代瑞士现象学家耿宁（Kern）长期从事中国心学研究，他深有体会地说："在两千多年后，在一个完全不同的文化中，孟子关于同情的具体例证也可以为我们（西方人）直接理解和领悟，这真是非常奇妙。孟子在这里似乎说出了某种普遍人性的东西。"[①]的

① 陈少明. 2015. 做中国哲学：一些方法论的思考. 北京：生活·读书·新知三联书店：245.

确，孟子所讲观“孺子将入于井”的反应，对任何人都一样。“人类的经验有普遍性的内容，既通古今，也通中西。”①哲学涉及价值观，但不是具体的行为规范，而人们的价值观都具有一定的普遍性。美国哲学家雷切尔斯（Rachels）说，任何一个社会都赞成诚信、讨厌撒谎，否则社会成员之间的正常交往便不可能。

哲学观点的普遍有效性无论多么狭小，也绝不是出于哲学家的个人情感偏好，也不是仅仅表达个人感受。你喜欢吃肉食，他喜欢吃素食；你喜欢穿西装，他喜欢穿夹克；哲学对于诸如此类的个人偏好不感兴趣。哲学是终极关怀，秉持公正原则的深层追求，故具有超越性和普遍性的一面。哲学信念是高层次的基本信念，适用性可能很广。我们也不能排除某些观点具有普遍适用性，这种普遍适用性是由普遍的人性所决定的。此外，人们总是强调哲学家的个性与其哲学之间的密切关系，个性有时也确实可以给哲学家的哲学增添光彩。但是，在哲学中极度张扬个性显然是不适当的。事实上，在许多种情况下，个性要么代表着极端，要么无足轻重，要么表现出个人的偏见和不完善。所以，哲学虽具有一定的个人风格，但应当尽力消除个人的特征，因为它所针对的实践主体并非个人。

一种哲学是否具有普遍性、具有多大程度的普遍性，这是一回事；哲学家是否追求普遍性，这是另一回事。哲学应当立足于时代又超越时代，表达一种先进的时代精神。哲学家给出的答案也许会受到他所处阶级地位的影响，具有一定的局限性。但是，真正的哲学家不应成为特定阶级的代言人，而应着眼于整个社会的健康发展。换言之，哲学家只为人类的福利而说话。即便是个体人生哲学研究，也不仅仅是哲学家个人生命的体验，不是面向自我的孤独的自白，否则便没有资格进入哲学，他人也不可能对其感兴趣。一些后现代主义者注意多样性、提倡多元化，这是他们的贡献。但过分崇拜多样性，看不到任何普遍性，这实际上是彻底否定了人类及其生活的共性。

总之，哲学追求普遍性的冲动并非不适当，相反，哲学应当追求普遍性。我们不能强行要求人们的哲学观点一致，因为毕竟人们各自的生存状况不同。但不能以此为借口，只照顾自己一时的兴趣，而放弃理想的合理性要求。哲学必须追求普遍性，追求合理的普遍性。对同一问题给出不同回答，自然是观点相异。若哲学家所处时代不同或社会不同，这种观点的

---

① 陈少明. 2015. 做中国哲学：一些方法论的思考. 北京：生活·读书·新知三联书店：242.

相异被认为是理所当然的，因为此时问题的对象与背景不同，实则是问题不同。若哲学家生活在同一时代同一社会中，则观点可有深浅之别、全偏之差，这也不能反驳哲学的普遍性追求。当观点发生冲突对立时，便可能源于阶级立场不同，此时仔细分析便可分辨出各观点的偏与正，即谁站在公众的立场上，以有益于全社会而立言。

四、辩证性

任何哲学理论都是历史性的，随着人类认识和实践的发展与进步而不断地改变自己的形式，丰富自己的内涵。哲学思想是辩证发展的，其本身也具有辩证性质。何谓辩证性？马克思在《哲学的贫困》一书中说："两个相互矛盾方面的共存、斗争以及融合成一个新范畴，就是辩证运动的实质。"哲学真理也许是这样的思想体系，它能够容纳多种观点，甚至是相互矛盾的观点，并在各种观点之间保持一种张力。也就是说，完整的思想也许只能通过相互矛盾的观念才能表达出来。事实上，从古希腊哲学开始，哲学思想便显示出辩证性质。所谓哲学观念的辩证发展，是指通过冲突和对立的过程而发展。黑格尔相信观念有其内在的变化法则。当一个片面的观念被推到极致时，将暴露出它自己的不充分性，同时指出它的接替者。也就是说，事态充分发展必显露出自身的片面性，甚至走向自己的反面；直到第三个事态取代它们，二者之间的紧张关系才能得到缓和。

在哲学探索中，求真意志很有可能把事情简单化。在对主体实践产生影响的各种思想之间，相互补充甚至相互冲突都是完全正常的，各种思想和可能性之间保持某种张力是其健康的标志。哲学理论是人类生活的道理，它们源自生活的经验与理想。生活的道理往往在两个相互矛盾的判断之间，这是因为生活本身充满着矛盾。就哲学探究过程而言，哲学家通常是提出自己的观点并对其进行论证，使其变得有道理并用来反驳他人的观点；其中，立论和批评相互对垒，被置于论辩的脉络之中。在任何历史阶段，哲学观念不可能是完善的，都具有某种片面性，各种不同观点之间也就充满张力。但毫无疑问的是，哲学观念是辩证发展的，即由低到高、由浅入深、由片面到全面、由简单到复杂。

哲学理论的辩证性质也体现在抽象性与具体性上。哲学理论是抽象的，但它也是具体的。为什么这样说？哲学追求的基本信念是形而上的东西，故具有抽象、晦涩的特征。具体来说，哲学思维是抽象思维，也是一种理论思维，其核心任务是创造哲学理论；哲学是在终极意义上谈论问题，其探究必然会进入深层，即进入一般观念的层面；哲学虽不脱离经验，但也不是经验的简单堆积，而是将经验理论化、一般化。所以，哲学是抽象的，它的概念和理论都是抽象的。哲学理论虽然具有抽象性，但任何哲学总是特定实践主体的哲学，总要与主体实践相关联，总归是具有现实可能性的理念；这种理念的实施过程，也就是实践主体创造性生活的过程。所以，从本质上讲，作为理念的哲学理论也是具体的，特别是表现为所有相关规定的统一。

五、可错性

传统哲学试图追求绝对真理，即永恒不变的、普遍适用的确定性观念。也许我们可以得到这种真理，也许我们已经得到了这种真理，只是我们无法从逻辑上加以证明。激进的理性论必然会陷入独断论，彻底的经验论也必然滑向怀疑论。康德调和经验论和理性论导致先验哲学，得出了偏向理性论的独断结论。其实，只要将那些理性的东西视为假设，主张可错论，就可以避免独断论。现代学者倾向于认为，一切都可以发生变化，甚至逻辑规则也可以有不同的约定。从某种意义上说，科学理论都是假说；我们也可将哲学观念视为假说，最好的也只是那些经受过较严格检验的假说。

雅斯贝尔斯明确指出，哲学观念是非确定性的，也不是普遍有效的，并没有非接受不可的性质①。哲学思辨与人们的价值取向有关，这种对实证的超越性决定着其结论的非确定性。在任何时代，把真理绝对化都是危险的。宋儒讲天理，认为理不生不灭，得于天而具于心。他们排斥人欲，讲理讲到不近人情的地步。这种哲学曾经造成冷酷残忍的礼教。如“饿死事极小，失节事极大”这种偏见在八百年中竟成为天理，害死无数女性；“天下无不是的父母”也称为天理，使无数儿子媳妇负屈含冤，无处申诉。那些确信自己掌握着真理的统治者是最危险的人物，宣布完成哲学使命的哲学家更是不可思议。我国哲学家李醒民说道：“相信只有一种真理，而且这个真理就掌握在自己手里，这是一切罪恶的渊薮，而且与宽容精神格格不入。”②当这样的人拥有权力时将成为最危险的人，因为他们必定强迫他人按照他的思想来思考和行动。

① 卡尔·雅斯贝斯. 1989. 雅斯贝斯哲学自传. 王立权译. 上海：上海译文出版社：43.

② 李醒民. 1988. 两极张力论·不应当抱住昨天的理论不放. 西安：陕西科学技术出版社：81.

总之，哲学观念是可错的，哲学理论只是假说。拒绝承认绝对真理的存在，自然就会坚持哲学观念可错论。这种可错论是有益的，因为它可以避免我们在独断论和怀疑论之间摇摆不定。当然，哲学观念虽不是永恒不变的、普遍适用的绝对真理，但也绝不是言人人殊、转瞬即逝的东西。事实上，那些伟大哲学家的一些深刻洞见几乎具有永恒的真理性。我们应当把那些没有任何理由怀疑的观念和原则作为哲学观念，但我们不能认为它们是绝对可靠的。一旦遇到怀疑的理由，它们将受到批判地审视；一旦发现它们是无效的或错误的，我们就得将其抛弃。

第三节　哲学理论与真理

说科学追求真理，几乎没有人反对。但若说哲学以追求真理为目标，反对或质疑的人就比较多了。哲学的使命是对指导实践的基本信念进行批判反思与理论重构，其目的是提出可供实践主体选择的基本观念和原则，从而有益于社会与人生的发展。就严肃地探究信念、理性地建构理论而言，我们可以说哲学追求的目标是真理。然而，有些人却认为这种断言要么是空洞的，要么是虚假的[①]。此外，科学主义者认为除科学之外，真理概念在其他文化领域中并无立足之地。那么，哲学观念是真理吗？根据我们对哲学的理解，真理是一个哲学概念，真理论是一种哲学理论，其核心是真理标准。本节首先谈论真理概念，其次探讨人们对哲学观念之真理性提出的质疑，主要是哲学怀疑主义和哲学相对主义。

一、关于真理概念

无论古今中外，“真理”向来是一个十分高贵的词汇。遗憾的是，人们总是倾向于将自己认定的真理神圣化、绝对化，从而带来诸多弊端甚至灾难，致使真理这个词名声不佳。在哲学中，“真”这个术语是不适当的，许多学者都曾指出过这一点。苏联哲学家尼基福罗夫认为：我们对哲学论点“不能作或真或假的评价”[②]。法国哲学家阿尔都塞（Althusser）也曾指出：哲学

① 理查德·罗蒂. 2009. 后形而上学希望. 张国清译. 上海：上海译文出版社：23.

② 尼基福罗夫，舒白. 1989. 哲学是不是科学？世界哲学，6：5-11.

命题不能谈论真与假，而只能说正确与否①。

拒斥形而上学运动之后，人们已不再相信绝对真理或永恒不变的真理。这本来是一种巨大的进步，但问题在于：当今学术界有学者断然否认真理的存在，主张抛弃真理概念。在他们看来，对于真理没有什么话可说。如罗蒂就认为我们不需要真理这一概念，因而也就无须提出真理论。真理只是我们用以称赞某些信念的一个词，这种信念使我们成功地与世界打交道，是我们解决实践问题的有效工具，所以他只谈"正当性辩护"的信念②。美国哲学家戴维森（Davidson）在《真理的结构和内容》一书中，拒绝现有真理观中的任何一个，而视真理为一个说明性概念。

人们可能要问，罗蒂的上述观点不就是一种实用主义真理论吗？他为什么反对探究真理？为什么反对本质研究？为什么反对谈论基础？其实，罗蒂也并不像初看起来那么激进，因为他认为哲学家并非从事漫无目标的谈话，而是应该坚守信念的"辩护"。他之所以不把那些获得辩护的信念视为真理，是因为对这些信念的反对意见早晚会被提出来③。可见，罗蒂反对本质主义、基础主义和真理概念，主要是在他看来，"本质""基础""真理"只能在绝对的、永恒不变的、普遍适用的形而上学实体意义上使用。然而，现代哲学家还有谁坚持永恒的本质、确定的基础、绝对的真理呢？

哲学以追求真理为己任，并非好高骛远，亦非争强好胜，而是哲学的使命使然。所谓真理是人类创造的某些观念，不是超越于人的存在物。事物发展变化往往会显示出某种规律性，但这种规律本身不是真理，表达规律性的观念才是真理。其实，真理是指具有某种性质的观念，这种性质就是所谓的真理性。人类创造的观念是多种多样的，如数学知识、科学理论、哲学思想、文学话语、常识信念等。这些观念属于不同领域的认识，在性质上各不相同，作用也是各异的，故试图建立普适的真理标准注定是行不通的。真理是观念，真理性是观念的性质，将这些不同性质的观念放在一起，谈论共同的、普遍的本质或标准，这如何可能呢？

事实上，真理是一个哲学概念；对于不同类型的观念，其真理性的含义并不相同。所以，我们可以谈论数学真理、科学真理、逻辑真理、宗教真理、艺术真理、哲学真理等，并且为它们分别确立真理标准。对于哲学观念，我们不能问其真假。谈论哲学真理即谈论哲学观念的真理性，哲学

---

① 陈越. 2003. 哲学与政治：阿尔都塞读本. 长春：吉林人民出版社：8.

② 理查德·罗蒂. 2009. 后形而上学希望. 张国清译. 上海：上海译文出版社：i.

③ 理查德·罗蒂. 2009. 实用主义哲学. 林南译. 上海：上海译文出版社：141.

真理问题即哲学观念的真理性问题。在哲学中，的确不宜使用“科学的”“客观的”之类的形容词，但保留“真理”和“真理性”这些术语无可厚非。其实，只要不把真理当成绝对的、永恒不变的、形而上学的东西，我们就可以继续使用“真理”这一概念。

二、哲学怀疑主义

由于我们无法得到确定无疑的信念，也由于我们在遇到问题时老是出现意见分歧，怀疑主义便主张悬置判断，无须区分真与假、善与恶。在对哲学观念的看法上，怀疑论和不可知论最为活跃。“在他们看来，哲学的努力是徒劳的，对于哲学问题的回答或者从原则上就是不可能的，或者至少就人的知性而言是不可能的。”①怀疑论主张在相互对立的判断之间悬而不决，根据在于它们的“同等有效性”。所谓“‘同等有效性’是指在可能性上的相同，表明冲突中的判断没有一个在可能性上优先于其他”②。

怀疑论预设了现象与本质的形而上学区分，对于必然遇到的困境，他们的逃避策略是现象主义的。古罗马哲学家恩披里克（Empiricus）说：“我们仍然谈论对我们呈现的东西；至于外部对象的真实本性，我们不做任何正面判断。”③在现实生活中，他们当然会有接受或拒绝，也有说一件事情好或坏的时候，但他们对信念不带有任何认同，而“只是非独断地顺从生活的要求，以免完全失去行动的可能”④。怀疑主义者也不是怀疑一切，否则他们便无法生活下去。他们只是主张放弃一切哲学判断，接受常识性的基本原则或信念。常识即共同持有的、日常实践中的原则或信念。怀疑论者的目的是希望在有关意见冲突的事情上获得“心灵的宁静”，在不可避免或已然发生的事情上达到“平和的感受”。但怀疑主义并不能为其主张提供合理的论证，也没能给人提供宁静，而是使人陷入困扰之中。在实际生活中总是需要决定，我们该怎么办呢？怀疑论者主张，我们可以接受好像是那么回事的东西，可以接受习俗和法律要求我们做的事情。显然，这种主张是不能令人满意的。接受“好像是那么回事的东西”或“习俗和法律要求我们做的事情”本身就是暗含标准的判断；再者说，如果现行制度、法律、

① 施太格缪勒. 2000. 当代哲学主流（上卷）. 王炳文，燕宏远，张金言等译. 北京：商务印书馆：372.

② 塞克斯都·恩披里克. 2004. 悬搁判断与心灵宁静. 包利民等译. 北京：中国社会科学出版社：5.

③ 塞克斯都·恩披里克. 2004. 悬搁判断与心灵宁静. 包利民等译. 北京：中国社会科学出版社：43.

④ 塞克斯都·恩披里克. 2004. 悬搁判断与心灵宁静. 包利民等译. 北京：中国社会科学出版社：49.

习俗导致社会灾难或许多人的不幸，那该怎么办？

不过，怀疑主义是有积极意义的，它使哲学变得诚实且远离独断。哲学家的批判与质疑是有益的，对自己相信的东西保持警惕是必要的，这也是哲学的本质特征。当然，哲学家的怀疑不宜过分，更不应虚伪，而是要合理地怀疑。笔者不相信柏拉图式的形而上学理念存在，但笔者相信哲学信念若仅仅是人们随意约定的东西，那就没有必要花太多的精力去思考它们了。从现实来看，对于多数哲学问题，哲学家可以得到令人满意的答案，并获得暂时的安宁。事实上，哲学放弃独断论和绝对真理之后，怀疑论自然也就消失了；因为怀疑是以绝对确定性为对象的，当我们不承认绝对真理时，便再也没有怀疑论意义上那种可怀疑的东西了。

三、哲学相对主义

由于人类社会的发展、时代的不断变迁，以及文化的多样性，哲学的多元化早已是显著的事实。在哲学领域，也许根本就不存在确定性的、普适性的客观真理，也根本没有超历史、超文化、超民族的普遍哲学或一般哲学，只有特定社会历史条件下针对特定实践主体而发展的特殊哲学。在拒斥形而上学运动中，基础主义、本质主义之类的绝对主义观点遭到了决定性的反驳。由于没有或无法确认绝对真理，并不存在普适的一般哲学，故哲学自然是相对性的。这是否意味着必然导致相对主义？我们知道，由于哲学见解五花八门，到处都有相互冲突，历史上早就有人从中引出了相对主义。现在我们的问题是：何为哲学相对主义？这种观点有何消极性？是否可以避免？

相对主义观念源远流长，可以追溯到古希腊智者普罗泰戈拉（Protagras）。他有两句流传甚广的名言，一句是“人是万物的尺度”，另一句是“一切理论都有其对立的说法”。普罗泰戈拉认为，除了个人或社会制定出来的标准之外，不存在任何别的标准。他在知觉方面肯定了个体相对主义，在伦理方面肯定了一种社会相对主义。在普罗泰戈拉的第一句话中，所说的“人”不是一般的人，而是“个人”；所说的“尺度”不是普遍理性，而是个人感觉。柏拉图阐述了“人是万物的尺度”这句话的含义：“对我来说，事物就是对我所呈现的样子，对你来说，事物又是对你所呈现的样子，而你我都是人”，“因而可以说，对于每个感知者来说，事物就是他所感知的那个样子”[①]。

---

① 苗力田. 1989. 古希腊哲学. 北京：中国人民大学出版社：183.

就社会而言，社会文化不同，风俗习惯不同，行为规范不同。文化人类学家提醒我们：一群人视为正确的、合理的做法，可能被另一群人视为错误的、无理性的，甚至是可怕的，反之亦然。文化相对主义认为，如果某个社会的规范说某个行为是正确的，那么这个行为就是正确的，至少在那个社会以内是这样的。我们并没有客观的标准来判断一个社会的规范比另一个社会的规范更好。哲学信念是针对特定实践主体而确立的，我们自然只谈论它对该主体的有效性，为何要扯到他者头上？我们能够要求他者必须坚守我们的信念吗？

初看起来，相对主义似乎是有道理的。受到一阵风的吹拂，有人可能感觉寒冷，有人则可能感觉相宜。如果此时硬说对方错，那就会显得不解人情了。在封建专制社会，接受君主的绝对权威被认为是理所当然的；而在现代民主社会，绝对权威则是不可接受的。但作为普遍的观念，相对主义是有重大缺陷的。如果哲学上的相对主义是正确的，即每个人或集团都有其自己的观点、标准和前提，真理性只是相对于他或它而言的，那么社会上便没有是非了。柏拉图早就指出，并非所有判断对于判断者而言都是正确的，也并非所有的信念都具有同样的价值。就一个患者而言，医生经仔细诊断说他生病多半是正确的；如果患者自己硬说自己没生病，那他的判断对他自己来说就真的正确吗？

大家知道，相对主义是多种多样的。一般意义上的相对主义是这样一种理论，它主张任何观念都产生并只适用于特定的文化背景之中。科学上的相对主义是荒谬的，并不难反驳；而哲学上的相对主义则极难把握，一直对哲学思想的普遍性提出了严肃的挑战。任何哲学都不可能是绝对的，任何哲学观念都只能相对有效，而不会绝对有效。这一观点是可以肯定的。既然文化事物没有固定不变的本质，既然没有普遍适用的实践原则，那么哲学辨明并加以论证的观念就是有条件的，或者说是历史性的，而且是针对特定实践主体的。可见，哲学的主体性决定哲学观念是相对的，即针对特定实践主体的。即便以整个人类社会为实践主体，所得结论也是相对于或适用于特定时期人类社会的。

显然，如果哲学命题的正确性依赖于具体的文化背景，那么普遍有效的命题就是不可能的，结局必然是相对主义。从实际上看，我们相信自己的观点是正确的，不然我们为什么还持有这样的观点呢？因此，每一方都认为自己的观点是正确的。此外，彼时为真理，此时则是谬论；对我们而言有理，对他们而言则并非有理；对西方社会是适当的，而对中国社会则可能行不通。如果说相对主义就是指上述观点，我们就很难进行反驳，也难以理解人们为什么还要反对相对主义，甚至那些明显具有相对主义观念的人（如罗蒂），也不愿意别人说他们是相对主义者。

四、相对主义批判

假如将相对主义贯彻到底，则必须承认所有信念都同样好，而且任何评价或批评都将是不可能的。为什么？如果相对主义者相信他们自己是正确的，而其对手的观点是错误的，则他们便反驳了自身。也就是说："一旦相对主义者宣称说，他们的意见比别人的意见更好，他们就已经放弃了他们的相对主义了。"[①]所以，在罗蒂看来，相对主义是指这样一种观点，即认为"在某个问题上或者也许是在所有问题上的每一个信念都与每一个其他的信念一样好"。他说："在某种限制的意义上，詹姆士和杜威确实是元哲学的相对主义者。就是说，他们认为，在典型的柏拉图主义和康德主义类型的不可比的哲学理论之间，没有办法也没有意义做出选择。"[②]

文化相对主义似是而非，因为它意味着任何社会的规范总是正确的、合理的，社会规范的改变也谈不上进步。不同的社会之间不能相互批评，同一社会的不同历史阶段在规范上虽有差异，但不能说哪个规范不正确，所以也就谈不上进步。雷切尔斯说："文化相对主义不仅禁止我们批评其他社会规范，也阻止我们批评自己社会的规范。"[③]哲学不承认有绝对正确的东西，也不承认绝对的权威，这是它的宽容。然而，正如罗蒂所强调指出的，不承认绝对并不意味着每个观点和所有其他的观点一样好[④]。事实上，在同一文化中，并非所有相互竞争的信念都具有同样的价值；在不同文化之间，不同信念适合各自文化的程度并非不可比较。

显然，哲学相对主义的实质是抹杀观念质量及其效果在量或程度上的差别。没有绝对真理，并不等于没有观念真理性程度上的不同；没有绝对的真理标准，并不等于没有标准的优先性。一种哲学理论导致的实践结果对某些人来说是好的，对另一些人来说可能是坏的。这是最一般的事实，是客观的，而且就总体而言，这种结果也是允许客观地进行评价的。任何

① 威廉·F. 劳黑德. 2017. 哲学的历程：西方哲学历史导论（第4版）. 郭立东，丁三东译. 北京：中国轻工业出版社：70.

② 理查德·罗蒂. 2004. 后哲学文化. 黄勇编译. 上海：上海译文出版社：241-242.

③ 詹姆斯·雷切尔斯. 2009. 道德的理由（第5版）. 杨宗元译. 北京：中国人民大学出版社：23.

④ 理查德·罗蒂. 2009. 哲学、文学和政治. 黄宗英等译. 上海：上海译文出版社：221.

时代的哲学，必然会发出相互冲突、充满矛盾的声音，这也是非常正常的。如果人们听到的只是“某个单纯而美妙的旋律”，那么社会将肯定不再是美妙的了。但是，哲学理论对时代与社会的相对性，并不排除该理论就其时代与社会而言的真理性问题。不同的理论得以实现的程度不同且具有不同的实践效果，这里面就能显示出理论真理性的差异。如果没有这种差异，如果我们可以选择任何一种生活观念作为生活的指导原则而不影响生活的质量，那么我们最好还是听从这样的劝告：切勿在哲学上自寻烦恼。

任何哲学都是在特定社会历史条件下、针对特定实践主体的，这就是哲学的个性，也可视为哲学的相对性。但这种相对性并不是真理意义上的相对性。谈论哲学真理性必须是针对特定主体而言的，而此特定哲学的真理性不是相对主义的。哲学观念获得普遍认同固然不易，但它们也不是主观任意的东西。不顾实践效果的好坏而坚持某种哲学理论，这并不能证明观念的主观任意性。事实上，无论在任何主体层次上，都可以建构哲学理论，并不懈地追求其普遍真理性。在作为实践主体的共同体内部，哲学观念的真理性除效果原则外，当然要求具有普遍性，也即共同体成员间的共识，而这种共识只能有赖于共同体成员之间的对话与协商。此外，尽管针对任何实践主体发展的哲学观念，其真理性只是相对于该主体而言的，但这种观念必须满足一个前提条件，即不能伤害其他主体。任何主体的哲学都不能伤害其他主体，所有主体都应越来越豁达，越来越相互宽容地对待彼此间的差异。当然，主体之间乃至整个人类共同体要达成共识，形成更高层次的统一，也只能诉诸共同体成员之间的对话与协商。

无论如何，哲学追求的是相对普遍性。摈弃绝对主义是必要的，但这并不意味着导致相对主义。绝对主义和相对主义只是两种极端，我们不应该走极端。我们当然不能强求一致，哲学根本不需要那种绝对的普遍性。对哲学的普遍性要求是必要的，也必须是有限度的。也就是说，哲学并不刻意追求跨文化上的普遍有效性，更不刻意追求全人类意义上的普遍有效性，除非是那种针对人类共同体建立的哲学。要求我们中国人的社会哲学适用于西方社会是没有道理的，但追求它在中国的普遍性是合理的。

最后必须指出的是，相对主义并非全是消极的，它至少可以使我们开明地、宽容地对待其他文化或其他实践主体。人类生活世界多姿多彩，万花竞开方显出勃勃生机。我国思想家子思著的《礼记·中庸》中曾说：“万物并育而不相害，道并行而不相悖。”在现实世界中，事物相异相反而相成。

在同一个社会中生活，并不要求人们都具有相同的理想与信念。我是一个无神论者，但不反对其他人信教；我喜欢淡泊宁静，但不反对他人对权位或财富的追逐。信念不同将导致多元化的现实，这正是值得我们向往的。一个人、一个组织、一个国家，都可以坚持自己的信念，只要不把自己的信念强加于他者，只要不损害他者的利益即可。

五、哲学分歧与争论

哲学被分成许多流派，各流派内部也往往存在理论分歧；即便是同一位哲学家，其理论也往往是分阶段发展的。所以，哲学思想领域丰富多彩，哲学也是在不同派别、不同理论的斗争与争论中发展的。卡弘指出："在几乎所有基本的哲学问题上，都有一些可敬而真诚的哲学流派，它们对那些问题的观点是如此不同，以至于无法对它们进行比较。"[①]罗蒂说："在具有相同政治见解的人民之间，将总是给大量的哲学分歧留有余地。而在同一个流派的哲学家中间，将总是给各种针锋相对的政治观点留有余地。"[②]

哲学上的分歧常引发人们对哲学的诟病，其实哲学分歧有其存在的必然性，并不需要大惊小怪。黑格尔早就指出，哲学系统的分歧和多样，不仅对哲学本身或哲学的可能性没有妨碍，而且对于哲学这门学问的存在，在过去和现在都是绝对必要的，并且是本质的[③]。黑格尔之所以这样说，是因为他把不同的哲学系统视为整个哲学的不同环节。我们赞同他关于哲学分歧之必然性的看法，但不同意他给出的理由。我们知道，任何哲学都是特定社会历史条件下的哲学，都是针对某个实践主体的哲学。人类社会状况千差万别，人生情境显著不同，与之相适应的哲学自然不同。人类生活实践中的矛盾与冲突往往会反映在哲学体系中，表现为哲学派别之间的争论或哲学理论之间的争论。此外，哲学家受其社会时代、社会地位的制约，无不具有自己的价值取向或立场。对同一哲学问题，哲学家的立场不同，必然导致不同的解答。所以，哲学领域内的分歧往往是哲学个性的表现。人类生活世界变动不居，人们的生活经验各不相同，如何能期望指导生活实践的基本信念恒久不变、完全相同？

① 劳伦斯·卡弘. 2001. 哲学的终结. 冯克利译. 南京：江苏人民出版社：395.

② 理查德·罗蒂. 2009. 后形而上学希望. 张国清译. 上海：上海译文出版社：1.

③ 黑格尔. 1959. 哲学史讲演录（第 1 卷）. 贺麟，王太庆译. 北京：商务印书馆：24.

哲学观念存在分歧是事实，但我们必须慎重考虑、区别对待。首先，要分清哲学的时代与社会。由于时代不同、社会不同，在根本问题上存在意见分歧是正常的。这种意见分歧很可能是时代与社会特征不同引起的，对哲学的普遍性并不构成威胁。其次，哲学观念的分歧也可能是哲学家认识水平上的差异引起的，这种分歧对普遍性也不构成实质上的威胁。最后，分歧源于社会地位和价值观的不同，这是问题的关键所在。不过，在公正原则及充分对话的条件下，这种分歧也是有可能消除的，因为在社会发展目标上达成全社会性的基本共识并非不可能。在哲学观上存在分歧是可以理解的，而且有分歧也并不会从总体上影响哲学探索。毕竟人们不会因为海德格尔把哲学界定为去蔽，就放弃认识论探索；也不会因为维也纳学派将哲学限定为语言分析，就放弃对事物本质与实践原则的探究。不过，当哲学家研究同一实践主体，并将主体幸福当作根本目的时，便有了共同的背景和基础。很显然，不同理论观点之间的交锋是非常必要的，对话交流可能促使人们达成一定的共识。

如上所述，哲学分歧与争论不可避免。但许多分歧是虚假的，由此引发的争论是无谓的，因而是可以避免的。我们必须关注哲学分歧与争论的性质，设法消除那些不必要的争论。首先，许多争论发生在针对不同实践主体的理论之间。显然，实践主体不同，指导实践的基本观念和原则就会不同。所以，针对不同实践主体而形成的观点之间的争论没有起码的基础，往往是无意义的。换言之，真正的哲学分支只应当产生于针对同一实践主体的哲学之间。在此情况下，转变有可能通过争论而发生，共识有可能通过争论而达成。当然，针对同一哲学问题，人们提出的理论观点是高度分散的，甚至相互冲突。哲学理论之间的矛盾与冲突，可能是现实生活中矛盾与冲突的反映。哲学要在和谐世界中发挥作用，就得追求理论的基本和谐。其次，哲学领域内的分歧可能是概念界定不清晰而引起的。的确，哲学中的许多争论是语言使用引起的，一种十分不恰当的做法是随意改变语词的内涵而不加以说明，从而引起无益的争论。

第四节　哲学的真理标准

如前所述，一种哲学观念是否算作真理，要看它是否具有真理性。然而，何谓真理性？什么样的观念具有真理性？这就是哲学真理标准要回答的问题。科学是实证性的、描述性的，所描述的对象是客观事物。因此，科学真理符合论是恰当的，即科学理论与其描述的对象相符，也即与客观的现象或经验事实相符。当然，理论与实在相符还须进一步解释。谈论科学知识的精确性也是适当的，其精确性就是理论与对象符合的程度。在拙著《科学性质透视》一书中，辩证的符合论真理观已经获得令人满意的论证。哲学本质上不同于科学，并非进行实证性的描述。也就是说，哲学并没有科学那样的、有待实证描述的对象，也不建构对象描述性的知识体系，故哲学理论没有相符问题，也无所谓精确与不精确。这样说并不意味着哲学理论可以脱离实际，而是说它们不是客观描述现实的理论，真理符合论不再适用。那么，对于哲学理论，我们该如何衡量其真理性？哲学理论的真理标准是什么？

一、实用主义真理论

哲学关注人类生活实践，旨在批判反思指导生活实践的基本观念与原则并进行理论重构。这类观念与原则凝结着生活实践经验，且被我们的价值理想所浸透。从本质上讲，哲学观念是信念，也可以说是理念，即理想的信念。所以，哲学理论的真理性是指有效性，而无所谓真假；我们只能谈论其正确与错误、有效与无效。这就是实用主义的真理论，它将观念与现实联系在一起，关注真理的兑现价值，即观念的工具价值。将观念应用于行动中，若得到使行动者满意的效果，其真理性便得以验证。詹姆士也许是西方第一位明确地将真理与令人满意联系在一起的哲学家。

我们必须承认，实用主义重视观念的实际效果是有革命性意义的。这种学说起初只是看清观念之意义的方法，詹姆士说："它除了方法之外，没有什么武断的主张和理论。"①不过，后来詹姆士和杜威将其扩展为一种真理论。对于任何观念，其真理性就是其适用性、有效性、实用性。实用主义者关心理论的实际效果，即注重兑现价值，而不考虑理论本身的性质。根据实用主义真理论，如果相信上帝存在能给人以安慰，那么这种信仰便是真理。对于其他类型的观念，自然也是如此。詹姆士甚至对所有观念下判断说："一切都纯粹是人类的习惯。"②按照实用主义的原则，任何一个

---

① 威廉·詹姆士. 1979. 实用主义. 陈羽纶，孙瑞禾译. 北京：商务印书馆：29.

② 威廉·詹姆士. 1979. 实用主义. 陈羽纶，孙瑞禾译. 北京：商务印书馆：192.

假设或信念，只要它的结果是好的，即对社会与人生有用，我们就可以接受它。

实用主义真理观特别容易受到攻击，因为它有可能导致极端相对主义。哲学理论虽以实践效果为真理标准，但它不是满足私人野心和权势膨胀的工具。正如杜威所说的，哲学思想的效用绝不是个人的效用，也不是纯粹情绪的满足，更不是有用于某个群体的邪恶利益。在现实中，人道主义的目的是对实践之道德性的限定。若一项原则顺利地促成一种非道德行动的成功，不能说该项原则是有益于人类生活的真理。举例来说，如果希特勒灭绝犹太人的原则成功地实施，也即希特勒最终取得了胜利，能说他灭绝犹太人的原则是真理吗？所有真理都必须有一个限定条件，即对于相信者有益，对不信者不能造成无辜的危害。

二、实用真理论批判

在哲学领域，也许我们现在所能给出的真理性标准只能是实用主义的。只要将哲学的焦点放在实践，只要想让哲学有益于实践，实用主义真理论就是无法回避的。无论我们接受何种哲学观念，都必须承担它所产生的实际后果。因此，正确性的要求无法避免。如果一种观念对人们产生不好而有害的影响，他们是不可能将其视为真理的。但是，詹姆士把真理和令人满意等同起来，将抹杀哲学观念和宗教信仰之间的区别。显然，实用主义真理论会很自然地被用来为宗教信仰辩护，而且必然导致相对主义。因为按照这种真理论，信仰有效即是真理，无效便不是真理；信仰对有些人是有效的，对另一些人是无效的。因此，连杜威都对詹姆士提出了批评，并回避使用真理一词，更多地用“有根据的可断言性”来代替真理概念。当然，杜威将科学与非科学放在一起，仍无法避免混乱。

所以，在我们看来，实用主义真理论的缺陷不在于强调观念的实际效果，而首先在于它将所有领域的观念放在一起谈论真理性问题。科学知识、哲学观念、宗教信仰、艺术趣味在本质上是不同的，针对它们建立统一的真理标准必然会造成混乱。皮尔士既坚持符合论真理观，又倾心实用主义准则即源于此。他想两全其美，但必定会陷入自相矛盾，其他实用主义者亦是如此。为了避免这种混乱，除针对特定类型的观念谈论真理之外，我们可以把实用主义真理论当作普适的、最基本的、最低限度的真理观，因为产生好的效果的确是所有真理的普遍特征，也是对所有类型观念的普遍要求。在此基础上，我们可以去分别谈论各领域观念的特殊的真理标准。

三、综合性真理标准

哲学不是对象描述性的，而是范导性的。哲学理论必须以实际生活经验和教训为基础，而其本身则是具有指导意义的规范性理论。因此，对理论的评价或检验，不应简单地视它与实际是否符合或符合到什么程度为标准。当然，这样说并不意味着哲学理论可以脱离实际，而是说它们不是客观描述现实的理论，真理符合论已不再适用。当指导实践的效果显著时，实然将提供正面的经验并成为暂时的应然；而当指导实践的效果不佳时，实然则提供负面的教训并帮助人们探索应然之道。此外，人类经验纷繁杂乱甚至相互冲突，价值理想也可能只是美丽的乌托邦，所以它们并不能成为哲学的坚实基础。批判理性可以帮助我们建构合理的哲学理论，确立指导生活实践的基本观念，但是，理性也不能保证其成果的有效性。这样最后的标准就只有一个，即人类生活实践的效果经验，哲学观念的真理性只能由这种效果经验来检验。

在哲学真理问题上，实用主义观念不可避免。哲学的价值在于实用，即满足人类生活实践的需要，没有任何效果的哲学思想毫无意义。但哲学观念的真理性不能与实用性画等号，尤其不能抛弃人文精神。哲学是普遍精神的反映，凝结着全人类的经验、智慧与理想。伟大的哲学理论必定具有深厚的历史感、明晰而严谨的逻辑感、崇高的境界感和强烈的现实感。哲学追求真善美，旨在成就人类生活的真善美。唯有符合真善美的标准，生活才是完满的、幸福的。我们所说的真即真诚，其反面即是虚假和伪善；善即善良，生活合乎道德规范；美是令人愉快的，使人类生活本身成为美的艺术品。

当然，我们也可以将真理符合论用于哲学，即采用哲学信念的预期结果与实际效果相符合。但这种符合不是科学真理那种描述事物意义上的符合，前者是建立在主客统一基础之上的，而科学真理的符合是建立在主客二分基础之上的。也许有人会认为，随着人类社会的充分发展，哲学问题将获得唯一正确的答案，也即在极限的意义上，存在着永恒不变的绝对真理。但在我们看来，这种形而上学假设既没有合理根据，也是没有必要的。

第五节　哲学理论的检验

哲学家总是根据自己的理解和价值取向，选择自己认为正确的观点或通过修正与建构提出自己的观点。针对同一哲学问题，哲学家们往往会提出多种相互竞争的理论，其中有些理论甚至是互不相容或对立的。考虑到哲学思辨对实证知识的超越性，对思辨结果进行质疑、批判、论证、检验是必要的。那么，我们该如何检验哲学理论的真理性？

一、哲学理论的评论

如上节所述，哲学理论的真理性主要在于其实践效果。所以，在实践中检验并应用之前，哲学理论谈不上真理性。也就是说，真理性并非凝固在哲学思想之中，而只是在实践中才会表现出的性质。但理论在被应用之前，也即付诸实践检验之前，一定会接受某种形式的评价，也应该接受尽可能合理的评价，以便实践主体能在不同理论之间做出适当的选择。那么，我们该如何评价一个哲学理论？或者说，我们应该从哪些方面入手来评价一个哲学理论呢？

第一，要看理论所针对的主体是否明确、问题意识是否清晰。一定要将哲学与它所针对的现实社会或实践主体联系起来进行评判。如果一种理论只是某种漫无边际的泛泛议论，或者将不同层次主体的问题（如国家政治道德和个人道德）放在一起谈论，则这种理论是没有价值的，也不可能在实践中获得应用。

第二，要看理论的目的合理性，即理论的旨趣或价值取向是否合理，也即主体价值选择是否合理。如果一个理论是为某个狭隘的利益集团服务，甚至是为某种灭绝人性的目的服务，那就不可能是公正的，更不可能是高尚的。

第三，要看理论的合目的性，即理论的可能实效是否能与既定的服务目的相一致，而可能的实效主要由以往的实践经验来说明，也即为以往经验所支持。在此需要说明的是，理论一旦被实践主体接受并作为指导信念，将会对主体及其所在社会产生何种影响。如果一种哲学理论无论在任何情况下对任何人而言，只能把人引向灾难的深渊，那就可以断言它是有害的。

第四，理论必须是现实可行的。理论的意义在于其对思想的发展所起的作用，在于它在实际中应用的范围与实践效果。如果一个理论看起来高尚且完备，却根本无法在实际生活中起作用，也即根本没有实际运用的可能性，那它便不具有真理性，不过是乌托邦理念而已。

第五，理论要让人信服，必须要合乎逻辑。逻辑上合理的重要标志之一是理论的融贯性，这通常也是对理论之最低限度的要求，即理论本身必须逻辑连贯、完备，不能包含逻辑矛盾。有时必须辩证地考虑问题，而此时理论的不同主张之间可能存在冲突。利用辩证性原则处理问题的做法往往存在矛盾，其实质是既对立又统一，但这里并不存在逻辑矛盾。

第六，理论要让人信服，必须在一定程度上能说明经验。这就要求新理论必须与当前经受过检验的既有理论相协调。此外，理论虽然还未经实践检验，但多少都会有些经验上的根据，即为一些既有经验所支持。换句话说，哲学理论必须说明实际生活经验。

第七，要看理论之语言表达是否清晰明白。哲学在这方面的问题是十分突出的，也是最常受到指责的。哲学思想的清晰性要求主要体现在两个方面：一方面是哲学概念得到清晰地界定与阐释，另一方面是哲学观点被明晰地表达。

二、哲学理论的检验

科学理论可用于对未来事实的预测，故存在检验蕴涵。所谓检验蕴涵即一定条件下科学理论所产生的可检验后果，也就是根据理论所预测的经验事实。如果实践或实验结果与预测的事实相同或相近，则科学理论便得到了某种程度的经验检验。由于哲学理论不是描述性的，不能用来预测事实，所以没有科学理论那样的检验蕴涵。对于哲学理论，要求具备像科学那样的检验是不适当的，要求具备像数学那样给出逻辑证明更是不可能的。那么，如何判断哲学理论的真理性？人们常说，实践是检验真理的唯一标准。确切地说，实践是检验哲学真理的唯一途径。为什么这样说呢？

哲学关注生活实践，旨在辨明有益于实践的基本观念和原则。所以，哲学理论的真理性只能在实践中加以检验。马克思说：“理论的对立本身的解决，只有通过实践的途径，只有借助于人的实践的力量，才是可能的。”[①]“人

① 中共中央马克思恩格斯列宁斯大林著作编译局. 1979. 马克思恩格斯全集（第 42 卷）. 北京：人民出版社：80.

的思维是否具有客观的真理性，这不是一个理论的问题，而是一个实践的问题。人应该在实践中证明自己思维的真理性，即自己思维的现实性和力量，自己思维的此岸性。关于思维——离开实践的思维——的现实性或非现实性的争论，是一个纯粹经院哲学的问题。”①聂锦芳说：“哲学想象力的翅膀不论飞得多高，飞得多远，最后总得降下来栖息在实践的树枝上。实践是哲学的永恒起点和归宿，是哲学发展方向的永恒校正者。”②

哲学理论的检验是有效性检验，而不是实证性检验。这种理论是针对特定实践主体的，所谓有效即对这个作为主体的群体有效。那些使我们走上幸福之路的信念是有效的，因而是站得住脚的。所以哲学真理标准是实践标准，即看哲学理论应用于生活实践时，是否取得令人满意的效果。换言之，如果一个哲学理论导致了令人满意的实践，它便具有了真理性。马克思指出：“全部社会生活在本质上是实践的。凡是把理论引向神秘主义的神秘东西，都能在人的实践中以及对这个实践的理解中得到合理的解决。”③

实践是哲学的出发点和归宿，在哲学认识中起着重要作用。首先，通过实践获得实践经验，以此为基础建构哲学理论；其次，在实践中检验哲学理论；最后，在实践中运用哲学理论，以达到哲学指导实践的目的。

三、哲学理论检验难题

我们可以把我们的实际生活当做实验，以检验我们指导思想的正确性。在实践中检验哲学理论，也即根据实践效果对理论进行评价。这就必然涉及实践效果评价问题，而实践评价是基于实践目的进行的效果评价。那么，什么是正确的实践？当然是给实践者带来益处的实践。在此，要注意实践主体的层次与相应的评价标准。例如，低层次主体的实践不能损害高层次主体的利益，否则便不能说是成功的。一个人靠损害他人或社会的利益而达到了自己的目的，无论如何也不能说是合理的。

在哲学理论的实践检验中，效果经验是事实，而对效果的确认却是评价性的。对某一种实践效果的解释不可能是唯一的、确定的，实践效果与

---

① 中共中央马克思恩格斯列宁斯大林著作编译局. 1995. 马克思恩格斯选集（第1卷）. 北京：人民出版社：55.

② 聂锦芳. 1998. 哲学原论. 北京：中国广播电视出版社：148.

③ 中共中央马克思恩格斯列宁斯大林著作编译局. 1995. 马克思恩格斯选集（第1卷）. 北京：人民出版社：56.

哲学理论之间的关系也不是唯一的、确定的。若说实践能够清晰明白地检验哲学理论，这至少是一种误解。影响实践效果的因素很多，包括实践目的、哲学观念、科学技术、组织管理以及环境因素等，故评价哲学观念所起的作用将十分困难。在此，涉及实践目的合理性，即实践要满足实践主体的合理需要；涉及实践指导思想即哲学信念，实践的其他方面要体现此信念，否则便不是对哲学理论的检验；实践手段应科学上合理、技术上有效，即合规律性；实践效果要看是否达到预定的实践目的，即合目的性。所以，从某种意义上说，哲学检验类似于奎因所说的整体检验，也即接受检验的不仅是哲学理论，还包括所有因素和实际做法。

我们必须看到，对实践效果的评价是一个难题，对实践指导观念的评价更是一个难题。一个原则若行不通或效果很差，我们似乎不能说这个原则是正确的。但是，这个问题很复杂，原则无效很可能是因为没有注意到有效实行该原则的条件，所以不可轻率否定哲学观念。这种现象在科学领域也是经常发生的，此时没有人会说科学理论无效。杜威指出："不管我们怎样透彻地进行判断、计划和选择，也不管我们怎样谨慎地采取行动，这些都不是决定任何结果的唯一因素。外来无声无臭的自然力量、不能预见的种种条件，都参与其间，起着决定的作用。结局越重要，这种自然力量和不可预见的条件对于随后发生的事情就越有着重大的作用。"①例如，基于某种信念行动，当实践效果不理想时，并不一定就要否定信念，因为很可能问题出在技术层面，或可能是由于主体努力不够、意志不坚定等。

在实践效果评价问题上，分歧可能是多方面的。如实践目的或目标上有分歧，则无论效果如何，都可能产生评价上的分歧。实践效果是有目共睹的，也为大家所公认。即便如此，在效果评价上也可能产生分歧。如若有人说，从长远考虑，这近期效果对于发展不利，我们该怎么办？若有人说，从一方面看效果的确不错，但从另一方面看则于整体生活不利，对此，我们该怎么办？另外，就是具体行动上的分歧。指导实践的观念和原则也许是正确的、可行的，但由于具体行动时政策失误或主观努力不够，而导致实践效果不佳甚至完全失败，该如何评价这种观念和原则？如果原则确实有问题或缺陷，而有人硬说政策不当或主观努力不够，我们该如何反驳他？极端地说，如果在某种思想指导下，社会生活渐渐濒临崩溃，还硬要说成就显著、形势大好，我们又该怎么办？统治者虽认可现实状况不尽如

---

① 杜威. 2004. 确定性的寻求：关于知行关系的研究. 傅统先译. 上海：上海人民出版社：5.

人意，但若坚持说采用其他原则情况会更糟，我们该怎么办？从原则上讲，我们无法通过实践比较两种理论的效果，因为人类生活实践是无法复制的。换言之，相互冲突的哲学理论无法同时应用于实践，那么我们如何能通过实践效果来比较它们的相对优越性？

可见，根据实践效果对哲学理论进行辩护和反驳都是困难的，对理论做出确定性检验是做不到的，我们也不应该提出这种苛刻的要求。在实际检验中，首先，我们要对实践的条件进行适当的限定。哲学理论有效是指在预期条件下，令人满意地实现了实践的目的。这里“预期条件”也即常规的条件。其次，哲学的功效是缓慢的，“思想往往要潜伏好几个世纪，然后人类几乎是突然间发现它们已经在习惯中体现出来了”①。所以，检验总是间接的、长期的。如我国哲学家刘大椿所说的：“对哲学命题的检验需要通过大量的、长期的实践活动之总和才能奏效。同时，由于实践活动本身的复杂性以及实践材料与哲学结论之间关系的复杂性，对哲学的检验还必须辅之以解释。”②

最后，必须强调指出，实践评价是一种价值判断，这个问题至今尚未进行深入讨论。所以，我们赞同郝立忠的判断：“重视和解决实践评价问题，不仅是一个重大的哲学问题，更是一个重大的现实问题。”③

① A. N. 怀特海. 1959. 科学与近代世界. 何钦译. 北京：商务印书馆：i.

② 刘大椿. 1998. 科学哲学通论. 北京：中国人民大学出版社：23.

③ 郝立忠. 2002. 作为哲学形态的唯物主义辩证法. 济南：山东大学出版社：20.

第六章 论哲学方法

所谓哲学方法，是指哲学家在哲学研究中所采用的方法。哲学是一种认识活动，当然有其认识方法。哲学方法上的突破往往意味着哲学的重大进展；哲学的革命也总是与方法的变革相伴随的，并以方法变革为先导。本章谈论哲学方法论，此概念有两种含义：一是指关于方法的哲学理论，如科学方法论、行动方法论等；二是指关于哲学方法的哲学理论。本章是指后者，也就是哲学方法的理论化。对哲学方法进行批判考察，目的在于使哲学研究达到方法论的自觉和有效，而哲学方法论的自觉是成就哲学名家的必要条件。哲学方法论领域是比较混乱的，这与人们在何谓哲学这个问题上存在严重分歧有关。本章首先阐明哲学探究的模式，其次对诸哲学方法进行分析，再次讨论现象学和解释学这两种综合性哲学方法的实质，最后总结提出哲学方法论的原则。

第一节 哲学探究模式

在谈论具体的哲学方法之前，对哲学探究的基本模式做出阐释是必要的。当然，哲学探究是自由探索，并没有什么固定不变的标准模式，试图将哲学方法完全程式化是行不通的。但是，这并不等于说程式化的努力在哲学方法论中毫无意义。事实上，人类在各领域都试图把越来越多的东西纳入程式化处理的轨道，以便让自己的思维从中脱离出来，而且已经获得了丰硕的成果。

一、哲学探究进路

哲学不是科学，无须借助复杂的实验仪器进行实验。哲学家当然观察现实生活，但他并不像社会科学家那样，记录人们生活实践的具体行为过程，他所关心的是实践效果和相应的基本信念。那么，哲学家是怎样从事哲学研究的？叶秀山认为，哲学探究有两条道路，一条是上升的路，一条是下降的路①。所谓上升的路，是指从经验到哲学，即逐渐积累生活实践经验，通过体验和思考进入哲学领域。所谓下降的路，就是从哲学到经验，即从学习批判前人哲学思想开始，并对照现实生活经验进行研究。由经验进入哲学层面是很不容易的，必须有跨越才行。所以，走上坡之路的人得有哲学的灵性或悟性，否则经验再丰富也进不到哲学之中。走下坡的路要求人们不时地转回到经验，不能停留在抽象理论的层面上。否则，他的哲学就是空洞的。

休谟针对哲学家的研究曾说："当他们从事这项费力的任务时，不为困难所阻止，而是从特殊的例证进到一般的原则，并继续追求更一般的原则，一直在达到原始的原则以后，才满意地停下脚步。"②叶秀山所说的第一条路与此类似，它是归纳的。叶秀山所说的第二条路是哲学研究的专业方式，许多重要的哲学著作都是在对经典的解释过程中形成的。这种研究从前人的哲学开始，通过批判诠释来阐明自己的哲学思想。也就是说，通过对现有观点的批判分析，引出自己的观点并进行论证。

哲学探究的基本任务有两个，即批判分析与理论建构，通常是在批判分析的基础上进行理论建构。展开来讲，哲学研究包括提出问题、批判继承、理论建构、精心论证、实践检验等环节。首先，哲学研究要阐明问题，即正确地提出哲学问题。其次，哲学研究应针对哲学问题，在批判分析的基础上加以继承，提出自己认为合理的看法，并对其做出详尽的论证。把实践作为一个环节，将其纳入哲学认识过程是必要的，也是非常重要的。经验的获得、原则的应用及理论的检验，都得靠实践才能落实。当然，我们不可能把上述几个环节划分得很清楚，最好是能将它们当作一个有机哲学方法论的基本要素来看待。

哲学无论采取何种进路与模式，探究都是综合性创造。哲学研究是运

---

① 叶秀山. 2006. 哲学要义. 北京：世界图书出版公司：14.

② 休谟. 1999. 人类理智研究. 吕大吉译. 北京：商务印书馆：2.

用一切思想资源，针对当代人生活实际，进行理论性的综合创造。必须指出，哲学并不就是信念。持有信念是任何人都能做到的，许多伟大的信念是在各领域实践家那里首先产生的；但对信念进行系统的批判反思、辨明观点并做出论证，这才是哲学活动的核心，其成果即是哲学理论。

二、提出问题

一般地说，科学研究从阐明问题开始。科学家总是要检讨关于某领域的已有事实、概念、命题和理论，发现其中的真正问题所在。这问题可能是现有理论不能很好地说明已有事实，或者是不能很好地说明新获得的事实，或者是现有理论之间的矛盾。那么，哲学家应怎样开展他的研究？

哲学研究的第一步也是阐明问题，把问题提得比从前更清楚、更适当。哲学研究一般是从反思前人的哲学思想开始，当然不是从相信开始，而是从怀疑开始，从问题开始。哲学研究始于问题，离开问题进行论述必将无的放矢。法国哲学家马勒伯朗士（Malebranche）指出："当你遇到难题时，把它置于疑问状态；节录下你的思想并写于纸上，你就会发现用以解决难题的原理。"①英国哲学家巴克莱的方法"就是先提出一个问题，然后再对它进行探讨和考察，待形成新的看法，再进行新的考察，直到得出自己满意的结论"②。

当然，提出真正的哲学问题相当困难，因为这种问题不是指论题，也不是泛泛的问题，而是具有历史和现实张力的真正难题。单纯考虑某个题目并不意味着真正的研究，必须通过批判分析与阐释，才能形成他自己的哲学问题。需要注意的是，我们应该尽力使哲学问题变得简洁而集中，因为笼统而浮夸的问题极易导致文不对题、大而无当的空洞答案。

三、批判继承

如前所述，哲学家是在批判继承的基础上从事创造的。由于哲学追求生活理想，所以哲学思维必然是价值导向思维，哲学批判也是从价值和意义的角度进行的。从效果的角度批判审视生活观念与原则，这种批判最终还得追问到价值。其实，人类生活的核心是价值创造，所以哲学批判归根

① 傅有德. 1999. 巴克莱哲学研究. 北京：人民出版社：66.

② 傅有德. 1999. 巴克莱哲学研究. 北京：人民出版社：65.

结底是价值批判。尼采是典型的、具有清晰意识的价值批判哲学家，“他反对那些使价值逃避批判的人，这些人满足于开列现存价值的清单，或者以既定价值的名义对事物进行批判”①。

从主要内容上讲，哲学批判包括以下几个方面。一是揭示哲学理论的前提，看其是否建立在虚妄的假定之上。二是揭露哲学理论所蕴含的矛盾以及它所面对的难题。一些理论内部包含着矛盾，也即可以从中推出相互矛盾的结论。一些理论由若干命题构成，而命题之间可能没有什么关系。三是检查论证是否正确。对于演绎论证，看其前提是否正确、论证形式是否有效。对于归纳论证，要检查所用事例是否适当，并说明归纳论证的强与弱。四是哲学批判也包括反驳某些观点，如利用实例反驳或采用归谬法反驳。就反驳意义上的批判而言，人身攻击、先设立稻草人再进行攻击等做法均为非理性批判。在哲学批判分析中，需要关注的是哲学家的观点，而不是哲学家本人。

哲学批判反思的目的不是要把前人的思想驳倒再行抛弃，而是辨析出有现实意义的东西，并有机地融入自己的理论之中，这就是继承。这就像簸谷子一样吹掉无用的谷壳，留下真理的颗粒，并进行吸收消化。广泛吸收绝不是调和，也不是融合，而是以我们自己的主见而消化之。哲学应当保留那些经受得住时间考验的东西，包括观念、论证和方法等。德国哲学家莱布尼茨（Leibniz）指责某些哲学家，说他们不是改善古代哲学并在它的基础上继续发展，而是把它一概否定。他在《论哲学的风格》中说：“他们宁愿从事于制定和陈述自己的思想和设想，而不愿整理和阐述亚里士多德和经院哲学这些古代学派遗留下来的宝藏。如果哲学把古代思想全盘否定，而不是加以改善，至少没有把亚里士多德的原著中大量包含着的卓越思想加以肯定，那对哲学是没有什么好处的。”②事实上，我们的绝大部分哲学观念都是继承来的，真正的创新也是在前人思想的基础上进行的。

哲学总是针对当代人类生活实践问题的，而当代人的生活不同于前人的生活。那么，我们该如何继承？冯友兰曾提出抽象继承法，而抽象继承之所以可能是因为人性中有共同的、不变的方面，哲学思想中有普适的、永恒不变的东西③。的确，哲学观念中有普适的东西。但继承的主要方式也许不是直接继承，至少不能理解为直接引用，而是在既有思想的启发下，

① 吉尔·德勒兹. 2001. 尼采与哲学. 周颖，刘玉宇译. 北京：社会科学文献出版社：2.

② 路德维希·费尔巴哈. 1979. 费尔巴哈哲学史著作选（第2卷）. 涂纪亮译. 北京：商务印书馆：16.

③ 冯友兰. 2000. 三松堂全集（第1卷）. 郑州：河南人民出版社：241.

将其转变为适用于当代社会和人生实践的东西，吸收到自己的理论中。从实质上讲，哲学继承是辩证地否定，即所谓的扬弃。对某种学说的扬弃不是完全否定，而是要从否定的东西中找出肯定的东西来。

在批判、分析与阐释的过程中，可能会逐渐地浮现出某种连贯的新观点，其间也少不了尝试性的猜测，而且还须对自己提出的新思想提供合理的论证。通过辩证分析，哲学家也许会得出最好加以接受的命题，即使达不到确信无疑。换句话说，对于哲学命题的可接受性，我们坚持无具体怀疑原则。

四、理论建构

哲学除了批判分析之外，还要从事理论建构，以确立适用于当代人类生活的基本观念和原则。哲学要发展进步就必须在批判继承的基础上进行综合创新，这种创新不是刻意地标新立异。哲学家有责任将哲学提升到一个更高的水平，所以他应当提出自己的观点、建构自己的理论。

我们可以将理论建构恰当地说成理论重构，这是因为原有理论与新经验相冲突是理论探究的主要推动力，而解决冲突的最佳办法不是完全抛弃旧理论，而是引入新经验并对旧理论进行改造。在信念问题上，人们都是相当保守的。所以，詹姆士说："新真理将旧看法和新事实结合起来的方法总是使它表现出最小限度的抵触和最大限度的连续。我们认为一个理论的正确程度同它解决这'最小限度和最大限度问题'的成功程度成正比。"①

哲学家通常要分析批判哲学思想的辩证发展过程，从而引出自己的观点并做出论证。有时则在批判分析的基础上，直接建构自己的理论，也即将以往合理的思想整合到自己的体系中。无论如何，在哲学理论中，哲学概念和哲学观点都应当有机地组织起来，而不是简单罗列与堆砌。德国哲学家谢林（Schelling）采用的哲学方法是构造法，他认为哲学认识的根本任务是获得直观完整性的本质。我国哲学家汝信说："所谓'构造'就是从逻辑上去逐一思考为某些条件而存在的各种可能性，也就是去创造一幅能够把某一类的所有可能发生的现象都包括在内的图表。……任何'构造'都是抽象和具体、理想和实在、普遍和特殊、主观和客观、自由和必然等的统一。"②

---

① 威廉•詹姆士. 1979. 实用主义. 陈羽纶，孙瑞禾译. 北京：商务印书馆：34.

② 汝信. 1997. 论西方美学与艺术. 桂林：广西师范大学出版社：105.

五、哲学论证

哲学家在批判分析的基础上，进行哲学理论建构。接下来的任务便是对自己的理论进行令人信服的论证。换句话说，哲学理论不能是独断的，而必须经过精心细致的论证，否则无论什么样的结论都不能说达到了哲学水平。所谓论证就是提供理由来支持自己的观点，通常包括一系列推理步骤，使我们从一定的前提得出一定的结论，而作为论证之出发点的前提应该是得到经验支持的。论证是一件很普通的事，在日常生活中十分常见，当我们持有某种看法并试图说服他人时都会这样做。在哲学研究中，相对于结论而言，令人信服的论证往往更为重要。虽然一些哲学家（如赫拉克利特、尼采、晚期的海德格尔等）只是提出格言而不关心论证，但论证仍被绝大多数哲学家所要求。对于哲学著作来讲，深刻的思想和见解固然最重要，但对思想的论证也是很重要的，甚至有些哲学家认为论证比结论更重要。

哲学论证为什么是必要且重要的？阿尔都塞指出，哲学理论既不能像数学定理那样被证明，也不能像经验科学理论那样被验证，故需要一种特殊类型的理论辩护①。考虑到因哲学直觉与思辨的性质，很有可能滑向主观任意的猜测与独断，所以，哲学论证是哲学的理性本质所要求的。如果哲学家仅仅以神秘直觉的口吻讲话，他便失去了哲学家的资格。任何人都可基于个人的经验发表对现实问题的看法，但这种观点不能称为哲学思想。哲学思想必须经过深思熟虑，必须是系统反思的结果。哲学家不应采用信仰的态度对待其观点，尽管这种观念可能是凭直觉或灵感建立的。有些哲学家强调非理性因素在认识和行为中的作用，甚至将这种作用推至极端，如叔本华的唯意志论、柏格森的直觉主义、现代存在主义等，但它们作为哲学理论却是理性活动的产物。哲学论证特别是逻辑论证，将增强理论的逻辑感，使其彰显出逻辑力量。或者说，逻辑论证使观念具有逻辑性，使观念持有者获得逻辑感。此外，在一种哲学思想得到实践检验之前，唯有论证才提供相信它的理由，即说明它的合理性和正当性。

从柏拉图开始，西方哲学家大多重视概念阐释与观点论证。中国传统哲学显然与西方哲学不同，哲学著作大多采用语录或集注的方式，缺乏逻辑分析与论证。先哲们只是说出了他们体认到的思想观点，并未曾用心去组织理论系统，也没有概念界定。许多语句甚至不是一般的命题，而是应

① 陈越. 2003. 哲学与政治——阿尔都塞读本. 长春：吉林人民出版社：7-9.

机、随缘而说出的。所以，说中国传统哲学不发达是恰当的，并非有意贬低。古代哲学思想之所以难以理解，后人理解起来有较多分歧，原因之一也是没有阐释、缺乏论证。

哲学论证有哪些方法？哲学观念究竟需要什么样的论证？什么样的论证才是有效论证？哲学论证主要是依据以往的经验、观念以及逻辑进行的，即从生活经验讲支持、从逻辑上讲合乎逻辑、从道理上讲应当。其中，逻辑论证方法包括演绎推理、归纳推理、辩证推理、类比推理等。逻辑论证是从一些为人们接受的前提出发，逐步推演出所要论证的观点。对于这种论证，一是要看前提，二是要看推理。论证总要进行推理，所以要看推理形式是否正确。但更重要的是论证总要依靠前提，须特别注意这些前提是否可接受，还要看前提对结论的支持强度。在演绎论证中，结论的正确是由前提的正确来保证的。在归纳论证中，即便前提都是正确的，也不能保证结论的绝对正确性。可见，逻辑论证并不具有终极可靠性，对推理前提的终极辩护是最重要的，而这种辩护只能借助生活经验和价值理想来进行。

此外，还有类比推理，它是从特殊到特殊，也是从已知到未知的推理，具有或然性。如果两个类比对象的某些方面具有相似性，那么根据某对象的一个已知特性便可以推出另一对象也具有与此相似的特性。就实质而言，进行类比推理意味着我们期望两个类似的事物有某些未知的共性。在哲学中，这种推理实际就是修辞，其可靠性常值得怀疑，应特别小心。柏拉图在医疗和政治之间的类比，就曾导致了一种激烈批评民主的政治原则。他的逻辑是：如果我们要诊治身体的疾病，一定会求助作为专家的医生，而不会诉诸公民投票。类似地，如果我们要治理国家，也应该依靠具有政治智慧的政治家，而不应诉诸民主投票。这种类比推理的错误在于，没有考虑到所要处理的具体事务具有完全不同的性质：医生处理的事务完全是技术性的，而最基本的政治事务则是与利益相关的。

由于前提的终极根据是经验，所以哲学论证归根到底是经验性的论证、实践的论证。也正是因此，那些不依赖经验的哲学家，总会显得神秘。费希特曾经说过，他的哲学的入口始终是不可理解的，因为它只能用想象力，而不能用理智去把握。胡塞尔也发现，他的本质直观是无法论证的。逻辑本身说明不了任何东西，最多不过工具而已，尽管是非常重要的工具。因此，逻辑在哲学论证中只能起到次要的或辅助性的作用。其实，哲学论证意味着系统的理论思考，可以历史地、实践地、经验地、应然地进行。例如，运用具体的事例说明抽象的东西也是一种论证形式。这种论证不仅能帮助人们理解理论，还可避免哲学的枯燥沉闷之弊。

最后，哲学论证必须审慎进行，特别要注意稳固的基点和高质量的证据。哲学家对他们所处理问题的难度通常估计不足，结果只是满足于粗俗的、漏洞百出的论证。英国哲学家达米特（Dummett）说：“我相信，只有当我们更从容、更策略地对待我们的任务，就像登山者那样在迈出下一步之前必须确保脚下的立足点是稳固的，我们才能取得更快的进步。”①此外，经验证据的选择相当重要。怀特海指出：“哲学的主要危险在于证据选择的狭隘性。这种狭隘性起源于文明史上个别的著作家、个别的社会团体、个别的思想流派和个别的时代所具有的特质与怯懦。所依赖的证据被那些著作家的个人性情或气质、社会团体的狭隘心胸，以及思想图式的各种局限任意地赋予偏见。”②

第二节　哲学方法分论

哲学研究方法是随哲学研究进展而不断丰富、不断完善的。从起源上说，哲学方法是哲学家们在其哲学实践中逐步摸索出来的。所以，从哲学家们的研究活动及成果中，可以辨识出他们所采用的方法，他们也常在其著作中做出有关方法的说明。一些人否认哲学方法的存在，或不承认哲学方法的独特性，或认为不需要专门讨论哲学方法。如波普尔就曾说过：“在哲学上，方法是不重要的；任何方法，只要导致能够合理讨论的结果，就是正当的方法。”③然而，西方哲学家的方法和方法论意识是非常强的，也提出了许多著名的哲学方法，如苏格拉底的问答法、柏拉图的辩证法、笛卡儿的怀疑方法、康德的批判方法、黑格尔的辩证法、胡塞尔的现象学方法、柏格森的直觉方法、语言分析方法、哲学解释学方法等。经过简单分析便知，哲学方法主要包括分析、归纳、演绎、直觉、思辨、辩证等环节，它们可以被看成哲学方法的基本要素。

---

① 迈克尔·达米特. 2004. 形而上学的逻辑基础. 任晓明，李国山译. 北京：中国人民大学出版社：18.

② 阿尔弗雷德·诺思·怀特海. 2003. 过程与实在：宇宙论研究. 杨富斌译. 北京：中国城市出版社：611.

③ 卡尔·波普尔. 1986. 猜想与反驳：科学知识的增长. 傅季重等译. 上海：上海译文出版社：100.

一、分析方法

谈到哲学研究，人们最常提起的就是哲学分析。从广义上看，一些学者将哲学分析等同于哲学活动。显然，这种观点是片面的。无论分析概念的内涵多么丰富，也涵盖不了直觉与思辨等重要的哲学方法①。那么，什么是分析？什么是哲学分析？当代日本学者永井成男曾著书，专门追问分析的本质，把这种对分析所做的分析称为元分析②。哲学分析的确切含义不可能采用规约定义的方法人为地规定，我们只能到进行过哲学分析的哲学家那里去寻找他们对分析概念的理解。

虽然分析这个词中含有要素"分解"的意思，但是哲学中所讲的分析不能被理解为分解。一些学者认为哲学分析是语言分析，而语言分析是逻辑分析，特别是现代逻辑分析。那么，语言分析对于哲学到底具有怎样的重要性？在哲学中，语言分析主要是意义分析，意义是指语言命题的信息内容。这种分析是一种明确化的活动，即为了澄清语言的意义，使人们的概念和思想清晰化。哲学语言是相当混乱的，一些哲学家漫不经心地使用语言，尤其使用意义十分含糊的语词，而且时不时地改变含义，这都是滥用语言的表现。如在"物是感觉的复合"之类的说法中，语词的使用便不符合日常用法。语言分析的目的在于避免哲学中语言的滥用，使概念、命题和理论变得清晰起来。

大约从 20 世纪初起，罗素有意识地、自觉地应用现代逻辑进行哲学研究，并将新逻辑给哲学所带来的转变称为"革命"，将新逻辑给哲学所带来的好处比之于伽利略为物理学所做出的贡献③。德国逻辑学家弗雷格（Frege）建立起他的一阶谓词演算以后，就把它应用于哲学的分析，并强调现代逻辑对哲学研究的重要意义。石里克满怀信心地期望通过应用现代逻辑进行语言分析，消除哲学上那些无结果的争论④。卡尔纳普则认为："现代逻辑的发展，已经使我们有可能对形而上学的有效性和合理性问题提出新的、更明确的回答。"⑤当代奥地利哲学家哈勒（Haller）断言："只有经由新逻辑我们才能区分开可以解决的问题和不可以解决的问题，并且它为

① 涂纪亮. 1997. 分析哲学及其在美国的发展. 北京：中国社会科学出版社：112.
② 永井成男. 1992. 分析哲学. 李树琦译. 北京：中国社会科学出版社：2.
③ 伯特兰・罗素. 1988. 我的哲学的发展. 温锡增译. 北京：商务印书馆：7.
④ 洪谦. 1982. 逻辑经验主义（上卷）. 北京：商务印书馆：6.
⑤ 洪谦. 1982. 逻辑经验主义（上卷）. 北京：商务印书馆：13.

我们提供了获得凡是有能力形成意见的人都会同意的结果的方法。"[①]事实上，逻辑分析是维也纳学派的基本方法，正是由于他们以崭新的数理逻辑作为分析工具，才促使人们将其称为逻辑实证主义或逻辑经验主义。

对于语言进行逻辑分析，的确能够使我们的思路更加清晰，并可以消除自然主义谬误。如英国哲学家赖尔（Ryle）对范畴进行分类，并采用语言分析方法消除范畴错误。他所说的范畴是指语句的逻辑类型或语言习惯，用句型框架的填空来揭示范畴的类型，如"……是坏的"。若在空白处填上"张三"，语句是有意义的。若填上"星期天"，那就错了，这就属于范畴错误。假设一所大学的访问者被带领参观了教学楼、实验楼、研究中心、图书馆、运动场、行政楼、宿舍等设施，之后他要求参观大学，这就属于范畴错误。显然，大学与上述设施属于不同类型的范畴。所谓范畴错误，就是指一种把概念放进本来不包含它的范畴中的错误。赖尔指出，哲学家在思维中，趋向于混淆范畴之间的差别。如笛卡儿把心与物归结为相同类型的范畴，因而犯了范畴错误。谁也不会否认"精神过程"，但它并不意味着某种和"物理过程"同类的东西，因而说二者的结合、分离或相互作用都毫无意义。

综上所述，对于哲学研究，语言分析是重要的。但说哲学分析就是语言分析，这无疑是不恰当的。哲学分析还包括经验分析，即对实践经验的反思与批判性研究，而且在我们看来，这是哲学分析的主要任务。对经验的哲学分析是通过考察"事"来进行的，这种分析之所以重要是因为"理在事中"。英国哲学家摩尔（Moore）是分析哲学的创始人之一，他所采用的分析方法并非逻辑分析，而是依据经验对词的意思进行分析[②]。这种分析可以澄清概念的含义，把讨论引向深入。哲学认识与生活实践关系密切，哲学家对生活经验的分析至关重要。此外，我们当然要知道人们所主张的各种准则，但他们实际相信的行为准则却是在他们行动中所显示出来的。哲学家观察现实是非常重要的，这可以使他们知晓人们真正奉行的行动准则。英国当代哲学家黑尔（Hare）说："如果我们问某人的道德原则是什么，我们最有把握做出正确回答的方式，是研究他的所作所为。"[③]

可见，对于哲学研究来说，语言分析无论多么重要，它都只是一种辅助性方法，真正的哲学问题则是与实践经验相关联的，真正的哲学分歧是

---

① 鲁道夫·哈勒. 1998. 新实证主义. 韩林合译. 北京：商务印书馆：21.

② 王路. 1999. 走进分析哲学. 北京：生活·读书·新知三联书店：172.

③ 理查德·麦尔文·黑尔. 1999. 道德语言. 万俊人译. 北京：商务印书馆：5.

内容分歧，而不是语词或逻辑上的分歧。特别地，哲学语词的意义和用法恰当与否，主要取决于经验。所以，哲学分析的核心应该是经验分析。对于哲学来说，语言问题仅仅是“哲学的技术问题”，语言分析只是为哲学研究做准备，并不会给哲学内容添加任何东西。有人曾中肯地说，一个人的手法再精致复杂也不会使他成为大师。真正的哲学问题是生活实践问题，是无法靠语言分析加以解决的。事实上，哲学语言分析完成之处，正是实质性哲学研究的起点。当然，精致复杂的要求对于进步尽管是不充分的，却是必要的。

二、归纳方法

哲学家所面对的经验是具体的、特殊的、有限的，而哲学观点是一般性的命题，获得这种观点的方法之一是归纳。休谟是经验主义者，他主张仅依靠来自经验的证据，通过经验归纳研究道德原则。具体说，首先收集和整理各种受尊敬的或遭谴责的品质，然后分析这两类品质中各自具有的一致因素，进而找出赞许或责难最终由之发源的那些普遍原则[①]。与科学探索中的归纳方法一样，归纳概括可以获得哲学概念的普遍定义，即抽象出共性作为概念的内涵；根据多次经验归纳概括，也可做出一般性判断；这种一般性判断就是经验规则，它们对于活动的成功有独特的重要作用。

人类在长期的生活实践中，获得了大量的正反两方面的经验，人们基于这些经验，也提出了大量的思想观点。哲学家的任务是从现有经验与观点出发，通过批判与概括达到自己的哲学结论。基于经验概括而形成哲学概念或哲学观点，这种做法与科学家从经验事实中抽象并概括而形成科学概念或命题没有什么形式上的不同。但哲学的抽象和概括与价值相关联，其实质是评价性的。就一定的科学对象而言，人们所获得的科学事实通常是高度一致的，或其差异是可以合理解释的。然而，哲学家所面对的生活经验都是有条件的，常常是高度发散甚至是严重对立的。所以，哲学概括必须十分谨慎小心，所得结论必须能够应对当代生活经验的挑战。换言之，哲学观念必须尽可能多地说明它所论及范围内的生活经验；对于那些与之相冲突的经验，哲学家也必须给出否定它们的理由。从本质上讲，哲学概括是理想关照下的经验概括。

必须指出的是，哲学理论不是简单的经验总结，而是批判性理论思维

---

① 休谟. 2001. 道德原则研究. 曾晓平译. 北京：商务印书馆：26.

的结果。这就要求哲学家克服感性与理性之间的矛盾，从经验总结上升到哲学理论层面。但这仅凭归纳方法是做不到的，因为归纳方法虽可以得到普遍的结论，但这种结论只是经验规则。如前所述，生活经验很丰富，也十分庞杂。由经验上升到理论的常用方法是假说演绎方法，即通过对前人观念与现实经验的批判反思，凭直觉或猜想提出哲学假说，然后对其进行论证与检验。

三、演绎方法

在数学中，先确立定义和公理，然后由此推导出定理。也就是说，数学家从定义和自明的公理出发进行演绎推理，以证明数学定理。这种方法影响深远，从笛卡儿开始，一些哲学家就试图将哲学构造成严格的公理演绎系统。他们努力寻找不证自明的真理，以充作演绎推理的公理。这种几何化哲学的构想首先最明显地体现在荷兰哲学家斯宾诺莎（Spinoza）的《伦理学》中，这部哲学著作的每一主题都包括三部分，即定义、公则或公理，以及命题，其中命题是仿照几何学引用已给出的公则和定义进行证明。

实际上，我们可以把西方传统哲学的基本特征归结为演绎方法的应用：承认第一原理存在并寻找到它；从逻辑上规定纯粹概念；从第一原理出发通过逻辑推理建构理论体系。如亚里士多德断言的："世上必有第一原理，而事物既不能有无尽列的原因，原因也不能有无尽数的种类。"[①]费希特也说道："我们必须找出人类一切知识的绝对第一的、无条件的原理。如果它真是绝对第一的原理，它就是不可证明的，或者说是不可规定的。"[②]斯宾诺莎等认为，哲学的方法就该是几何学方法。

然而，哲学不是数学，不能从定义和公理逻辑地推演出定理。哲学的核心是对定义和公理进行阐释，而演绎逻辑对此无任何益处。从巴门尼德以来，西方人特别重视演绎逻辑，甚至常将其与理性等同起来。巴门尼德及埃利亚学派基于逻辑得出的结论大多是荒谬的、令人无法接受的，但他依然被视为前苏格拉底时期最有影响的哲学家之一。许多哲学家有一个共同的倾向甚至是癖好，即渴望确定性信念而迷信逻辑证明。但是，仅靠逻辑证明来获得确定性是不可能实现的。哲学问题是终极性的，而终极问题的答案是不可能像数学那样通过逻辑证明的。

---

① 亚里士多德. 1959. 形而上学. 吴寿彭译. 北京：商务印书馆：33.

② 费希特. 1986. 全部知识学的基础. 王玖兴译. 北京：商务印书馆：6.

哲学命题不能获得纯逻辑证明，并不是它的缺陷，毕竟任何命题都不可能获得纯逻辑证明。这是否意味着演绎方法没有意义？答案是否定的，因为其意义是在假说演绎方法中得以显现的。由于严密归纳与概括的困难，假说演绎方法受到特别重视。凭直觉或猜测提出假说，从中逻辑地演绎出若干结论，然后基于生活经验进行检验。这就是科学中十分重要的假说演绎方法，也是哲学家常用的方法。在哲学探究中，概念、命题和理论的明确化往往是与批判建构结合起来进行的，即在分析、批判与建构的过程中形成自己的哲学观点；这个过程本身就是新思想的论证或论证的一部分；如果还有后续论证，那也是为使论证更清晰、更简洁，往往只是添加些辅助性证据而已。

四、直觉方法

逻辑方法是技术性的，因为逻辑推理的前提主要靠直觉与体悟，顿悟也是凭直觉获得的。别尔嘉耶夫宣称：“我的哲学思维不是科学式的，不是理性——逻辑的，而是直觉——生命的，其基础是精神体验，其动力是对自由的激情。”[①]海德格尔说：“生存问题总是只有通过生存活动本身才能弄清楚。以这种方式进行的对生存活动本身的领悟我们称之为生存状态上的领悟。”[②]。英国哲学家亚历山大（Alxander）认为，哲学家的伟大思想观念并非由逻辑分析而得，乃是对真理的洞见与顿悟。证明之举不过是帮助他人理解与掌握哲学家的思想。日本学者西田几多郎说：“真正的宗教觉悟，并不是以思维为基础的抽象的知识，也不单纯是盲目的感情，而是自己悟得存在于知识及意志的根基里的深远的统一。这就是一种知的直观，也就是深刻的生命的把握。因此任何逻辑的利刃都不能指向它，任何欲望都不能动摇它，而成为一切真理和满足的根本。”[③]我国学者谢幼伟也曾指出：古代大宗教家和大哲学家所发表的言论，往往不是他们所能证明和所要证明的，而是他们所洞见的。他们的哲学观念不是由逻辑推理而得的，而是由他们直接有所见而得的。也许这种哲学经不起现代逻辑的批评，但是他们却深信不疑[④]。

---

① 别尔嘉耶夫. 2003. 末世论形而上学. 张百春译. 北京：中国城市出版社：前言。

② 海德格尔. 1987. 存在与时间. 陈嘉映，王庆节译. 北京：生活 • 读书 • 新知三联书店：16.

③ 西田几多郎. 1965. 善的研究. 何倩译. 北京：商务印书馆：34.

④ 谢幼伟. 1997. 现代哲学名著述评. 济南：山东人民出版社：203.

中国古代哲学家把握道的方法是体验与直觉，他们往往基于对真相的洞察与领悟直接给出结论。许多哲学命题显然是凭直觉得到的，如“子在川上曰：逝者如斯夫，不舍昼夜”，这样的直觉所得显然蕴含着丰富的哲理。中国哲学中“天人合一”“万物一体”的境界只能源自直觉与顿悟。这是一种神秘境界，也被前人视为最高的境界。宋儒公开标榜直觉，禅宗主张顿悟。在他们看来，唯有如此才能实现整体性的认识，或达到最高的精神境界。法国学者柏格森（Bergson）哲学的主要方法是直觉，他认为概念思维至多是哲学思维的低级模式。他以一种十分明确的方式强调了直觉方法的重要性，主张通过直觉方法把握现实，这种方法的特点是整体式地、动态地、连续地把握对象。基于经验的直觉是非常重要的，美国诺贝尔经济学奖获得者西蒙（Simon）指出：当面对同样的商业政策形势时，有经验的经理很快就有一个直觉，能快速做出正确的决定，而商学院的研究生却要花许多时间去分析，有时还找不出头绪来①。

那么，是谁首先将直觉作为方法引入哲学中的？我国哲学家范寿康认为，是柏格森把直觉引入哲学这个从来都是理性独占的领域的②。冯友兰也曾说：“直觉这个方法从前虽也有人常用，但却没人正式提出鼓吹。现在柏格森把它正式提出，好像一个哲学方法的革命。”③那么，什么是直觉？柏格森认为：“所谓直觉就是指那种理智的体验，它使我们置身于对象的内部，以便与对象中那个独一无二、不可言传的东西相契合。”④直觉就是当下的整体性把握，其特点是“以神遇而不以目视”，并从生活中领悟出来。顿悟是直觉的一种比较强烈的形式，是经长期专注而达到豁然贯通的境界。再往深处，恐怕就是神秘的宗教体验了，这是一种极端的终极体验。直觉并不神秘，是人们都有的一种体验。我们都有能动的自我并非暂时的这种直觉，在研究工作乃至日常生活中，我们也都有过直觉、灵感与顿悟。为简明起见，我们把与直觉密切相关的体验、体悟、体认、灵感、顿悟均归于直觉名下来谈论。

我们该怎样看待直觉方法？凭直觉得到的哲学命题与诗很相似，诗意得之于刹那间而无痕迹的灵感。直觉是长期沉思的瞬间突破，可能表现为理智方面的认识飞跃，也可能表现为精神境界的突变升华。它能产生真正

---

① H. A. 西蒙，乐成. 1987. 人解决问题对人工智能的教益. 自然辩证法通讯，1：40—48.

② 尚新建. 2000. 重新发现直觉主义：柏格森哲学新探. 北京：北京大学出版社：9.

③ 尚新建. 2000. 重新发现直觉主义：柏格森哲学新探. 北京：北京大学出版社：10.

④ 洪谦. 1982. 西方现代资产阶级哲学论著选辑. 北京：商务印书馆：137.

的洞察力，这种洞察力独立于概念式的思维。直觉基于经验和已有观念，但从后者到前者并没有逻辑的出路。所以，通过直觉获得的认识，往往是借助逻辑推理难以证明的。哲学家只有在与人类、与社会、与自然的密切情感中，才能接触或体悟到这种直觉的、和谐的真理。但直觉与体悟往往是武断的肯定，甚至是神秘的经验，所以仅靠直觉肯定是不够的。陈修斋认为，哲学思维的典型特征是理论思维。他指出，“有的哲学家往往是用‘直观’或‘体验’的方式把握一些含有哲理的观点。如果这些观点确是真知灼见，则这在他本人可能是宝贵的心得；把它们宣示于人，也可能是对人类社会的贡献。我们中国的哲学也许富于这样的内容。但这样的观点，听者往往只知其然而不知其所以然，因而难以接受。而且传递这样的观点，诗或文艺的手段也许比哲学更擅长。”①

五、思辨方法

哲学的创造性主要体现在哲学思辨中，所以人们常常把哲学思辨当作哲学方法的根本特征，甚至断言哲学方法就是思辨。在第四章中，我们从哲学思维的角度谈到过思辨，这里则侧重从方法上来谈论。那么，哲学思辨方法究竟是一种什么样的方法呢？根据词源学考察，思辨的含义有揣测、推测、思索、沉思、冥想等。我们可以广义地理解哲学思辨，将猜测、沉思、想象、概念推理等，均视为思辨方法的组成部分。

哲学思辨并没有固定的模式，大致可归纳为两种方式。一是逻辑设定，即基于经验并超越经验而直接设定哲学概念，主要是猜测、推测。这是哲学发展初期的主要认识方式，也是一切科学知识贫乏领域的哲学认识方式。基于经验的哲学思辨具有朴素性、模糊性和笼统性。二是以实证性的经验知识和科学知识为基础进行思辨，也即通过推测和整体领悟而超越实证范围，设定超验性质、增加思辨内涵等，从而获得哲学概念或哲学观念。如将常识概念、科学概念思辨化，从而转化为哲学概念。举例来说，“物质”作为哲学概念，其外延远远超出了实物和场，其内涵则延伸到“客观实在性”。

中国古代思想家主张推天道以明人事，这也是一种思辨，其实质是通过观物性而悟人道。如儒道两家皆借水喻道，以表达对生活原则的认取。如何由天道推出人道？如“物极必反”是天道，之所以走向反面，是因为

---

① 莱布尼茨. 1999. 新系统及其说明. 陈修斋译. 北京：商务印书馆：译者弁言。

发展到顶点。为了防止走向极端，我们应当追求中道。可见，人道并非简单地由天道转化而来。天道是规律，是自然法则，正确地运用天道则有赖于人道。“兵强则灭，木强则折”是天道的表现。基于此，老子告诫说：“知其雄，守其雌。”雄象征强有力，雌则代表弱势。其意思是强者采取柔弱姿态乃明智之举，否则必往相反的方向转化。

从逻辑上讲，超越经验和实证知识的思辨有无数种可能，也即可任意猜测或规定，只要不自相矛盾即可。所以哲学思辨是相对自由的，从某种意义上说，它不受经验和科学知识的限制。但若思辨结果作为信念无法贯彻实行，显然就是无意义的；若哲学观念作为信念予以贯彻，而主体实践效果不好或很差，我们就不能说思辨是适当的。所以，思辨不能脱离实际，不能不顾技术上的可行性；否则思辨将蜕变为臆想，结论将成为乌托邦。可见，哲学思辨不是任意的主观猜测，必须以生活经验和科学知识为基础。这样说并不意味着思辨要从这些知识出发进行推理，而是说思辨不能不顾及它们在实践中所起的制约性作用。如从纯粹理想出发，可以提出彻底无我的实践原则；但这种原则显然不可行，因为它有违人类利己的基本天性。

六、辩证方法

哲学基于经验，但绝不仅仅是经验总结。经验规则不能算是哲学，最多称其为准哲学；因为它只能使人知其然，而不能知其所以然。要上升到哲学理论而知其所以然，简单概括是不行的。在黑格尔看来，只有辩证方法才是真正的哲学方法。的确，哲学阐述或论证方式通常是辩证式的。在对话或交流中会遇到相互矛盾的意见，即对同一问题的不同看法。这些意见碰撞时要求达到统一，就这样在矛盾被扬弃的过程产生合意的观点。揭示出来的矛盾性不仅能促进我们的理解，亦对我们的概念生成具有启发意义。如当代德国哲学家波塞尔（Poser）举例说：冰雪融化可以一方面被描写为冰雪的消融，另一方面又可看作流水的产生。这对于理解融化是有益的，“因为什么是‘融化’，只有当我既看到了其中含有的冰的消失同时又看到了流水的产生时，我才完全理解了‘融化’的意思”[①]。

在第四章和第五章中，我们分别从哲学思维和哲学观念的层面谈论过辩证性。作为一种哲学方法，辩证法源于希腊语“dialektike techne”，原义

---

① 汉斯・波塞尔. 2002. 科学：什么是科学. 李文潮译. 上海：上海三联书店：196.

是谈话、讨论或辩论的艺术，与论证相关。辩证方法经历过长期发展，演化出多种形式，主要包括苏格拉底的谈话法、黑格尔的三段论法、马克思的唯物辩证法等。苏格拉底的辩证法是一种诘问法，也称为谈话法。通过一系列问和答来推进思考与对话过程，揭露观念的缺陷或不充分，并使其逐渐清晰、精炼。柏拉图把辩证法表述为概念分析和综合的方法，一种讨论复杂问题的创造性方法。通过假设、质疑和辩论，不断地将思想清晰化，把思考引向深入。在揭露及化解矛盾的过程中，提出创造性的综合见解。通过批判反思，最终引出自己的哲学观点。苏格拉底的辩证法暗示我们："真理必须通过对话或者辩论才能得到，这种对话或辩论可以发生在两个询问者之间，或者也可以在一个追问者的心灵之中进行，即让他的'灵魂自问自答'。"①辩证法之所以能够有效，是因为在对话中遇到的矛盾不是逻辑矛盾。"如果是逻辑上的矛盾，那辩证法就会变得没有任何意义，辩证范围内的任何论证便无法展开。"②

德国古典哲学家非常重视辩证方法，康德把它表述为理性的必然运动，他的哲学方法有一个明显的意图，即在两个极端存在的时候总是试图把二者合理地调和起来。黑格尔将辩证方法视为一种新型逻辑方法，将其称为三段论。辩证方法也是一种思辨方法，黑格尔称其为思辨。在他看来，辩证法的实质"在于从对立面的统一中把握对立面，或者说，在否定的东西中把握肯定的东西"③。黑格尔的辩证法讲矛盾运动，讲否定之否定规律，在形式上表现为正题、反题和合题。他讲的否定是扬弃，即对立的一方在否定掉对方的同时，将对方包含在自身之中，从而达到更高的阶段。黑格尔的辩证法是唯心的，马克思的唯物辩证法则与其截然相反，因而成为辩证法的成熟形式。

我们从亚里士多德的著作中可以看出，古希腊逍遥学派的作品抱有一种批判的目的，它们辩证地检验前人所提出的观点，从而为它们自己观点的发展开辟道路。辩证的批判方法是哲学方法的核心，甚至不认为哲学有特殊方法的波普尔也称它是"一种哲学方法"。对于同一事物，不同的人可能有不同的看法，也可能存在分歧甚至对立。通过对话及辩证思维过程，人们的见解相互接近，逐步完善，变得更为正确，从而克服观点的片面性。简单说，辩证法是从正反两方面来看问题，并旨在形成综合性的见解。所以，在哲学上，对话与辩论是不可避免的。辨证方法能够说明一个新观念是如何从以前的观念中产生

---

① A. E. 泰勒. 1998. 苏格拉底. 周濂，朱万国译. 济南：山东人民出版社：84.

② 汉斯·波塞尔. 2002. 科学：什么是科学. 李文潮译. 上海：上海三联书店：202.

③ 黑格尔. 1966. 逻辑学（上卷）. 杨一之译. 北京：商务印书馆：39.

的，使新观念获得厚重的历史感、缜密的逻辑感。在哲学领域和现实生活中，极端化是比较普遍的，它使我们的生活陷入两难的境地。超越极端化必定要求采取辩证思维，这种思维最终导致古老的哲学智慧，即中道原则。

辨证方法也包括逻辑与直觉的综合运用。冯友兰把中国哲学家常用的直觉与体认的方法称为“负的方法”，而把西方哲学家常用的逻辑分析方法称为“正的方法”。他强调两类方法的结合：“一个完全的形而上学系统，应当始于正的方法，而终于负的方法。如果不终于负的方法，它就不能达到哲学的最后顶点。但是如果它不始于正的方法，它就缺少作为哲学的实质的清晰思想。”①

第三节　现象学方法

胡塞尔发展了现象学，这种哲学影响巨大，它主要源于现象学方法。海德格尔曾经强调现象学的方法特性，他说道：“现象学不是哲学科学中的一种，也不是其他科学的一种前科学，‘现象学’的说法就是科学的哲学方法的标题。”②什么是现象学方法？它要解决什么问题？康德为寻求普遍必然知识的根据而提出了先验方法，这种方法就是现象学方法，它从一般经验或现象的本性前进到使之得以成为可能的必要条件。如果不可能想象没有某种结构特征或形式的经验，那么这就证明形式是经验的必要条件。他通过先验分析得出结论：空间和时间是感官知觉的形式，质、量、实体、因果性等是知性的范畴。这些形式和范畴是我们的心灵整理经验的必要条件，而其本身则是先天的，即不是来自经验。康德采用先验方法揭示了知识得以形成的前提，这种理性批判特征鲜明，给人留下深刻的印象。然而，现在人们已经发现，康德所谓的先验形式并非知识的确定性基础，它们也是经验的、可修正的③。

在康德之后，胡塞尔仍然热衷于先验的现象学研究，执意要使哲学具有严格的科学性。他把哲学视为具体科学的基础，因此只有严格科学的哲学才能从根本上保证具体科学的真正科学性品格。胡塞尔认为，现象作为科学的对象在各门具体科学中被当作是理所当然的东西，现象学哲学则研

---

① 冯友兰. 2000. 三松堂全集（第6卷）. 郑州：河南人民出版社：288.

② 王炜. 1995. 中国现象学与哲学评论（第一辑）：现象学的基本问题. 上海：上海译文出版社：140.

③ 薛守义. 2009. 科学性质透视. 济南：山东人民出版社：209.

究现象的本质。那么，什么是现象？胡塞尔所谓的现象是指意识现象，即呈现于意识之中的东西，这种现象也被称为事实或实事本身[①]。那么，胡塞尔现象学方法的实质是什么？

一、现象还原

现象学方法的基本原理可表述为："面向实事本身。"海德格尔说："这句座右铭反对一切飘浮无据的虚构与偶发之见，反对采纳不过貌似经过证明的概念，反对任何伪问题——虽然它们往往一代复一代地大事铺张其为'问题'。"[②]"面向实事本身"意味着哲学研究不能无视具体的经验，必须直接面对被给予的现象。怎么才能做到这一点呢？胡塞尔的做法是将世界万物以及我们关于它们的信念都放在括号中，也即将它们都悬置起来，从而使我们专注于经验或现象。通过悬置，世界变成了现象，所以这种方法也称为现象还原。这种还原使意识成为我们反思的前沿，也就是把纯粹现象暴露在研究者的面前，而且只关注纯粹现象，从而能对它进行结构分析。这就要求研究者必须排除一切因袭的传统观点、自然观点和理论构造[③]。

现象还原使我们发现，意识在我们的一切经验中都发生着作用。当我们考察意识时，就会发现某种能够独立于其内容而加以描述的结构，即一系列总是与某个对象相联系的意识行为。所以，意识的本质特征在于：意识总是关于某个对象的意识，意识的这种指向或针对一个对象的特征称为"意向性"。这就是胡塞尔的"意向性学说"，这种意向性是指意识的特征，是意识的本质关系，它被刻画为指向或针对某一个对象。必须注意的是，虽然意识本质上是指向性的，但其对象不必在现实中存在，如我们可以想象一个独角兽。此外，意识对象并不总是物理对象，如我们可以怀疑一个命题、思考一个素数等。显然，意向活动若没有作为意向主体的先验的我，那将是不可想象的。以自然的角度看，体验之流的主体是现实世界中的生物的我；以现象学的角度看，它就是先验的我。这个先验的我是通过先验还原得到的，也即将现实世界中的我加以悬置。

现象学方法的核心除悬置于现象还原外，还有本质还原和本质直观。所谓本质还原就是一个把现象还原为本质的过程，而本质不是通过

① 胡塞尔. 1992. 纯粹现象学通论. 李幼蒸译. 北京：商务印书馆：45.

② 海德格尔. 1987. 存在与时间. 陈嘉映，王庆节译. 北京：生活・读书・新知三联书店：35.

③ 洪汉鼎. 2008. 现象学十四讲. 北京：人民出版社：154.

经验概括或抽象的方式从殊相中发现的，而是通过直接的直观，这就是本质直观。

二、本质直观

所谓本质直观是指要在个别中直接看到本质，其实质是从现象中排除一切非本质的东西，进而分析其本质。现象学通过本质直观，将获得一种独立于一切事实认识的本质认识[①]。也就是说，从变动不居的纯粹现象把握其内在本质，即“直接从直观中引出本质”[②]。意识现象是永远处在变化之中的，而且休谟早就指出本质不能从呈现于意识的资料中推断出来。因此，胡塞尔认为现象的本质只能在本质直观中被把握。也就是说，现象学方法要求我们直接面对意识现象本身来领会其本质，排除任何间接的中介直接把握事情本身。我们既不能通过演绎，也不能通过归纳来领会这种本质，而只能通过直观来把握。这种认识是可能的吗？

胡塞尔曾指出：“对本质的设定和首先是对它的直观把握，丝毫不包含对任何个别的事实存在的假定，纯本质真理丝毫不包含有关事实的断定，因此甚至最不重要的事实性真理也不能从纯本质真理本身推出。正如与事实有关的任何思想、任何论断都需要经验为其基础（就这类思想的有效性本质必然要求这一点而言）一样，关于纯粹本质的思想——未经混合的、未把事实和本质联结在一起的思想——也要求本质看作为其根本的基础。”[③]现象学研究不断地从头开始，追问最本原的东西以接近本质。现象学方法要求研究者面向直接观察到的现象，面向人在生活世界中生活产生的体验，以看到现象自身显现出来的东西。这里有必要指出，现象学研究是对人类经验的反思；作为一种哲学研究方法，它反对主客二元对立的认识方式，其特点是主客合一。

我们怎样才能实现本质直观呢？胡塞尔将本质直观与几何学家直观理想对象的情况进行比较。几何学家在纯粹地规定几何对象时，可以脱离特定的对象在想象中透彻地改变和穷尽个别对象被赋予的一切可能性。这样他通过自由想象，在一个具体对象的种种变异中得到一种不变的常态，其特征内容就是这个对象的本质。现象学者也将类似地行事，在自我的行为

---

① 胡塞尔. 1992. 纯粹现象学通论. 李幼蒸译. 北京：商务印书馆：52-53.

② 胡塞尔. 1992. 纯粹现象学通论. 李幼蒸译. 北京：商务印书馆：180.

③ 胡塞尔. 1992. 纯粹现象学通论. 李幼蒸译. 北京：商务印书馆：54.

中本质地把握自我[①]。在本质直观的基础上，要进行现象学描述；这种描述是本质描述，而非事实陈述，即是对意识之形式特征的描述，无关于意识内容，也不关心意识对象在现实世界中是否存在。

必须注意的是，本质直观与经验的个别直观是相对立的，这也正是现象学与经验科学的不同之处。通常所说的直观是感性直观，这种直观只是能把握个别的具体事物，而本质直观则完全是理性的活动。经验科学中也包括本质判断，但那只是针对具体某种物的本质属性所做的判断，因此这种本质其实就是“共相”或“类本质”。而现象学的本质判断则完全不同，它们不是“有关对象”的本质的命题，本质在本质直观中就是对象。这样纯粹现象学对本质的把握不需要依靠经验事实，它所获得的是“本质一般性”。据现象学派所称的，“整体大于部分”“知觉必定是对于某物的知觉”“判断是没有颜色的”等所谓先验命题，都是通过本质直观得到的。

三、现象学描述

胡塞尔为说明欧洲人与科学的危机，提出了“生活世界”的概念，并成为其后期哲学的中心。他说：“近代客观科学本身是属于生活世界的具体事物。因此，为了阐明人的活动的这种获得物以及所有其他的获得物，无论如何首先必须考察具体的生活世界，并且是按照真正具体的普遍性来考察。”[②]在胡塞尔那里，生活世界大致相当于“日常生活世界”；这个世界是在前概念的、活生生的经验直观中给予的。胡塞尔是一个典型的唯心主义者，他并不承认外部世界的客观存在；他的生活世界概念所强调的是主观间共同的经验，因此是一个仅在精神领域内才有其地位的概念。

在胡塞尔先验现象学中，描述方法是以悬置和还原为前提的，并不具有真正的普遍性。在引进了生活实践和历史性的概念后，前期用于先验意识的描述方法便不合适了。于是，他便引入了解释学方法，形成现象学描述。这种方法以具体描述代替抽象论证，使得现象学者可以在具体中得到抽象，在现象中直观本质；不仅如此，现象学描述是开放的，永远对新的可能性保持开放。我们看到，在此现象学旨在阐明事物的意义，即由于我们的经验而有的意义，而解释学则是意义理解。

---

① 张汝伦. 1999. 思考与批判. 上海：上海三联书店：463.

② 胡塞尔. 2001. 欧洲科学的危机与超越论的现象学. 王炳文译. 北京：商务印书馆：161.

四、现象学方法简评

在胡塞尔看来，现象学方法是唯一的哲学方法，唯有它才能在哲学思考中保证严格的科学性。现象学哲学不考虑世界中“对象”的存在，只保留现象并拒绝超出意识可以获得的材料即现象之外，因为只有现象才是确定无疑地“被给予的”。当代德国学者劳尔在为胡塞尔的《现象学与哲学的危机》一书所写的长篇导言中指出：“胡塞尔确信他的哲学思考是全新的，而且这种创新程度超出了以往任何哲学，这只是因为他的哲学的主观性超过了以往任何哲学所敢于承担的程度。”[①]

人们最容易犯的一个错误就是从某个观点出发，以某个框架为分析工具，抓到所谓的本质，而将其他方面当作非本质的东西过滤掉。这样做往往会得出虚假的问题、浮夸的虚构、偶发的奇想、空泛的话语、飘忽不定的概念。一些哲学家厌倦了这种状况，现象学出于这种动机而追求明晰性，它要求人们严密地思维、精确地表述。胡塞尔追求确定性，目的是要为科学奠定坚实可靠的基础，他认为这种确定性的基础要在意识中寻找。简单地说，现象学方法就是使各种意识现象直接获得审视，并在概念中得到把握。它排斥任何间接的中介，其精神可概括为“面对实事本身”。

但是，胡塞尔试图获得普遍的、与时空无关的本质，这显然是形而上学的东西，所以现象学方法是形而上学方法。其实，胡塞尔所说的纯粹本质并不存在，至少我们不能证明这种形而上学的东西存在。胡塞尔也并不认为本质是柏拉图式的理念，而只是纯逻辑命题所需的概念[②]。我们真的有能力直观到事物的这种本质吗？胡塞尔陷入了意识现象的迷梦与困惑之中。在我们看来，所谓本质直观不过是一种猜测，直观到的东西并非什么先天真理，更不是永恒不变的形而上学实体。

哲学的先验方法是有益的，它使我们对经验有了更深刻的认识。通过对经验的先验分析，揭示了经验得以形成的条件以及意识的本质特征。但康德和胡塞尔试图采用先验方法为知识奠定确实可靠基础的做法未能取得成功，因为最后都证明自己还缺乏基础。事实上，知识的基础并非永恒不变，而是与经验脱不了关系的。经典现象学方法仅仅关心意识现象的形式特征，其根本旨趣是“使哲学科学化”。现象学哲学是前科学的，绝不能以

---

① 胡塞尔. 1988. 现象学与哲学的危机. 吕祥译. 北京：国际文化出版公司：i.

② 胡塞尔. 1992. 纯粹现象学通论. 李幼蒸译. 北京：商务印书馆：81.

经验科学为基础，也不适合完成我们赋予哲学的使命。别尔嘉耶夫甚至认为，现象学方法根本不是哲学方法，因为哲学认识的对象不服从直观描述[①]。

第四节　解释学方法

哲学批判反思包括理解与解释，故引入解释学或诠释学方法自然而然。众所周知，解释学原是一种理解文本的方法，后来发展为一种旨在认识论甚至存在之真理的哲学。例如，在伽达默尔的解释学中，他所关注的是康德式的问题，即理解何以可能，而不是理解的规则。伽达默尔认为："理解本文和解释本文不仅是科学深为关切的事情，而且也显然属于人类的整个世界经验。解释学现象本来就不是一个方法问题，它并不涉及那种使本文像所有其他经验对象那样承受科学探究的理解方法，而且一般来说，它根本就不是为了构造一种能满足科学方法论理想的确切知识。"[②]但是，为与我们的主题相契合，这里主要从方法论角度来谈论解释学。

一、理解与解释

哲学探究是一种学术活动，离不开对前人文本的理解、解释、批判与继承；哲学关注现实社会与人生，当然要对人类生活实践中所遵循的基本原则与生活经验进行解释、批判反思。这样哲学解释的对象是十分广泛的：一是对文本的理解，二是对生活经验的理解。对生活经验的理解也就是对存在的理解，伽达默尔说这是某种解释学现象。我们可以从广义上理解文本，即指由书写固定下来的任何话语、人类创造的各种物品乃至社会历史本身。

解释学所说的理解主要是指对文化事物的整体理解，而文化事物是包括主体在内的事物。这种理解之所以可能，是因为解释者的先见与被解释者的内容融合在一起，并建立在主体经验的基础之上，而且是一种基于观审、体验、直觉的整体理解。实践主体置身于生活实践之中，主体经验过程可导致一种整体理解，这就是生命哲学所说的"用生命来理解"。在对文本进行解释与理解的问题上，德国哲学家施莱尔马赫（Schleiermacher）和

---

① 别尔嘉耶夫. 2000. 论人的使命. 张百春译. 上海：上海学林出版社：19.

② 汉斯-格奥尔格·加达默尔. 1999. 真理与方法：哲学诠释学的基本特征（上卷）. 洪汉鼎译. 上海：上海译文出版社：导言.

狄尔泰（Dilthey）都假定文本中有体现作者意图的客观意义，它不仅存在于理解之先并独立于理解，而且还有不随时间发生变化的绝对性，读者必须设法加以揭示与领会。这种观点显然是非历史的、直观的，对于这种客观意义的揭示，移情理解被认为是关键。然而，难道我们真的能将自己置入作者的思路之中吗？真的能将自己置于前人的生活情境之中吗？

德国哲学家德罗伊森（Droysen）认为，直接完全地理解过去是根本不可能的[①]。伽达默尔也拒斥客观主义态度，反对把社会历史和其他文本看作可以客观研究的对象。在他看来，认为我们能够使自己完全置身于过去，甚至进入作者的内心活动之中，这似乎是天真的幻想。于是，伽达默尔主张“在现代科学范围内抵制对科学方法的普遍要求”。他所关注的是，“在经验所及并且可以追问其合法性的一切地方，去探寻那种超出科学方法论控制范围的对真理的经验。这样，精神科学就与那些处于科学之外的种种经验方式接近了，即与哲学的经验、艺术的经验和历史本身的经验接近了，所有这些都是那些不能用科学方法论手段加以证实的真理借以显示自身的经验方式”[②]。

众所周知，哲学解释学成了后现代主义的有力武器。在后现代主义那里，作者的权威被打破了，阅读与理解成了开放的活动。于是，后现代主义认为了解作者创作文本时的意图或动机，对文本的理解助益不是很大。有些后现代主义者没有完全抛弃作者，而只是削弱作者的权威，否认作者的意向完全地制约着文本的意义。但是更为激进者宣称，为了研读文本而去研究作者的生活背景或考察其人格也于事无补。读者进入核心舞台并且取得了某种空前的自主权，他可以随心所欲地赋予文本以意义而不必计较任何后果或责任。我们得承认，强调文本的开放性可使想象力迸发出来。然而，文本解释的客观性要求是合理的，尽管我们无法达到绝对客观性。作者既是文本意义的泉源，而且应该成为意义的泉源。否则，就不是理解，而是创造。

二、解释学循环

哲学中的本质探讨是概念研究，是对事物的整体理解。一般说来，科

---

① 汉斯·波塞尔. 2002. 科学：什么是科学. 李文潮译. 上海：上海三联书店：181.

② 汉斯-格奥尔格·加达默尔. 1999. 真理与方法：哲学诠释学的基本特征（上卷）. 洪汉鼎译. 上海：上海译文出版社：导言.

学领域的概念研究可以通过规范形式的定义、归纳概括以及自上而下的推演方式进行。那么，我们应该怎样探究哲学概念呢？如果将科学中的概念（比如植物）同哲学中的概念（比如艺术）进行比较，就会发现两者很不相同：我们能够相当清晰精确地给植物下定义，而对艺术则不能。换言之，我们不能对艺术的本质做出先验的规定。归纳方式是否可行？如海德格尔所说的："人们认为，艺术是什么，可以从我们对现有的艺术作品的比较考察中获知。而如果我们事先并不知道艺术是什么，我们又如何确认我们的这种考察是以艺术作品为基础的？"[①]根据更高级的概念进行推演同样存在上述循环问题，因为这种推演必然伴随着某种规定性，而这些规定性足以把我们事先就认为是艺术作品的东西呈现给我们。

事实上，在哲学的本质探讨中，循环是不可避免的。需要注意的是，这种循环还具有一种积极的意义，不可以被贬低为非法的循环；因为这种探讨总是始于某种前见，而前见可以被更合适的见解所代替。任何事物本质的认识都要经历某种辩证的过程，这种过程往往同时具有归纳和规范的性质。伽达默尔认为，对于理解过程来说，由传承或历史作用所决定的前理解具有重要的积极意义。在理解过程中，部分与整体之间的关系至关重要。理解总是从部分开始，从理解部分到理解整体的过程称为"解释学循环"。通过第一次理解部分试图第一次理解整体，对整体的尝试理解又可帮助修正对部分的理解，这样便有可能最终理解整体。事实上，就一个确定的文本而言，其局部的意义是由它在文本整体中的地位来决定的，而整体的意义则是由它使局部情景化的方式来决定的。

此外，解释者总是处在一种由传统构成的理解氛围中，历史性是人存在的根本特征和基本事实，与历史性相关联的成见是我们理解的基本条件。整体认识与局部认识是相互影响、循环发展的，这种循环不是恶性的循环，而是某种辩证发展过程，人类正是在这种辩证中获得越来越深刻的认识。

三、效果历史原则

在伽达默尔解释学中，他提出了理解的"效果历史原则"。他认为，在文本理解活动中，有一种历史的因素或传统的因素在影响着我们。通过对文本的新解释，传统的因素与现实的因素逐渐融合，从而形成一个新的传

① 马丁·海德格尔. 1997. 林中路. 孙周兴译. 上海：上海译文出版社：2.

统。在对话与交流中，解释学循环变成了螺旋运动，意见达成一致时，螺旋运动暂时结束，此即所谓的“视域融合”。我们今天的立场决定了我们的视域，我们试图将其扩展为历史视域，并在历史视域内理解交谈对象、文献、历史事件或艺术作品，理解就是那些好像可以独立存在的视域之间的融合过程。

伽达默尔强调历史性是人类存在的基本事实，真正的理解并非去克服历史局限，而是去促成积极的理解。理解的基础并不在于使理解者置身于他人的思想之中，或直接深入他人的内心活动之中。所谓理解就是在语言上的相互一致，而不是说使自己置身于他人的思想之中并设身处地地领会他人的体验①。人们不是以空白的头脑去理解，而是带着自己的先见，类似于戴着有色眼镜去观察事物。在理解活动中，历史因素起着根本的制约作用，此即效果历史的影响。所以，伽达默尔提出的效果历史原则具有方法论功能，它就是一种方法论原则。

哲学家对以往哲学观点的批判反思，不仅仅要关注作者的原意，更要注意到那种哲学思想的“效果历史”。当代美国哲学家麦克林（McClean）说道：“哲学并不是用考古学的方式去阅读古代文本，而是像每一种人类行动一样，是存在的创造性的展开。这种创造性的自由是人的本质特征。”②

四、创造的诠释学

中国古代思想家往往局限于以经注经、引经据典，而且批判性和开放性严重不足。为此，针对传统经典的创造性转化问题，华人学者傅伟勋提出了创造的诠释学，作为基于经典从事创造的一般方法论。这种方法论在程序、步骤和方法方面具有清晰的可操纵性，共分为五个层次：实谓、意谓、蕴谓、当谓和必谓。“实谓”是指作者说了什么，这涉及考据问题。“意谓”是作者想要表达什么，或他所说的意思到底是什么。须通过语义分析尽可能依文解意，以发现原典真正具有的语意。“蕴谓”是指作者可能要说什么，或作者所说的可能蕴涵是什么。这是对原典的超越，即分析原典所表达的深层义理。“当谓”是作者本应当说什么，或诠释者应当为作者说出什么，即逼迫作者说出他本应说出的内容。“必谓”是指作者现在必须说

① 汉斯-格奥尔格·加达默尔. 1999. 真理与方法：哲学诠释学的基本特征（下卷）. 洪汉鼎译. 上海：上海译文出版社：490.

② 乔治·麦克林. 1999. 传统与超越. 干春松，杨凤岗译. 北京：华夏出版社：28.

出什么，或为解决作者未完成的课题，诠释者现在必须践行什么①。

创造的诠释学致力于批判地继承、创造地发展，其本身兼具海德格尔、伽达默尔等西方解释学理论与方法的精华，并将其创造性地发展为一种方法论。傅伟勋认为，海德格尔未曾细察蕴谓层次的必要性，也未能分辨当谓和必谓两个层次。伽达默尔对于蕴谓层次颇有慧识，但缺少对当谓和必谓的诠释学探讨，故继承传统有余而批判创造不足②。显然，在创造的诠释学中，当谓和必谓层次均属于思辨，特别是必谓中要引入时代的理念、诠释者的新理路，故为创造的诠释学的重点，也是最能体现创造性的环节。

我们该怎样评价创造的诠释学？这种方法对于揭示文本的深层意蕴极有帮助，强调哲学家在前人思想的基础上进行推论与发挥是适当的，因为它是哲学探究的必然要求。但作为哲学方法论，创造的诠释学是偏向哲学史的。首先，它强调传统的影响并非不适当的，像植物从土壤中生长起来一样，新哲学也是从以往哲学之土壤中成长起来的。但是，哲学关注人类生活实践，旨在有助于现实社会与人生幸福。谁不参透现实世界，谁就别想在哲学中有所收获。其次，我们不能将当谓和必谓层次上得到的观点放置在前人身上。说“前人应该说出”“必须说出”，这通常是没有意义的，因为这些观点是哲学发展到现阶段才可以说出的。最后，就对前人哲学进行的研究而言，哲学史家有可能存在过度诠释的问题，而在哲学家那里则不存在。哲学家不同于哲学史家，与其说对前辈做出诠释，还不如说是使用，因而就不存在过度诠释的问题。文本作者当然有他的考虑，但对于哲学家来说，重要的不是文本的原意，而是观念在当下具有的意义与作用。

第五节 哲学方法论原则

哲学家所采用的探究方法，尤其是成体系的方法，往往要根据某些基本原则，这类原则就是所谓的方法论原则。根据哲学的实质性特征及根本要求，提出一些哲学研究的方法论原则是可能的，也是十分必要的。我们认为，哲学家坚持正确的方法论原则，将有助于使哲学成为一个严肃的学术领域。

---

① 吴根友，欧崇敬，王立新. 2004. 中国哲学的创造性转化. 昆明：云南人民出版社：77—79.

② 吴根友，欧崇敬，王立新. 2004. 中国哲学的创造性转化. 昆明：云南人民出版社：174.

一、主体性原则

哲学关注人类生活实践，而且是哲学家参与其中的生活实践。哲学是生活主体对自身生活的批判反省，是对指导自身生活之基本信念的批判反思。哲学理论的建构是针对特定实践主体的，这主体可以是个体、集体、国家乃至整个人类社会。但无论什么主体，哲学思维都是为了寻道，而且必须进入本体层面，也就是《老子》第五十四章所说的："以身观身，以家观家，以乡观乡，以国观国，以天下观天下。"哲学探究必须明确主体，否则所谓的哲学思想将成为泛泛的、不着边际的、貌似博学的议论。通常所说的主体性原则是近代西方认识论的基本原则，是指主客关系中的主体性。据说这种主体性哲学导致了人类中心论，并使人陷入了主宰自然又为物所统治的境地。对此我们不加评论，我们这里所说的主体首先指实践主体，同时指认识主体。哲学认识与科学认识不同，它是主客统一地进行的。我们谈论实践主体，所强调的是其自我意识、主观能动性，而不是与对象的关系。

任何哲学都是特定社会时代的哲学，都是针对某个实践主体的哲学；任何哲学家都是自己时代的哲学家，都是某个实践主体的代言人，尽管其个性对其哲学的影响不可避免。我们所谓的主体性原则是说，任何哲学都应当是特定实践主体的哲学，不能是没有明确主体针对性的、漫无边际的议论。进一步讲，任何哲学都应当是当代实践主体针对自己的哲学，因为哲学家只是其代言人。哲学家的立场不是旁观者的立场，因此哲学的主体性不同于科学中主客二元分裂的认识主体性。黑格尔将历史上的诸多哲学体系视为绝对精神自我认识的不同环节，显然是将唯一的、抽象的绝对精神当作主体，而这种绝对精神则是根本不存在的。

我们为什么要强调哲学的主体性原则？在哲学研究中，人们常常缺乏主体意识和问题意识，局限于泛泛的批评与解释。一些哲学家的眼光游离于现实，而漫无目的地"批判反思"，不知道自己在处理谁的问题，不知道在对谁说话。由于他们的研究缺乏主体性意识，所说的话与当代生活世界没有明确的联系，自然也就不知道适用于什么实践主体。在哲学中，真正的分歧发生在同时代同社会中的人之间，有意义的争论只能是不同哲学家代表同一实践主体所做的批判反思。比如说美国政治哲学家与中国政治哲学家代表不同的实践主体，他们的哲学针对不同的主体，争论往往是不着边际的。哲学的争论应以同一主体为前提，针对不同主体提出的观点，争论显然是无的放矢的。因此，一些哲学家之间的相互批评是不适当的甚至是不着边际的，如科学哲学家与宗教哲学家之间的相互批评、个体人生哲学家与社会哲学家之间的相互批评、西方哲学家与中国哲学家之间的相互批评。这样徒然地制造一些抽象的、无边无际的、莫名其妙的话语，显然是没有多大意义的。哲学当然既不应该变得狭隘不堪，更不应该成为毫无目标的闲谈。哲学是实践主体的自我意识，而一切主体都是具体的。

哲学家必须要有明确的主体意识，哲学研究时刻不能忘记实践主体，这就是哲学的主体性原则。我们再次强调，这个原则非常重要，否则哲学将是毫无针对性的泛泛而论，这种论述是抽象的、混乱的，往往只是在做语言游戏。此外，哲学既然是针对当代社会与人生的，那么人类生活的历史性决定哲学理论的历史性。即使在哲学领域中存在超越文化和历史性的因素，我们也不能超文化、超历史地进行哲学探索，因为这种探索的结果必定是抽象的。

二、公正性原则

哲学理论当然是作为个人的哲学家创造的，但哲学思想并非个人的，尽管受到哲学家个人性格、生活经历、思想水平及个人利益的影响。事实上，哲学批判较社会批判、政治批判，特别是较实际斗争要超脱得多。因此，哲学具有独立性品格，我国哲学家聂锦芳也曾明确地指出过这一点[①]。哲学领域绝不是哲学家抒发自己主观情感、表达个人价值观的地方。哲学家必须采取普遍主义的态度，从而使哲学成为可以进行理性讨论的领域。当代英国哲学家爱尔在谈论道德哲学问题时，提出了两个原则，即普遍适用性和规定性。前者是说，我们的关于某一事件的任何道德判断，也必然适用于其他恰好相似的事件。后者是说，如果我们相信哲学道德判断，那我们就会尽力按照它行动。他认为这两个原则足以产生出真正有助于道德争论的逻辑[②]。

利益冲突是现实的，但共同利益是存在的，互利共赢也是可能的。通过充分的沟通与协商，形成绝大多数认可的共同生活原则是可能的。毕竟生活成功并不意味着我们自己获益，而我们的合作者受害。合作者受害的现实能让我们真的成功吗？统治者贪婪而令百姓暴动，他们能认可自己的

---

① 聂锦芳. 1998. 哲学原论. 北京：中国广播电视出版社：159.

② 布莱恩・麦基. 1987. 思想家. 周穗明，翁寒松译. 北京：生活・读书・新知三联书店：230.

成功吗？哲学家当然要表达自己的观点，但哲学不是像艺术那样的自我表现。罗素揭露说杜威的实用主义哲学很适合美国资本主义，这引起杜威愤怒的反应，他反唇相讥说罗素的哲学与英国地主贵族的利益有联系①。其实，哲学并不是直接地去反映阶级的利益和要求，在哲学的抽象范畴和理论中，很难直接看到反映阶级利益的内容。只有通过对整个哲学体系的分析，才能发现它所具有的阶级倾向②。

作为学术的哲学探究，应当坚持公正性原则。何谓公正？在关涉多方利益的问题上，公平地对待所有利益相关方。在西方文化中，“公正”主要是法律范畴，是司法实践中应当遵循的价值原则。在中国文化中，“公正”一词伦理色彩浓厚，“公”与“私”相对，“正”即正中，不偏邪，公正即秉公办事。哲学家之所以应当坚持公正原则，是因为哲学必须有益于全社会成员的幸福，并致力于建设公正的社会。要做到这一点，哲学家必须怀有善意，必须内心真诚。哲学家的确处于一定的社会地位上，有他的政治倾向，也会受到感情的影响，但他应尽最大可能公正地发表意见。哲学批判要求哲学家有广阔的视野、开放的心胸、公正的意志，这也是哲学的艰难所在。《管子·心术上》中说：“道，不远而难极也，与人并处而难得也。虚其欲，神将入舍；扫除不洁，神乃留处。”

哲学的公正性要求与普遍性要求有关。哲学家是代言人，代表某个实践主体，如代表某个社会或社会领域。代表性总是相对的，一个哲学家的国家哲学不会忘记自己民族国家的利益。即便在人类哲学中，哲学家代表全人类共同利益发言，也还是相对的，即从人类利益而不是从他者利益出发考虑问题。哲学追求普遍性，是一种理性而公正的批判反思活动。做到这一点是不容易的，因为哲学家并非完全中性的。如果他自己是某种宗教的信徒，他便很难公正地对待其他宗教了。对社会主义存有偏见的政治哲学家，不可能做出公正的评价。但哲学的公正性原则要求公正地对待所有涉及的对象，尽可能摆脱自己的先入之见。哲学应当追求普遍性，其实质是追求以共同利益为基础的主体间性。当实践主体是社会群体时，哲学不应当是哲学家个人的利益表达，而是共同利益诉求。即便是以个体生活为主题的人生哲学，也要追求一定程度的普遍性。适用于同哲学家条件相近的一类人，而不只是哲学家个人。哲学追求的东西是深层的、基本的，这种东西本身就具有一定程度的普遍性。所以哲学的主体性要求公正，不能

---

① 罗素. 1976. 西方哲学史（下）. 何兆武，李约瑟译. 北京：商务印书馆：387.

② 高清海. 1987. 马克思主义哲学基础（上）. 北京：人民出版社：6.

站在偏私的立场上，就如《老子》第四十九章所说的："圣人常无心，以百姓心为心。"

三、全面性原则

哲学的专业化使得哲学思想变得支离破碎，所以在当代哲学领域中，有一些片面的论断和观点，以及简单化的倾向，这些做法与哲学的任务不相符，哲学家应当有意识地加以避免。除了自身利益决定的之外，还有许多技术与方法性的问题。哲学家比较容易犯的错误就是片面。对此，维特根斯坦用"偏食"来形容，他说："人们只用一种类型的例子来滋养他们的思想。"[①]那么，我们该怎么做呢？

首先，全面性原则意味着综合性研究。哲学家提出的观点大多不错，但问题在于他们认为自己的观点是唯一的、全面的。也就是说，哲学家往往有所见亦有所蔽，而且其蔽正是因其有所见。所以，从事哲学探索，哲学家的格局要宏大。就哲学而言，博通也许是最重要的。

其次，哲学家在探究本质问题时，既要关注一般本质上的规定，又要注意其中存在的差别，以实现本质把握和全貌概观。全面意味着要关注事物的各个侧面、各个视角。在哲学论证中，片面地挑选例证极容易导致迷误。所以，不要忽略任何重要的正面和反面事例，由此才能得出反映全面经验与教训的观点。

最后，对于复杂的现实生活，非此即彼的二分法过于简单化。事实上，截然分明地区别善恶、美丑、好坏、真假，那是绝对不可能的。哲学家通常对自己的学说过于自信，以至于对明显的片面性和简单化视而不见。例如，从认识的辩证过程中截取某一个片断，并对次序加以固定，从而得出片面结论，如柏拉图关于理性认识先于感性认识的观点、波普尔关于理论先于观察的观点就是如此。又如，在科学哲学中，把感觉经验绝对化的现象主义就根本无法说明科学知识的性质，特别是其客观真理性，更不可能认识知识发展的辩证过程。

四、辩证性原则

在哲学思维、哲学观念、哲学方法中，我们都谈到过辩证性。现在，

---

① 维特根斯坦. 1996. 哲学研究. 李步楼译. 北京：商务印书馆：235.

我们在方法论原则上强调，辩证原则对于哲学探究具有头等的重要性。各种不同观点引起的矛盾，在解决矛盾的过程中，通过揭示共同的东西，有可能达成某种一致。通过各种不同的，甚至是对立的意见的冲突和协调而揭示真理。这样处理矛盾并非折中主义。所谓折中主义是指“无原则地把内部互无联系而且根本上互相冲突的观点或学说结合起来的那种立场”①。陈修斋指出：在莱布尼茨（Leibniz）以前，理性论者的方法主要根据“矛盾原则”；而莱布尼茨则认识到对解决某些问题，“矛盾原则”不足用，故而提出“充足理由原则”；但这两种原则之间该如何建立联系，他并没有适当的方法来处理；直到黑格尔，该问题才得以解决②。哲学观点应当是中正的，即经辩证法辨明的“合”之成果。

遗憾的是，哲学家有时候容易走极端。在哲学领域中，存在过分简单化、以偏概全和混淆界线的极端化做法。根据个别反例的出现，而彻底否定一般；没有截然分明的界限，便否认质的差别；由于达不到绝对，而否定相对的合理性；不切实际地夸大某种观点；断章取义地将某种观点强加于他人；等等。当代哲学家泰勒（Taylor）说过：“一个具有高度独创性而且是引人入胜的思想，被它的发明者推到了极端，并且带有某些荒唐的迹象，而这种荒唐的东西到了后人那里又变得一目了然，这几乎是哲学史的一个规律了。”③哲学家持论激进，可使其观点鲜明，但不可避免地会倾向于极端。持论极端也许能刺激人们思考问题，甚至有时起到矫枉必须过正的作用。但是，这种做法对于理解复杂问题并无多大帮助，而且有可能会造成根深蒂固的负面影响。

在哲学领域内，许多极端观点的持有者都提出绝对化的要求。例如，批判理性主义者波普尔断然否定归纳法，原因仅仅在于归纳推理的结论不具有逻辑必然性。可是，既然他承认关于实在的断言均应视为假说，根本无法获得确定性，为什么非得要求推理绝对可靠呢？又如，现象主义者拒斥“形而上学”，不承认外部事物客观存在。但他们的理由不外是外部世界的存在无法逻辑地证明，而事实是逻辑除了引出结论外，根本不能证明任何东西。再如，当代英国科学社会学家巴恩斯（Barnes）认为科学知识并不是唯一的真理，所以断言真理符合论是不能令人满意的。根据他的观点，符合就是完

---

① 蔡尚思. 2001. 中国思想研究法. 上海：复旦大学出版社：93.

② 陈修斋. 2009. 陈修斋论哲学与哲学史. 北京：人民出版社：271.

③ 周国平. 1987. 诗人哲学家. 上海：上海人民出版社：182.

全符合、绝对一致。可是作为相对主义者，他为什么要求绝对符合呢？又如，美国哲学家费耶阿本德（Feyerabend）正确地指出，对于任何给定的规则，总会有一些情况，在那里不仅无视这规则而且采取它的反面是明智的。遗憾的是，他却因此主张放弃一切规则，怎么都行。作为激进的相对于主义者，费耶阿本德为什么采取绝对主义态度呢？

在哲学问题上，往往存在多种不同的甚至是相互冲突的观点，而这些观点都有一定的合理性。所以，辩证地解决矛盾既是必要的，也是十分重要的。为什么如此？现实并非理想协调的统一整体，而是充满矛盾、对立和冲突的，哲学体系应该以适当的形式考虑它们。辩证地考虑问题可使我们不走极端，而不走极端是一个哲学方法论原则。詹姆士说："人类心智最普通的恶习是把一些事情都看成非是即否，非黑即白的倾向，以及不能仔细辨别两个极端之间的许多细微的差别。"[①]辩证原则要求我们在分歧中求共识，犹如在斗争中求和合。我们的基本立场是：既反对绝对化又反对相对化，而是主张采取温和态度，辩证地看问题。例如，在哲学与科学、哲学与神学之间的分界问题上，截然分明和模糊界限都是不明智的：最好是强调主要特征的区别，而在交界处不提出过分清晰的要求。在哲学领域中，许多问题并不能用非常精确的术语和命题来陈述，且要求截然分明的定义并不恰当。在许多方面存在辩证关系，如实在与知识、观察与理论、问题与事实等。西方哲学消解所谓二元对立，放弃二元论思维方式，实际就是否定现实中的对立。

辩证原则的价值主要在于突显出对象另一面的性质，以达到全面性和辩证理解。我们将会发现，在哲学分析论证中总是会遇到矛盾，这也许是哲学问题的性质使然。人们似乎已经习惯于二分法的思维方式，而从二分法的思维方式出发给某种思想观念贴上意识形态标签，这是最容易造成曲解或误解的做法。最好的方式是保持必要的张力。采用辩证的方法，可以将相互矛盾的看法调和起来。不同的观点很可能是就同一问题的不同方面、不同层面、不同情境做出的回答，各自均具有一定的真理性，即片面的真理性。换言之，相互冲突的见解很可能是相辅相成的环节（纵向上看）或方面（横向上看）。

---

① 威廉·詹姆士. 1999. 多元的宇宙. 吴棠译. 北京：商务印书馆：44.

五、明晰性原则

哲学家提出理论观点时，首先要求概念清晰。哲学概念往往是不清晰的，且有多种理解。这很容易引起争论，并为理论观点间的分歧埋下种子，哲学家对此应特别注意。阐明哲学概念属于本质探讨，这种探讨旨在使概念获得明晰而恰当的规定性。学者常试图通过词源学视角考察，来追问术语的含义或词语的意义。这是一条重要途径，因为这种考察可以使我们了解术语的原初含义，从而丰富术语的内涵，特别是使我们注意到某些被遗忘的方面。但是，词源学追问并不能使人们对概念达成共识。随着时代发展，术语被赋予新的含义是再自然不过的事了，也是十分普遍的语言现象。因此，仅仅词源学考察是不够的；我们所要做的是：对各种观点进行批判分析，做出最适当的规定。我们的做法只能是“参考多家，断以己意”，重要的是清晰地说明自己所用的概念。

从某种意义上说，哲学概念都是约定性的或规定性的，任何这样的约定或规定都不具有必然性。人们往往从不同的方面或角度进行规定，这种现象并不意味着概念的冲突。在同一方面做出不同的规定当然是意见冲突，但不同方面的规定之间往往是互补的。一般说来，在哲学概念上达成共识都比较困难，但每个学者都应该对自己所使用的概念做出清晰的规定，其他学者的批评也必须考虑到这种规定，否则有效的讨论与沟通便不可能。从性质上讲，要让哲学概念、哲学观点清晰起来是比较困难的。在哲学语言中，模糊和隐喻似乎不可避免，而且在许多情况下是合理的。哲学不太可能达到很高的明晰性，但明晰性仍是哲学追求的目标。

哲学家应当讲清他要讲的东西，这种要求似乎并不为过。以晦涩著称的黑格尔也认为，清楚明晰是思想的本质要求①。简洁明快的哲学给人以清新的感觉，值得提倡。哲学家应该放弃“哲学的行话”，使用“公众习惯的语言”。哲学不应该是那些所谓表面上看起来深奥难懂，而实则含混歧义的词汇的堆积物。哲学语言只有清楚明晰才能显出思想的深度，就像澄清的湖水才能显出湖的深度一样。遗憾的是，哲学的明晰性要求很难做到。原因在于也许是哲学家对他所考虑的问题根本就没有考虑清楚。此外，哲学不是科学，难以达到科学语言那样的清晰性和精确性。特别是那些原创性的哲学思想，语言的晦涩与模糊有时是不可避免的，因此我们也不能全怪

① 黑格尔. 1959. 哲学史讲演录（第 1 卷）. 贺麟，王太庆译. 北京：商务印书馆：87.

哲学家。哲学中包括很多思辨性概念，例如“内在原因”“公正”“证实”“实在”等令人难以捉摸的词语。但无论如何，哲学家应当避免那些故弄玄虚的语言表达、貌似科学的空洞议论。

需要指出的是，由于哲学不是科学，哲学思想并不描述什么东西，因此过分追求精确性是无益的。事实上，哲学批判反思所确立的观念是行动的准则，哲学家追求的应当是准则的清晰性和有效性而不是精确性。哲学思想虽然不能达到定量的程度，但并不是考虑没有度的问题。走极端就是过度或不及，而这就违背中庸这个总原则了。

六、直觉与逻辑相统一原则

从哲学的发端处，我国哲学就与西方哲学显著不同。最突出的是西方哲学家从知识与逻辑的观点出发，把概念定义和思辨作为哲学方法，而我国古代思想家则总是凭直觉进行的，说道理从不离开事情，置抽象于具体之中。陈少明认为，这种哲学言说方式很重要，甚至更符合哲学的精神，因为它面对事实本身[①]。王德峰也认为，说理不离事是我国思想极高明、极富启发性的特征[②]。然而，中国古人缺乏科学认识和分析方法，古代哲学只能靠直觉与思辨，从而不得不在原地打转。西方哲学重视逻辑，明确表达，讲求论证，而中国传统哲学重直觉、体悟而轻知识、逻辑，在明晰性和论证方面存在一些缺陷。

事实上，要让直觉充分发挥作用，概念式的逻辑思维是必要的。由于直觉难以单独实现它的目的，因此儒家强调“由学而悟”。这里的学与悟相对而言，显然是指分析、思考、明辨的功夫。宋儒朱熹指出：“至于用力之久，而一旦豁然贯通焉，则众物之表里精粗无不到，而吾心之全体大用无不明矣。”[③]冯友兰在论述柏格森哲学时说：“直觉是分析以后的事，主张直觉的，只反对以分析为究竟，并不反对分析。若以为主张直觉，便不要分析，便为大错。”[④]

在哲学探究中，直觉与体验是重要的，但是很难避免矛盾，也极不清晰。对于哲学家来说，直觉如不辅以分析与逻辑，则其言论可能重复矛盾

① 陈少明. 2015. 做中国哲学：一些方法论思考. 北京：生活 • 读书 • 新知三联书店：138.

② 王德峰. 2002. 哲学导论. 上海：上海人民出版社：56.

③ 朱熹. 1985. 四书集注 • 大学章句. 长沙：岳麓书社：8.

④ 冯友兰. 2000. 三松堂全集（第 11 卷）. 郑州：河南人民出版社：18.

而不自知。对于他人来说，当两种武断的言论发生冲突时，根本就无法判定其是非。所以，凭直觉得到的结论必须加以阐明和论证；若停留在直觉与体悟那里，则哲学将成为独断，神秘性也将不可避免。所以，保持逻辑与直觉的平衡，在哲学研究中是至关重要的。

如果说直觉主义主张无条件地相信直觉，我们便不会接受这个原则。中国传统哲学注重直觉而不注重逻辑，注重躬行与体验而不注重思想系统之创造，所以才没有形成西方式系统的哲学体系。中国传统哲学未能受到西方哲学界应有的重视，并不是因为中国没有哲学观点，而是因为缺乏体系性，尤其是论证严重不足。运用中国传统哲学之精华，纠正中国传统哲学之缺陷，必须将逻辑与直觉相互补充、综合运用。事实上，我们可依靠直觉提出假说，然后进行论证。从本质上讲，假说演绎方法就是直觉与逻辑的结合。

七、特殊与普遍相统一原则

科学是无国界的，我们不能说中国的物理学、美国的物理学，只可说物理学在中国的发展、物理学在美国的发展。物理学知识无论在美国还是在中国都是同样的，这就是科学真理的客观性与普遍性。但哲学具有特殊性，即针对特定社会历史条件下特定实践主体的，这就是哲学的个性。所以，可以说中国哲学、西方哲学、印度哲学，因为它们的确具有明显的差异。然而，就哲学理论的性质而言，极端普遍性和极端特殊性的主张都是不能接受的。冯友兰认为："哲学中有普遍底公共底义理，至少其目的是在于求如此底义理。"[①]他所强调的是哲学的普遍性，甚至认为："人的思想不分国界，哲学不分东西。"[②]这种主张显然有些过分了，但哲学同人性密切相关联，而人性中确实具有普遍的成分，至少这普遍的人性导向共同或相通的哲学观念。如人类都有形而上学的向往，这一点表现在所有民族的哲学中。

任何哲学都应该坚持特殊与普遍相统一的原则，任何哲学理论都应该满足三个基本条件：①哲学必须具有鲜明的主体性，即针对明确的实践主体，因而具有特殊性；②哲学必须追求主体内部最大程度的普遍性，即在实践主体内部达成起码的共识，否则便没有代表性；③哲学必须追求主体

① 冯友兰. 2000. 三松堂全集（第 5 卷）. 郑州：河南人民出版社：272.

② 冯友兰. 2000. 三松堂全集（第 1 卷）. 郑州：河南人民出版社：196.

间性，即尽可能追求实践主体间的一致性或协调性，以实现更好的相互理解与合作发展。当然，完全的普遍性难以达成，但一定程度的主体间性是必要的，至少不能伤害其他主体。否则，正常的社会秩序与和谐的目标便难以实现。哲学追求普遍有效性，不能被视为形而上学倾向。至少在某个具体社会之内，追求普遍性是人们的愿望。在合乎情理的基础上，在某种程度上达成共识并非不可能，更不是不值得追求的。

当然，哲学的普遍性是相对的普遍性，而不是绝对的普遍性。哲学追求普遍适用的绝对真理的观念已经被放弃了。当以人类社会整体为实践主体时，哲学的普遍有效性是国家间的，而不是个体间的；这种有效性无论在内容还是在范围方面都是有限的。正因为如此，我们才说哲学是特殊性与普遍性的统一。

八、理论与实践相统一原则

哲学批判性反思的对象是那些指导社会与人生的基本信念，但其出发点和归宿却是现实社会与人生。在人类行动中，理论与实践的对立经扬弃而不断地在较高层面相统一，理论与实践相互促进，并获得辩证发展。根据马克思主义哲学观，哲学必须面向现实，其根本方向是理论联系实际；哲学必须为现实服务，追求理论与实践统一。哲学强调理论与实践相统一，这个原则也称为理论联系实际原则，它是马克思主义哲学的一个方法论原则，应该成为哲学的普遍要求。哲学的实践性品格要求哲学家“一切从实际出发，理论联系实际”。首先，哲学探究应面向实践，从实践中寻找问题，理论建构以对现实生活的深刻认识为前提，特别要关注自己实现的可能性。其次，将理论应用于实践，以指导实践并在实践中检验其真理性。这样在实践与理论演进过程中，不断改善实践、发展理论。

哲学探究并非旁观者认识模式。哲学研究不能回避人类生活实践的重大问题，尽管哲学不是要直接回答这些问题。也就是说，哲学研究终极问题，但不能脱离现实社会与人生的具体问题。否则，它必然会脱离实际，空洞说教。如果脱离现实生活，哲学将变成与社会人生无关的抽象辞藻。指导生活实践的基本原则虽然不是具体的行动准则，但必须是现实可行的、可操作的，亦即对确立行动准则是有明确指导意义的。否则，哲学确立的理念便只能停留在其理想状态，而丝毫不具有现实性。哲学概念和理论是抽象的，若不同经验相联系，则往往难以理解，且会显得空洞、轻飘。漠视经验的思想，与经验脱节的思想，就像无法兑现钱币的支票一样是无用的。

事实表明，每当哲学脱离现实时，特殊的抽象理论就会迅速发展，而针对现实的理论则将退化乃至消失。如果我们把哲学变成纯理论的事业，仅仅在抽象的概念体系中兜圈子，那只能导致对社会与人生的疏忽。哲学的主题是社会人生，介入是它的旨趣所在，所以实践必须占据突出的地位。杜威提出“经验方法”，也即将生活本身当作哲学方法。这种方法就是一种探求性历程，一种生命的历程[①]。实践的方法是儒家传统中重要的认知途径，但它显然并非中国哲学所独有，因为实践的观点是马克思主义哲学首要的、基本的观点。

① 陈怡. 2002. 经验与民主. 上海：复旦大学出版社：56.

第七章 论哲学划界

哲学论探究除了要求我们尽可能全面地了解哲学的各个领域外，还要弄清哲学与其他文化形式的区别。从广义上讲，文化与自然相对，包括物质文化、精神文化、制度文化和行为文化。从精神层面看，文化形式有哲学、科学、神学、艺术等，它们都为人类生活实践提供基本信念。所以，要把握哲学的本质，必须将哲学与其他相近和相关的领域区分开。然而，在哲学与其他文化之间做出截然划分是困难的，甚至是不可能的。为此，后现代主义者反对在各种文化形式之间做出明确划分，如法国哲学家德里达（Derrida）热衷于解构，企图消除一切差别。罗蒂认为既然不能截然做出划分，不如放弃划界的企图①。笔者则认为，任何类的本质性定义总是有例外，而这种例外并不会带来实际的麻烦。当代美国哲学家弗拉森（Fraassen）的观点是可取的，他说道："如果一个模糊的断言有清楚的实例和清楚的反例，那么它就是可用的。"②

在笔者看来，诸文化领域之间的区别是显而易见的，划分界线也是可行的，但许多哲学家却设法将它们混同在一起，这确实令人感到莫名其妙。哲学论中的划界问题是一个带有综合性的难题，因为这不仅要求我们阐明哲学的性质，还要辨明其他文化形式的本质特征。前面各章已经阐明了哲学的使命、哲学观念的性质，以及哲学方法论原则。从这些方面入手，对照分析其他文化样式的本质特征，便可以确立起合适的分界标准。现在的问题是：在当今时代，哲学与其他文化形式之间到底具有怎样的关系？哲学在整个文化体系中到底占据什么样的位置？

---

① 理查德·罗蒂. 2009. 实用主义哲学. 林南译. 上海：上海译文出版社：348.

② B. C. 范·弗拉森. 2002. 科学的形象. 郑详福译. 上海：上海译文出版社：21.

第一节 哲学与科学

科学和哲学是两种专门的认识活动，它们之间的关系最引人注目，争论也最为激烈。在学术界，对科学的理解有狭义和广义之分。从狭义上讲，科学是指数学和经验科学；从广义上讲，科学是指一切系统性学说、理论，哲学也被视为社会科学分支。笔者这里是从狭义上来谈论科学与哲学间关系的。

一、两者间的联系

哲学与科学都研究生活世界，哲学曾经是开辟科学领域的先锋。从前，科学曾属于哲学，直到现在某些领域中哲学和科学仍纠缠在一起，如精神分析学、管理学、经济学等。所以，罗素把哲学和科学看作是知识探索的统一体系，并认为具体科学的知识都被未知的领域包围着。“一旦你跨越边界，踏进这个领域，你也就从科学进入了沉思的境界。这种沉思活动就是一种探索，其中就包含了哲学是什么的问题。……在这个意义上，科学的各种领域无不开始于哲学探索。一旦某门科学有了牢固的根基，除了一些边缘问题和方法问题外，它会在发展中或多或少地变得独立。”①

罗素的看法符合古希腊的自然哲学，以及科学逐渐从哲学中独立出来的事实。14 世纪时的天文学被看作是哲学研究的课题，当时人们借助思辨认为，行星必然是围绕圆形轨道运行的，因为圆形是最完美的形态。我国哲学家陶富源说，哲学的长处在于以直觉为基础，以辩证思维为工具，对科学尚不能进行精确说明的各种现象进行思辨的说明②。

关于事物本质问题的哲学探讨与科学是密切相关的，但两者有本质的区别。哲学的结论基于科学知识，但并不等于实证性的科学知识。罗素承认哲学与科学的密切联系，但他并不认为哲学就是科学，而是将哲学视为某种介乎神学与科学之间的东西。他说：“思辨的心灵所最感兴趣的一切问题，几乎都是科学所不能回答的问题；而神学家们的信心百倍的答案，也

---

① 伯特兰·罗素. 1997. 西方的智慧（上）. 崔权醴译. 北京：文化艺术出版社：1.

② 陶富源. 1999. 哲学的当代沉思. 南京：南京大学出版社：233.

已不再像它们在过去的世纪里那么令人信服了。”①

二、两者间的区别

事实上，作为西方哲学源头的古希腊自然哲学，是具有思辨色彩的自然科学；而关于社会与人生的哲理名言无论在东方还是西方，都是重要的哲学组成部分，在东方甚至是主要的哲学形式。这说明古代乃至近代的科学与哲学概念并不“纯正”。在现代的学术背景下，将哲学和科学区分开来是明智的。那么，科学与哲学的本质区别究竟是什么？人们常常谈起哲学的研究对象，比如政治哲学以政治为研究对象，语言哲学以语言为研究对象，如此等等。这样说当然是可以的，只是要明白哲学并没有像科学对象那种意义上的对象，即哲学没有描述的对象，因为哲学并不对任何东西进行实证性描述。

简单地说，科学创造知识，哲学追求智慧。科学认识从外部进行，是主体对客体的客观认识；哲学认识从内部进行，是主体对自身的认识。科学是对象性的、描述性的、实证性的，科学理论作为知识有其描述和说明的对象；哲学并不实证地描述其对象，而是着眼于主体实践以探究实践智慧，最终落实到指导实践的基本信念上，哲学理论没有科学意义上的对象，更不产生对象性的知识②。哲学和科学都以经验和事实为基础，但两者对待经验和事实的态度却有很大的不同：科学家的任务是构造与事实相符合的理论；而哲学家则必须超越经验和事实，指向价值理想。哲学思想中既凝结着科学认识的成果，又体现着人们的价值观、愿望和理想。

由于哲学对实证的超越性，它并不与科学进行竞争。从本质上讲，科学对于人类生活而言只是手段，人类意志行为的目的和方向要靠哲学的指引。哲学思辨所猜测或沉思的事物性质并非如物体质量之类的自然性质，而是与价值相关的评价或规则，如行为的道德性质、人的自然权利、人的固有价值等。科学关乎事实，哲学关乎价值。科学关乎“是”，哲学关乎“应当”。我们知道，杜威认为自己的哲学工作同实验室里科学家的工作没有什么两样，他只是消除了哲学传统的死枝条，只是选用了自己的发明创造，运用哲学中的科学的和经验的方法来从事这种工作。其实，杜威的说法是

---

① 罗素. 1976. 西方哲学史（上）. 何兆武，李约瑟译. 北京：商务印书馆：11.

② 陈越. 2003. 哲学与政治——阿尔都塞读本. 长春：吉林人民出版社：7；薛守义. 2009. 科学性质透视. 济南：山东人民出版社：406.

模糊的，也容易使人误解。科学方法是经验的、实证的，而哲学方法则是体认的、思辨的。

第二节　哲学与文学

在哲学著作与文学作品之间，也没有截然分明的界线。那些伟大的古代史诗是综合性的文化传承物，包括哲学、科学、神话、宗教等。一些哲学著作被公认为文学名著，如柏拉图的对话录具有明显的诗化性质，既是伟大的哲学著作，也是极其优美的文学作品。一些文学作品中也包含哲学思想，如法国思想家孟德斯鸠（Montesquieu）的《波斯人信札》就是一部优秀的哲理小说，法国思想家蒙田（Montaigne）的《随笔》和培根的《论说文》也是富有哲理的散文。进入现代以来，哲学与文学之间的联系更为紧密了。我们该怎样解释这种现象呢？

一、两者间的联系

在现代西方社会中，许多哲学家采取文学形式表达他们的思想，而文学家也试图占据以前由哲学家所占据的舞台。尼采哲学运用了神话、隐喻、格言、诗等多种文体形式，诗化风格更为显著。他的《扎拉图斯特拉如是说》既是诗也是哲学，他以艺术的形式强烈地表达了别人用哲学所表达的东西。萨特的《呕吐》被普遍地视为一部“哲学小说”。海德格尔、德里达、罗蒂等的一些作品也模糊了哲学和文学的界限。罗蒂甚至认为，哲学的文学化是人类文化发展的一个方向。此外，许多作家对哲学产生了浓厚兴趣，如哲学对爱尔兰作家乔伊斯（Joyce）的文学创作也造成了显著的影响：亚里士多德的戏剧论激励他写出了剧本《流亡者》，阿奎那的哲学对其小说《都柏林人》《尤利西斯》的创作产生了重要影响，意大利哲学家维科（Vico）的历史哲学则促使其小说《芬尼根的守灵》的问世。现代艺术有一种发展趋势，就是越来越哲学化，这是由于艺术家对人类生活的深层思考。

就主要性质而言，艺术家创作具有审美价值的艺术作品，这些作品是感性的东西，表达情感或意愿。黑格尔认为美是理念的感性显现，是“在感性形式下的真理本身”。所以，艺术兼有灵性和认知的功能，艺术家创造美即是在创造真理。时代精神或生活的理想可以很好地表现在那些伟大的艺术作品中，故当代作家昆德拉（Kundera）在《生命中不能承受之轻》中提出，评价一种时代精神不能光从思想和理论概念着手，必须考虑到那个时代的艺术，特别是小说艺术。德国艺术家和哲学家席勒（Schiller）性好沉思，他的思想大多是从抽象的概念出发，始终徘徊于诗与哲学之间。我国哲学家贺麟在《黑格尔的时代》一文中专门论述了黑格尔与歌德和席勒的关系，认为德国的文学和哲学是互为补充的，它们是同一时代精神的不同表现方式。当时德国的文学家借助于形象思维的语言描绘情景和理想，哲学家则用抽象的逻辑语言加以系统地论证。因此，人们常说，哲学是"自己时代精神的精华"，艺术则是"时代的敏感的神经"。

可见，哲学与文学有密切联系。周国平说："诚然，有些诗人与哲学无缘，有些哲学家与诗无缘。然而，没有哲学的眼光和深度，一个诗人只能是吟花咏月、顾影自怜的浅薄文人。没有诗的激情和灵性，一个哲学家只能是从事逻辑推理的思维机器。大哲学家和大诗人往往心灵相通，他们受同一种痛苦驱逼，寻求着同一个谜的谜底。"①

二、两者间的区别

然而，哲学毕竟不是诗，而是批判理性的结晶。柏拉图的对话录的确是伟大的文学作品，但他绝没有把自己的著作当成文学作品来写。艺术批判现实，展现理想，这一点与哲学是相同的。但文学作家并没有像哲学家那样要解决哲学问题，他们的作品是感性的，必须以情动人，而且要唤起人们的情感。哲学是理性的、抽象的，绝大多数哲学著作也不会被人们当作文学。当代英国哲学家和作家艾丽斯·默尔多赫指出："哲学写作不是自我表现，必须严格地抹去个人的声音。"②在哲学发展的历史中，往往会周期性地出现"诗意的"哲学阶段。此阶段的哲学并不被视为文学而仍是哲学，当然这并非哲学的正常状态。

在笔者看来，哲学与艺术的区别显而易见。哲学探究是一种理论思维，而艺术创作则是形象思维。黑格尔曾指出艺术家是通过诉诸感觉，以直接的方式表达理念。也就是说，艺术家不是言说真理，而是直观地显示它。艺术不创造抽象的概念，艺术思维也不是概念思维。艺术表达情感常采取含蓄、模糊的手法，而哲学表达则尽可能简明清晰、直率且不加矫饰。艺

① 周国平. 1987. 诗人哲学家. 上海：上海人民出版社：前言.

② 布莱恩·麦基. 1987. 思想家. 周穗明等译. 北京：生活·读书·新知三联书店：408.

术表达是感性的，常诉诸人的视觉、听觉、触觉等感官；即便是文学作品，也以典型的感性形象表达，并不包括抽象的思考，也没有任何理论精神。

第三节　哲学与哲学史

一些哲学家曾断言，“哲学史就是哲学”。后来，这句话又演变为“哲学就是哲学史”。这些说法听起来似乎有些奇怪。按照通常的理解，哲学史应以历史上的哲学为研究对象。从本质上讲，它属于实证科学的范畴，其任务是实证性地描述历史上的哲学，揭示哲学发展过程中的规律性；而哲学总是当代的，也即针对当代人类生活实践的。所以，哲学史怎么可能与哲学画等号呢？

一、外国学者的观点

我们知道，最先提出“哲学史就是哲学”这一命题的是哲学大师黑格尔。他的说法是这样的：“哲学史本质上就是哲学”，“哲学史本身就应当是哲学的”。在他看来，哲学史与科学史不同，不是“外在的历史”，而是“内在的历史”，亦即“内容自身的历史”。哲学史绝不是“对于一大堆在时间中产生和表现出来的哲学意见的罗列和陈述”，哲学追求永恒不变的真理，而真理是一个过程且只有一个①。也就是说，黑格尔把哲学史看成是范畴或概念的逻辑演进，所有哲学体系都是同一个哲学不断发展的体现。进一步说，他将哲学视为一个不断发展着的过程，历史上的哲学体系则构成了哲学发展的不同阶段或必要环节。以下两段话摘自他的著作，充分表达了上述观点。

黑格尔说：“每一哲学曾经是、而且仍是必然的，因此没有任何哲学曾消灭了，而所有各派哲学作为全体的诸环节都肯定地保存在哲学里。……各派哲学的原则是被保持着的，那最新的哲学就是所有先行原则的结果，所以没有任何哲学是完全被推翻了的。那被推翻了的并不是这个哲学的原则，而只不过是这个原则的绝对性、究竟至上性。”②“哲学史上所表现的种种不同的体系，一方面我们可以说，只是一个哲学体系在发展

① 黑格尔. 1959. 哲学史讲演录（第1卷）. 贺麟，王太庆译. 北京：商务印书馆：导言.

② 黑格尔. 1959. 哲学史讲演录（第1卷）. 贺麟，王太庆译. 北京：商务印书馆：40.

过程中的不同阶段罢了。另一方面我们也可以说，那些作为各个哲学体系的基础的特殊原则，只不过是同一思想整体的一些分支罢了。那在时间上最晚出的哲学体系，乃是前此一切体系的成果，因而必定包括前此各体系的原则在内；所以一个真正名副其实的哲学体系，必定是最渊博、最丰富和最具体的哲学体系。”①

按照黑格尔的理解，哲学发展过程是一个不断扬弃的过程，也是一个不断结出果实的过程。任何时代结出的哲学果实，都包含着从前一切时代哲学的贡献。在黑格尔那里，“个别哲学”与“普遍哲学”的联系被比喻为部分与整体之间的联系。正是在这个意义上，他才说哲学就是哲学史。当然，哲学史与哲学的表现形式有所不同。黑格尔说：“在哲学历史上所表述的思维进展的过程，也同样是在哲学本身里所表述的思维进展的过程，不过在哲学本身里，它是摆脱了那历史的外在性或偶然性，而纯粹从思维的本质去发挥思维进展的逻辑过程罢了。”②他自己的做法是将历史上的思想成果，扬弃性地包含在自己的理论体系当中。黑格尔为什么会有这种观点呢？根本原因在于其真理观，他说道：“哲学的目的在于认识那不变的、永恒的、自在自为的。它的目的是真理。”③既然哲学体系是一个永恒的真理，怎么可能具有历史呢？唯一的办法是把个别的哲学体系视为整个哲学体系的组成部分，这样一来，哲学史便成为整个哲学本身。

让我们再看看其他学者的类似观点。当代法国哲学史家罗斑（Robine）说：“哲学史就是哲学本身，哲学家对它感到一种万古常新的兴趣，远不止为纯粹的博学。希腊的古代思想家们以哲学家的身份所提出的问题是一些永久性的问题，其中所用的名词未曾改变，但其中的讨论则借别的养料得到滋养。”④

二、中国学者的观点

我国许多学者也接受了黑格尔的说法，认为哲学史即哲学，只是在理解上有所不同。例如，张志伟认为“哲学史并不是像黑格尔所理解的那样只有一条或者只是一种哲学的发展过程，而是走了许多条路并且还将走出

① 黑格尔. 1980. 小逻辑. 贺麟译. 北京：商务印书馆：54.

② 黑格尔. 1980. 小逻辑. 贺麟译. 北京：商务印书馆：55.

③ 黑格尔. 1959. 哲学史讲演录（第1卷）. 贺麟，王太庆译. 北京：商务印书馆：13.

④ 莱昂·罗斑. 2003. 希腊思想和科学精神的起源. 陈修斋译. 桂林：广西师范大学出版社：4.

不同的路”[①]。这是“因为哲学是由问题和各种不同的解答方式所组成的，没有哪一个理论或学说能够代表整个哲学，惟有将过去、现在乃至将来所有对于哲学问题的解答方式统统‘综合’在一起，我们才能描绘出一幅比较完整的哲学图案”[②]。

我国另一位哲学家张汝伦认为，哲学史之所以是哲学，乃哲学本身的性质使然，具体的根据有两点。其一，“当代哲学既不是哲学的全部，也不是哲学的顶峰；而只是以前出现的各种哲学之外哲学的又一种可能的表现”。其二，“哲学可能会不断产生新的概念，但它那些古老的基本概念却永不过时，相反，始终在人们的哲学思考中起着重要作用，尽管它们的意义会有所不同或扩充”[③]。显然，前者说的是历史上诸哲学体系的永恒并存，后者说的是当代哲学对哲学史资源的继承。

必须指出，张汝伦这里所说的哲学史不是通常所理解的客观的、实证性的“哲学史”，而是哲学的、释义学的研究。“哲学就是哲学史，是因为哲学史不是哲学的历史学，而正是永不停止的哲学本身。”[④]所以，哲学史研究就是哲学研究，哲学史著作就是哲学著作，如我国哲学家戴震的《孟子字义疏证》、黑格尔的《哲学史讲演录》、海德格尔的《尼采》等。在这类作为哲学的哲学史中，哲学家“通过对哲学史的研究、阐释和批判来表达自己的哲学观点”[⑤]。

三、哲学史并非哲学

综上所述，哲学家虽认为哲学史即哲学，但理由却各不相同。对于黑格尔的观点与做法，马克思和恩格斯早就提出过批评[⑥]。黑格尔将哲学的发展视为理念的发展，也即纯粹概念的逻辑发展。所以，他试图从相继的哲学系统中揭示出一个合乎逻辑的规律来，并视为哲学本身。黑格尔的《逻辑学》就是这种理念系统，即纯粹概念的逻辑发展，并非哲学的特殊形态。他将历史上的各哲学体系视为绝对精神自我认识的不同环节，显然是将唯

① 张志伟，冯俊，李秋零，等. 1999. 西方哲学问题研究. 北京：中国人民大学出版社：7.

② 张志伟，冯俊，李秋零，等. 1999. 西方哲学问题研究. 北京：中国人民大学出版社：6.

③ 张汝伦. 1999. 思考与批判. 上海：上海三联书店：9.

④ 张汝伦. 1999. 思考与批判. 上海：上海三联书店：11.

⑤ 张汝伦. 1999. 思考与批判. 上海：上海三联书店：10.

⑥ 中共中央马克思恩格斯列宁斯大林著作编译局. 1995. 马克思恩格斯选集（第3卷）. 北京：人民出版社：735-736.

一的、抽象的绝对精神当作主体，而绝对精神这样的形而上学实体是根本不存在的；他所建构的哲学体系也是牵强附会的，根本就没有一个永恒不变的绝对真理。任何哲学都是针对实践主体的，而这种主体总是发展变化的。显然，“哲学史即哲学”或“哲学即哲学史”这种观点与哲学主体性原则相冲突。其实，一切哲学体系都是自身当代的，而不是针对全部时代的。把历史上所有哲学体系看成一个哲学体系的不同环节，既不真实，也无必要。至于历史上的各种哲学当然是哲学，但它们都不再是适用于我们现代人的哲学。也许有人会说，老子和孔子、苏格拉底和柏拉图的一些思想并不只有历史的意义，而是具有现代甚至恒常的意义。只因如此，就能说哲学史就是哲学吗？伽利略、牛顿的科学思想也并不只有历史的意义，难道物理学史也是物理学吗？科学家也要阅读前辈的文献，也必须在此基础上从事创造，那么为什么没有人说科学史就是科学？

罗素曾指出，对历史上的哲学进行研究，有两种基本模式：一种主要是历史的，另一种主要是哲学的①。当然，这两种研究模式可以有机地结合在一起，即采取“史论结合”的治学原则。哲学家往往通过对哲学史的研究，即对历史上的哲学通过阐释、评注来表达自己的哲学观点。在这样的研究中，哲学思想史往往以某种形式成为哲学理论的有机组成部分。但即便如此，也不能说哲学就是哲学史，因为它们不是对哲学史进行客观的实证研究，所得著作虽包含创造的哲学但不是哲学史。哲学经典无休止地被历代学者反复阅读，不断地被他们评论和注释，以滋养后世的哲学。有生命力的哲学必是在消化和继承以往哲学思想的基础上进行创新的产物。如果一个哲学家缺乏深厚的哲学史功底，那么他的哲学只能是哲学海洋中稍纵即逝的泡沫。

但是，由此不能得出“哲学就是哲学史”的结论。哲学必须与现实生活相关联，哲学家关注的焦点是当代人的生活，而不是前人的生活。研究前人生活经验和观念当然是必要的，也是有益的，其价值在于对当代人有益，否则就成为僵死的东西。所以，哲学家研究前人哲学不同于哲学史家，其兴趣在于哲学本身而不以还原文本原意为满足，其表现是重思想方式与理据，重批判反思与现实意义的发掘。在科学领域中，历史上的科学发现也以扬弃的形式存在于现在的科学知识体系之中，但并没有人将科学史与科学等同起来。可见，“哲学即哲学史”这一说法似是而非，也许正是这种观点使得大量“哲学著作”充其量算作哲学史料的拙劣堆积，根本没有自己的创新。

---

① 罗素. 2000. 对莱布尼茨哲学的批评性解释. 段得智，张传有，陈家琪译. 北京：商务印书馆：21.

按照语言的健全用法，哲学史是“哲学”的历史，其研究对象是历史上的“哲学”，其研究方法是实证科学方法，其任务是梳理哲学思想的发展线索，揭示其内在关联以及同时代进程的关联。这是基于事实的实证研究，属于科学范畴。哲学与哲学史不同，任何哲学思想的背景都是当代社会，而且是哲学家自己所在的社会。哲学理论总是当代的，为当代实践主体服务。所以，冯友兰的说法是比较恰当的，即哲学史是“照着讲”，哲学则是“接着讲”。之所以有“哲学史就是哲学”这种说法，实源于黑格尔对哲学的不适当理解和对语言的滥用，而后辈学者却如获至宝、不断重复，并演绎出“哲学就是哲学史”的怪论。我们赞同傅伟勋提出的建议：划清哲学与哲学史的界限，以便于哲学家与哲学史家既能够分工又能够合作。

第四节　哲学在文化中的地位

毫无疑问，诸多实践领域及其日常认识先行于哲学反思；与其他文化类型相比，哲学出现的时间比较晚。从历史上看，哲学曾经占据统治地位，被认为是整个文化的基础与核心。现在情况则发生了很大变化，有三种基本观点需要我们注意。有些人认为，哲学已经成为内容枯竭了的“化石”，因而否认哲学存在的必要性；西方后现代主义则表明了这样一种观点，即不再接受科学或任何权威的真理标准，让各种不同文化并行发展；还有些人仍把哲学看得至高无上，将其视为整个文化的核心或中心。那么，哲学该怎样为自己定位呢？

一、整个文化的核心？

哲学以批判性的深邃眼光反思包括自己在内的各种思想文化，反省人类的历史活动与实践经验，审视现实人生的生存根基、前进方向和实践原则。这种特殊的角色曾经使哲学自命不凡，并以整个文化的核心自居。黑格尔曾将哲学比喻为人类文化殿堂中的神，他说，一个民族没有哲学，就像一座富丽堂皇的神庙中没有神一样[①]。庙宇的灵光源于神，而文化的精髓

① 黑格尔. 1966. 逻辑学（上卷）. 杨一之译. 北京：商务印书馆：2.

则在于哲学。狄尔泰认为，人类文化是哲学赖以生长的土壤，而哲学则是人类文化活动的灵魂。我国哲学家牟宗三断言哲学是任何文化系统的中心，是指导一个民族文化发展的方向与智慧①。

那么，哲学真是文化神殿中的神吗？真是整个文化的核心与精髓吗？人类文化是否有一个核心？这要看如何理解“核心”这个词。如果说核心是指其他文化领域围绕某个领域，或受其统治，或受其恩泽，则这样的中心的确存在过，如欧洲中世纪的基督教。在现代西方文化中，科学主义认为科学占据了核心地位。他们将科学视为合理性、客观性的典范，甚至以科学为标准来衡量其他文化的合理性。然而，在当今学术界，标识文化中心的做法受到了严肃的批判。事实上，可以肯定，人类文化并没有固定不变的中心，无论是宗教、哲学还是科学，都无权独占核心地位。

当然，哲学并不高于科学，也不高于其他形式的文化。将整个文化领域视为等级系统，那将更为不妥。从主旨上讲，科学求真，宗教求善，艺术求美，其他文化领域求利；真善美利都是价值，各领域实践主体都有各自的价值理想，也都关注实现理想应当遵循的基本原则；而哲学的使命就是对所有此类原则的批判反思与理论重构。

二、哲学地位的尴尬

可见，哲学在文化体系中的地位非常特殊：既是整个文化的组成部分，又承担着对各种文化领域乃至文化总体进行理性批判的使命，哲学也最鲜明地体现着人类对其行为和思想的深刻反省。毫无疑问，哲学活动与其他文化活动不在同一个层次上。如果我们将其他文化活动视为本真的生命活动，即第一层次的实践活动，那么哲学的任务则是审视上述实践活动，并对指导实践的基本信念进行批判反思，以帮助人们确立实践原则。由于哲学关注人类全部生活领域，处理人类文化与生活实践的根本问题。所以，哲学是一种深层文化，说哲学是文化的核心似乎并不为过，甚至说哲学是人类文化结构层次中的最顶层也没有什么不恰当的。

然而，哲学并不是文化的仲裁者，它没有绝对的标准去衡量各种文化形式的优劣。说哲学是整个文化的中心并不恰当，难道其他文化领域是在其周边吗？说哲学在其他文化领域之上则更为不妥，那样有高估哲学的地

① 牟宗三. 1997. 中西哲学之会通十四讲. 上海：上海古籍出版社：2.

位之嫌，惹人反感。一种观点认为，整个文化领域没有中心，也不构成等级结构，我们赞同这种观点。由于其特殊使命的缘故，哲学的地位是独特的。但是，地位独特并不等于它比其他文化优越，也并不等于它比其他文化强势。正好相反，哲学是软弱的，常常受到其他强势文化的胁迫。例如，在中世纪欧洲，哲学受宗教的束缚而成为神学的“婢女”；在科学主义者的世界中，哲学成为分析科学命题意义的“帮工”。

三、哲学为文化奠基

我们在第四章中已经指出，由于建筑分为上部结构和基础，社会文化的主体也就被喻为结构，而决定社会文化基本面貌的基本信念则被喻为基础。人们特别期望并要求社会文化的基本信念坚实可靠，就像期望并要求建筑的基础稳固牢靠一样。照理说，对社会文化诸多领域的基础隐喻和要求并非不合理，问题是一些哲学家认为存在着绝对可靠、永恒不变的基础，而哲学能够奠定这样的基础，这种观点被称为基础主义。

罗蒂对西方传统哲学的批判主要是在基础主义名下进行的，他断然否定哲学为文化奠定基础的可能性，也否定坚实可靠、永恒不变的基础存在。的确，基础主义是形而上学的，绝对坚实可靠的基础根本就不存在，哲学不可能一劳永逸地为人类文化奠定基础。但是，否定哲学探究基础的努力则是过激的。罗蒂认为，既然事物没有永恒不变的本质，不如放弃对本质的探究；既然无法获得绝对可靠的真理，不如放弃追求真理；既然不能为文化奠定确实可靠的基础，不如放弃奠基的幻想。显然，罗蒂的观点是站不住脚的。

人类文化没有绝对可靠的基础，并不意味着没有基础，更不意味着不需要基础。建筑物并没有绝对可靠的基础，但没有人否定其基础的必要性和重要性。事实上，人们绝不会放弃为文化奠基的活动，因为人类生活总是需要根基的，尽管找不到绝对可靠的基础。哲学家承担这样的任务并非出于高傲，而是社会或学术分工所决定的。各社会文化领域的实践主体专注于实践本身，无暇顾及对其基本信念的系统进行批判反思，由哲学家来从事这项工作有何不妥？

如前所述，哲学批判反思的是指导人类生活实践的基本信念，特别是追问诸实践领域中那些含糊不清的预设，辨明人类生活之道，而这些信念或道就是文化的基础。哲学家在批判的基础上提出自己的见解是最自然不过的事情，而且对社会人生或文化发展也是有益的。人类生活实践中体现出智慧，科学、艺术、技术也都是智慧的产物。哲学爱智慧，是对智慧的追求，因而总会揭示出智慧并将智慧凝练成理论。就此而言，说哲学为社会文化奠基似乎并非不适当的。不过，由于哲学本身不是命令，只是学术性的理论活动，故其角色也许不宜说成是为文化奠基，但至少可以说是在为文化奠基准备材料、提供建议。

四、哲学只是学术探究

那么，哲学该怎样自我定位呢？当然，哲学不应期望自己会成为或能够成为文化的仲裁者。如前所述，科学追求真，宗教追求善，艺术追求美，其他文化追求利，而哲学则对诸文化领域的价值理想与实践原则进行批判反思，并在此基础上追求真善美利的统一。哲学的任务只是对指导实践的基本信念进行批判反思与理论重构，旨在为实践主体提供可选择的思想观念。如果说现实中指导实践的观念是意识形态，那么哲学观念不是意识形态，而只是学术探究所得的成果。显然，哲学的这种地位并不意味着它在整个文化中居于中心地位，更不意味着它至高无上。相反，它倒更像是服务性的角色，类似洛克所说的清道夫。况且，在哲学诞生之前，智慧之光早已闪烁在人类生活实践之中，一部分被凝聚在各种精神文化和物质文化中。哲学要想使自己成为可敬的公民，就得放下那种唯我独尊的架势。“如果我们在制定哲学任务时没了平常心，哲学就会变成自命不凡的事情，再也没有为自己辩解的理由。”①

笔者认为，哲学作为一种社会文化，受宗教、科学、政治、艺术的影响是必然的。但哲学必须是独立的，绝不能与宗教、政治、科学结盟。否则，哲学必将受外在力量的统治与奴役，进而导致自身异化而生出哲学的怪胎，如沦为神学的“婢女”、政治的工具或科学的“跟班”。

---

① 劳伦斯·卡弘. 2001. 哲学的终结. 冯克利译. 南京：江苏人民出版社：1.

第八章 论哲学进步

事实上，哲学如何发展是一个科学问题，而哲学的发展是否构成进步、是否具有合理性以及哲学应如何发展则是哲学问题。科学自诞生以来，一直在不断地进步。对于此种说法，似乎没有多少人会反对。然而，说到哲学进步，就远非如此确定无疑了。哲学问题没有最终答案，人们似乎总是回到零点重新开始，所以许多人说哲学谈不上什么进步。这种观点非同小可，哲学若真的从未取得进步，其合法性必然会遭到质疑。那么，哲学与社会时代具有怎样的联系？哲学发展是否算得上进步？或怎样发展才能算是进步？为使哲学健康发展，该遵循哪些原则？

第一节 哲学与社会时代

哲学问题往往是普遍性的问题，哲学家也给出了普遍形式的解答。但是，我们现在已经清楚地认识到，任何特定的哲学都是社会与时代的产物，它要回应社会与时代的要求，并表现出思想的社会背景与历史局限性。

一、哲学与社会时代

首先是黑格尔深刻地认识到，每个人都是其时代的产儿，哲学家连同他的哲学也是如此。他说："每一哲学都是它的时代的哲学，它是精神发展的全部锁链中的一环，因此，它只能满足那适合于它的时代的要求或兴趣。""每一哲学属于它的时代，受它的时代的局限性限制，即因为它是某一特殊发展阶段的表现。个人是他的民族，他的世界的产儿。”①所以，黑格尔指出：“妄想一种哲学可以超出它那个时代，这与妄想个人可以跳出他的时代，跳出罗陀斯岛，是同样愚蠢的。”②马克思也说：“哲学家并不像蘑菇那样是从地里冒出来的，他们是自己的时代、自己的人民的产物，人民的最美好、最珍贵、最隐蔽的精髓都汇集在哲学思想里。”③

人们常说哲学是时代的产物，这究竟是什么意思？若说什么样的时代，就会产生什么样的哲学，这等于没有回答。哲学家的见解不单是由各个哲学家的主观倾向所决定的，而且还要以决定他们主观倾向的必要现实条件为基础。我们只能从我们的现实处境出发进行哲学思考，任何重大哲学问题都是与时代课题相呼应的。时代的特征往往成就相应的哲学，如希腊时代的哲学积极进取，关心城邦事务；希腊化时代的哲学则是厌世出世，试图通过摆脱世俗烦恼而追求个人的心灵宁静。古代哲学承认绝对权威、接受等级观念，而现代哲学则讲自由、民主、平等。当然，哲学也与哲学家的个人气质有关。犬儒主义者第欧根尼（Diogenēs）与亚里士多德是同时代人，亚里士多德积极乐观，接受他所处的社会，而第欧根尼则极度厌世，追求个人心灵宁静。

任何哲学都是时代的产物，这已是人们达成的共识。任何哲学都是特定主体的哲学，所表达的是该主体的观点，而不是所有人的看法或追求。哲学的主体性也就意味着哲学的个性，或者说，哲学的个性所体现的是实践主体的个性。此外，任何哲学都是哲学家创造的，而任何哲学家都有其个性。文德尔班指出：“没有一种哲学体系脱离得了它的创始人的这种品格方面的影响。因此，所有的哲学体系都是个性的创造物；在这方面哲学与艺术作品有某种相似之处，而且也必须从创始人的品格的观点来作如是的理解。”④

一般地说，哲学是历史性的，总是与特定的社会历史条件相关联。建构超历史、超文化的普适哲学是不可能的，追求永恒真理的企图是终究会失败的。人类生活世界只有一个，但不同社会、不同民族、不同集体，乃至不同个人，在这个世界中所处的位置不同，所面对的问题不同，对世界

① 黑格尔. 1959. 哲学史讲演录（第1卷）. 贺麟，王太庆译. 北京：商务印书馆：48.

② 黑格尔. 1961. 法哲学原理. 范扬，杨企泰译. 北京：商务印书馆：12.

③ 中共中央马克思恩格斯列宁斯大林著作编译局. 1995. 马克思恩格斯全集（第1卷）. 北京：人民出版社：219.

④ 文德尔班. 1987. 哲学史教程（上卷）. 罗达仁译. 北京：商务印书馆：24.

的感受不同，所要遵循的生活原则也不相同。绝对的同一性哲学要么导致恐怖，要么空洞无物，变得毫无意义，因为它不适用于任何主体。

二、哲学与时代精神

哲学既然是时代的产物，必然与时代精神有关。所谓时代精神即一个时代的普遍性的、倾向性的观念与追求，代表该时代人对自身生活意义的认识。也许可以说，时代精神体现着时代的本质特征，仿佛冥冥中起作用的是一只看不见的手，控制着时代的全部文化表现。如欧洲中世纪是信仰的时代，哲学和科学都成为神学的“婢女”；欧洲 17 世纪是理性的时代，科学理性精神成为时代精神的鲜明特征。当然，一个时代的精神状况是相当复杂的，时代精神这个概念也必定是一个模糊的概念。

黑格尔认为，哲学是“时代精神”，是“最盛开的花朵”。这种说法并不是很恰当的。显然，并非所有时代的时代精神都是健康向上的，低迷腐朽的时代在人类历史上并不少见，消极甚至腐化人心的哲学也是很多的。也许正是因此，马克思才说：“任何真正的哲学都是自己时代精神的精华。”[①]当然，我们也可以把这种说法看作是马克思对哲学的要求。时代精神的精华代表时代前进的方向，而不是颓废的潮流。例如，当代中国社会自由民主的趋向就是时代精神的精华，而腐朽的封建制残余则是糟粕。

哲学应当把握时代进步的脉搏，反映时代进步的要求，成为时代精神的精华。我国哲学家高清海指出：一种哲学的命运如何，主要取决于它能够在多大程度上表达自己时代的特点、满足自己时代的要求[②]。当然，单纯地直接反映时代潮流的哲学，不一定就是积极向上的哲学。但一个生机勃勃向前发展的时代，必定渗透着进步的时代精神。哲学把握住并高扬时代精神，便能起到推动时代进步的作用。

时代精神的精华往往表现为代表新时代的阶级的宣言，当然并不总是统治阶级的思想。人们看到，时代发生变化，代表旧时代的哲学也必然迟早让位于代表新时代的阶级的哲学。“在历史上，奴隶主阶级的哲学曾经是奴隶制时代精神的代表，新兴封建主阶级的哲学曾经封建制时代精神的代

---

① 中共中央马克思恩格斯列宁斯大林著作编译局. 1995. 马克思恩格斯全集（第 1 卷）. 北京：人民出版社：220.

② 高清海. 1987. 马克思主义哲学基础（上）. 北京：人民出版社：7.

表，资产阶级的哲学也曾经是资本主义时代精神的代表。”[①]总而言之，哲学应当成为时代精神的精华。

三、哲学对现实的超越

如前所述，哲学是对指导实践的基本信念进行批判反思，它必定是在现实基础之上产生的。也因如此，黑格尔在他著名的哀叹中断言：“当哲学涂着它的灰色而成为灰色时，这种生命形式已经变老，灰色之为灰色无法让我们使它重新年轻，而只能认识它。密涅瓦的猫头鹰只是在黄昏到来之际才开始飞翔。”[②]很遗憾，黑格尔只看到了哲学受时代限制的一面，而没有看到哲学推动时代发展的一面。在他看来，无论如何哲学总是来得太迟，即直到现实结束其形成过程并完成其自身之后它才会出现。哲学的确总是有赖于社会变革的深化，因此密涅瓦的猫头鹰要等到黄昏到来才会起飞。然而，正如马克思所说，哲学既是黄昏时起飞的猫头鹰，又是迎接黎明的雄鸡。为什么会如此呢？

哲学家的思想虽然会受到时代的制约，但这并不意味着他在哲学研究时不能超越时代。一方面，哲学必须关注社会时代的根本问题，必须吸收或反映时代最先进的思想，必须充分考虑人类生活实践经验，必须继承前辈哲学思想中合理的东西。另一方面，任何哲学思想都是在批判继承的基础上超越地发展起来的，即任何哲学思想都包括理想的要素。因此，哲学既有反映时代的一面，又有超越时代的一面。人类将永远存在于对现实的超越过程中，因此注定永远面对自己的现实问题，并在理想的指引下超越现实。

对于哲学与时代之间的关系，罗素的观点更为辩证些，他认为哲学家以及他们的思想对于时代来说既是因也是果：哲学是时代的社会环境和政治制度的结果，也是塑造后来时代信念的原因。他说：“人们生活的环境在决定他们的哲学上起着很大的作用，然而反过来他们的哲学又在决定他们的环境上起着很大的作用。”[③]我国哲学家胡适也论述过时代与哲学的相互作用：“有时是先有那时势，才生出那思潮来；有了那种思潮，时势受了思潮的影响，一定有大变动。所以时势生思潮，思潮又生时势，时势又生新

---

① 高清海. 1987. 马克思主义哲学基础（上）. 北京：人民出版社：8.

② 黑格尔. 1961. 法哲学原理. 范扬，杨企泰译. 北京：商务印书馆：前言.

③ 罗素. 1976. 西方哲学史（上）. 何兆武，李约瑟译，北京：商务印书馆：12.

思潮。”[①]究竟是先有思潮，还是先有时势，这属于先有鸡还是先有蛋的问题。但如果就某特定的一方寻找原因，那么我们必能加以断定。如谈到某种哲学，我们必能断定它是时代的产物，绝非从天上掉下来的东西。

综上所述，哲学是时代的产物，但绝不会放弃对理想或永恒的追求。过强的实用心态，必定会造成短视和媚时。人类社会发展很可能会陷入短期的停滞甚至倒退，但哲学不应如此，因为它应当反映先进意识，体现时代精神的精华，引领时代走向进步。一些哲学家非常敏锐，他们的哲学可能会远远超越自己的时代。哲学史表明，不被同时代人欣赏的哲学家经常在数十年甚至数百年后被重新发现。此外，在代表时代前进的进步力量处于发展的初期阶段，守旧力量仍较为强大，他们为了维护自己的利益，不愿进行社会进步的改革。在这样的时代，可能出现超越时代的进步哲学，但不为统治者所容，很可能受到迫害。

第二节　哲学的辩证发展

我们说过，哲学实际上如何发展是一个实证科学问题，而哲学发展的基本方式却具有哲学的意义。哲学一直是连续展开的，既没有中断，也没有完全重新开始。从总体上讲，哲学无须另辟蹊径，无须彻底改造，更不能被完全抛弃。哲学革命的确发生过，但从未彻底抛弃传统，从来没有抛弃传统中有益的东西。本节将从哲学的逻辑性与现实性、重心的转移及流派的兴衰等三个方面，阐述哲学发展的辩证性。

一、逻辑性与现实性

在哲学发展史上，人们构建了众多哲学体系。从表面上看，这些体系是相互冲突的。但是，黑格尔认为各种体系的特殊形态被扬弃并结合在一起，降为一个整体中的诸环节，而且“历史上的那些哲学系统的次序，与理念里的那些概念规定的逻辑推演的次序是相同的”[②]。所以，哲学发展过程是辩证的，也即概念的逻辑发展。他认为哲学的目的是追求真理，而真

---

① 胡适. 1999. 中国古代哲学史. 合肥：安徽教育出版社：31.

② 黑格尔. 1959. 哲学史讲演录（第1卷）. 贺麟，王太庆译. 北京：商务印书馆：34.

理只有一个[①]。“全部哲学史是一有必然性的、有次序的进程。这进程本身是合理性的，为理念所规定的。偶然性必须于进入哲学领域时立即排除掉。概念的发展在哲学里面是必然的，同样概念发展的历史也是必然的。这种发展的主导力量是各种多样性的形态之内在的辩证法则。”[②]

苏联哲学家和传记作家古留加（Gulyga）说：“在黑格尔心目中，哲学科学所经历的道路，并不是记载谬误的一览表，而是追求真理的紧张过程，这个追求过程越来越接近于目标，终于在他黑格尔的体系中达到了这一目标。黑格尔认为他的学说是绝对真理。”[③]认识到一切真正的哲学成就都可以衔接到“普遍哲学”之中而成为其环节，这是黑格尔的灼见之一，也是他的败笔之处。哲学发展的确有某种内在的线索，这种线索与继承性有关。黑格尔敏锐地发现，哲学史绝不是各种不同学说毫无联系地依次更替，因而将其看作是哲学有机联系的内在发展过程。但他错误地认为哲学是世界精神的表现，哲学的发展就是世界精神的发展，而“精神的进展是合乎理性的”[④]。事实上，根本就没有什么世界精神，哲学发展也不仅仅是逻辑的展现。当社会生活发生变化时，许多哲学观念也会发生变化。社会与时代的变迁清晰地表现在哲学理论之中：过去人类生活在封建专制社会，古代哲学承认“绝对权威”，接受“等级观念”；而现代人生活在民主社会，所以现代哲学讲“自由、民主、平等”。

那么，我们该怎样考察哲学的发展？哲学的发展并不是沿着一条内在的逻辑必然的道路前进的，如政治革命会给哲学以新的动力并限制哲学兴趣的发展方向。哲学产生于各种思想路线，而这些思想路线在历史上是相互交织的。因此，文德尔班将哲学的发展理解为连贯的、相互关联的整体[⑤]。显然，仅仅把哲学发展作为思想的逻辑发展从内部加以把握，或者仅仅把哲学视为受动的对象从外部把握其发展，这都是不够的。胡适曾说，哲学发展的线索有内外两层：外部线索是指哲学思想随社会变迁而变迁，内部线索则是指思想演进的逻辑路径[⑥]。这种说法是正确的。哲学发展有继承性，因而体现出逻辑上的演变；哲学的变革最终是由社会变革所决定的，因而体现为现实上的演变。哲学的发展过程正是哲学不断完善的过程，真理性

---

① 黑格尔. 1959. 哲学史讲演录（第 1 卷）. 贺麟，王太庆译. 北京：商务印书馆：24.
② 黑格尔. 1959. 哲学史讲演录（第 1 卷）. 贺麟，王太庆译. 北京：商务印书馆：40.
③ 阿尔森·古留加. 1993. 黑格尔传. 刘半九，伯幼译. 北京：商务印书馆：4.
④ 黑格尔. 1959. 哲学史讲演录（第 1 卷）. 贺麟，王太庆译. 北京：商务印书馆：24.
⑤ 文德尔班. 1987. 哲学史教程（上卷）. 罗达仁译. 北京：商务印书馆：序.
⑥ 胡适. 1998. 胡适学术文集·中国文学史（上册）. 北京：中华书局：522.

也体现在这种不断完善的过程中。

二、哲学重心的转移

尽管哲学问题本身有其对象的依赖性，但出现的历史次序似乎缺乏一种内在的逻辑必然性。这是不难理解的：哲学毕竟是从时代的一般意识和社会需要获得问题及其解决问题的资料。各门科学的重大成果和新出现的问题、宗教意识的发展、社会生活和政治生活中的革命，以及人类面临的其他重大问题都不定期地给予哲学以新的动力，并限制哲学兴趣的发展方向。这样必定是时而凸显这些问题，时而凸显那些问题。结果我们会发现，代表着某种时代精神的哲学体系会涌现出来。

随着社会时代发展，指导观念会随之而变，哲学思想也会随之变化。时代的变化总是会对哲学提出新的课题，从而改变哲学主流的方向。从总体上讲，哲学是怎样发展的？人们谈论哲学的发展时，常常会提到哲学的转向。如近代伊始，西方哲学的重心由本体论转移到认识论，而 19 世纪末 20 世纪初又由认识论转移到语言哲学。上述两次哲学重心的转移就是人们常说的“认识论转向”和“语言学转向”。为弗雷格作传的当代美国哲学家斯鲁格（Sluga）指出：“首先，哲学家们思考这个世界，接着，他们反思认识这个世界的方式，最后，他们转向注意表达这种认识的媒介。这似乎就是哲学从形而上学，经过认识论，再到语言哲学的自然进程。”①此外，人们也常谈到现代哲学的“实践转向”。这究竟是怎么回事？

众所周知，亚里士多德将形而上学视为“第一哲学”，这个哲学分支在西方哲学中曾长期居于主导地位，直到近代认识论的诞生。17 世纪哲学发生了“认识论转向”，即以认识论为哲学的中心。近代西方人把征服自然作为自己的首要任务，这就造成了他们看待世界的特殊眼光：把自己看作主体，把自然看作客体。这种科学的思维方式也渗透到哲学当中，因此认识问题便成为近代以来西方哲学的中心问题。后来，一些哲学家如皮尔士明确指出：“使用符号的能力对于思想而言具有本质性的意义。”②于是，哲学特别关注语言及其与世界的关系，一些哲学家甚至将语言哲学当作“第一哲学”。为什么会发生语言学转向？对语言的哲学思考是哲学探索的重要组

---

① 斯鲁格. 1989. 弗雷格. 江怡译. 北京：中国社会科学出版社：10.

② 理查德·罗蒂. 2009. 实用主义哲学. 林南译. 上海译文出版社：1.

成部分，重要的是将语言思考与对社会人生问题的思考联系起来。海德格尔对语言的思考就是他对存在问题思考的组成部分。

哲学发展的历史表明，哲学领域并没有固定不变的重心，完全以现实需要为转移。在一个特定的时期，人们可能会较多地关注哲学的某个领域，这就是所谓哲学转向的全部意义。实际上，人们所进行的哲学反思一直是非常深入的，人类生活的各个方面始终在哲学的视野之内，哲学的转向不过是哲学重点的转变而已。当近代西方哲学以认识论为重点课题时，他们并没有忽视道德哲学、政治哲学、艺术哲学等领域，也没有丢掉本体论。马克思强调实践，也只是哲学重心的转移。哲学家经常谈到哲学革命，如康德把自己的批判哲学称为哥白尼式的革命，马克思让哲学关注实践被认为是哲学革命，语言转向导致语言哲学诞生也称为哲学革命。从哲学发展的历史看，哲学的主要兴趣或重心确实发生过转变。

哲学家倾向于建构自己独特的体系，甚至宣称自己找到了绝对真理或完全正确的途径，这些都是事实。石里克说道："笛卡儿（不是没有理由）觉得他自己的哲学是完全从头开始的；斯宾诺莎相信他采用（当然是非常外表的）数学的形式，已经找到了最终的哲学方法；康德确信，沿着他所开辟的途径，哲学将会终于走上一门科学的康庄大道。这样的例子不胜枚举，因为几乎所有的伟大思想家都把哲学的彻底变革看成必要的，并且亲自进行这种变革。"[①]现在该轮到逻辑经验主义者了，石里克说："我确信我们正处在哲学上彻底的最后转变之中，我们确实有理由把哲学体系间的无结果的争论看成结束了。我断言，现代已经掌握了一些方法，使每一个这样的争论在原则上成为不必要的；现在主要只是坚决地应用这些方法。"[②]

然而，说哲学找到了最终的途径或方法，而且说它能够解决所有哲学争论，这无疑是太自信了。说哲学总是从头开始，那就更不符合实际了。即使是那些蔑视一切、最自命不凡的哲学家或哲学流派也绝没有从头开始。怀特海认为："在一位伟大的哲学家造成巨大的思想冲击之后，哲学从来不会原封不动地回复到其先前状态。"[③]

---

① 洪谦. 1982. 逻辑经验主义（上卷）. 北京：商务印书馆：6.

② 洪谦. 1982. 逻辑经验主义（上卷）. 北京：商务印书馆：6.

③ 阿尔弗雷德・诺思・怀特海. 2003. 过程与实在. 杨富斌译. 北京：中国城市出版社：18.

三、哲学流派的兴衰

哲学发展往往是以哲学流派的形式进行的，其表现为严密或松散组织化的哲学运动，并被冠以独特的名称，如柏拉图的学园、亚里士多德的漫步学派、理性论、经验论、德国古典哲学、实证主义、实用主义、现象学、现代新儒家、法兰克福社会批判理论等。哲学流派或哲学运动之形成，乃是一些哲学家共同关注时代课题的表现。自古以来，哲学家已经创造了数不清的哲学流派。一个哲学流派往往只关心一个时代课题，涉及面有广有狭，但大多有明确的限定范围。

我们研究哲学史会发现这样一种现象：每隔一段时期，一种脱颖而出的哲学便骤然成为学术界的时尚，即不仅学者对它争相传诵，而且各行各业的人物如文学家、新闻记者也对它津津乐道，终而使它渗透到一个时代、一定地域的整个文化氛围之中。这通常是由于这种思想同社会相互作用而产生某些特定的社会历史情势造成的。俄国革命受到马克思主义的指导，并使马克思主义哲学经历了这样的骤变。第二次世界大战以后，存在主义哲学也经历了这样的骤变。这种现象也说明，哲学是紧跟时代脉搏的；哲学既是时代的产物，又是新时代的催化剂。

哲学流派的形成与哲学内容的重要性密切相关，哈勒指出："哲学上的思想运动具有这样的特点：如果它们真的说出了重要的东西，那么它们总有卷土重来的倾向。"[①]新柏拉图主义、现代新儒家、新实用主义等思潮的兴起都充分说明了这一点。

第三节　哲学发展与进步

科学进步是显而易见的事实，也为大家所公认。科学本身具有记忆机制，那些经过验证的知识总要以某种形式被纳入并保存于现有科学体系的框架结构之中。因此，科学家通常只要熟悉现有的体系，就可以进行开拓性的研究，而不必非得了解科学的历史。但是，哲学没有形成像科学那样能够容纳全部有价值思想的公认体系，哲学家总是倾向于创造自己独特的

① 鲁道夫·哈勒. 1998. 新实证主义. 韩林合译. 北京：商务印书馆：4.

哲学。从表面上看，前辈学者创造的体系不断地被后辈所推翻，许多著名哲学家也认为哲学谈不上什么进步。情况真的如此吗？人类社会在不断发展，生活经验在不断积累，人们的认识在不断深化，这些似乎都将推动哲学的发展与进步。那么，为什么会有人认为哲学没有进步呢？

一、哲学的繁荣与衰退

哲学前进的脚步是不均衡的，它只在某些特别的时期才获得了显著发展。黑格尔认为，哲学开始于一个现实世界的没落。情况似乎如此，如当小亚细亚的伊奥尼亚城邦没落时，伊奥尼亚的哲学随之兴起；柏拉图哲学与走向衰败的雅典政治生活密切相关；新柏拉图主义也是在罗马共和国没落时开始传播①。中国古代哲学繁荣于春秋战国时代，现代新儒家则出现在近现代社会大变革时代。哲学的实质性发展有赖于社会变革的充分展开以及相应的经验积累，这就像黑格尔所说的：在黄昏没有到来之前，密涅瓦的猫头鹰是不会起飞的。从历史上看，往往只是在人类生活遇到困难的时候，人们才热情地欢迎哲学。实际上，也只有在这个时候，才能出现真正的哲学②。

哲学繁荣的社会条件有两个：一是社会需要，二是思想自由。哲学发展的历史表明，唯有社会大变革的时代才会孕育出伟大的哲学思想。春秋战国是由奴隶制向封建制过渡的时代，这是一个社会大变动的时代，也是一个产生新思想的时代，老子、孔子、庄子、孟子等思想家就出现在这个时代。魏晋南北朝是一个社会发生重大变革的时代，也出现了一个思想解放的局面。在西方，苏格拉底、柏拉图、亚里士多德等大思想家也都诞生于古希腊城邦制度无可挽救的衰落之时。至于思想自由的必要性，如马克思所说的："哲学的首要基础是自由精神。"③其实，在专制社会中难以产生真正的哲学。在专制社会中，除了为当权者唱赞歌之外，学者只能有意识地脱离实际，不敢触碰敏感的现实问题。所以在这样的时代，难以有哲学的真正发展，更不可能出现真正的哲学家。

哲学为什么繁荣于社会大变动时代？社会急剧变革时期，通常都会伴

---

① 黑格尔. 1959. 哲学史讲演录（第 1 卷）. 贺麟，王太庆译. 北京：商务印书馆：54.

② 杜威. 1999. 杜威五大讲演. 胡适译. 合肥：安徽教育出版社：2.

③ 中共中央马克思恩格斯列宁斯大林著作编译局. 1982. 马克思恩格斯全集（第 40 卷）. 北京：人民出版社：260.

随着文化上特别是道德上令人不安的情况：原有信念体系开始瓦解，新的信念体系还未形成。在这样的时期，人们感到异常的苦闷，并意识到自己面临着灾难，必须进行改革才能拯救人类。改革实践需要新的思想观念作为指导，于是人们便对以往的指导思想进行反省，提出各种新的理论。换言之，当社会与人生陷入危机时，政治家就会开始诊断其弊端并采取措施加以改进，力图消除危机；哲学家则会追问造成这些弊端的根本原因，即终极的思想观念，并穷追不舍地发问：这些基本信念是恰当的吗？其根据何在？从根本上说，哲学问题都是价值问题。这也是在社会急剧变动、价值出现危机时，哲学往往会繁荣的原因。

当然，哲学的繁荣还需要充分的孕育。若干世纪的经验积累逐渐形成肥沃的经验土壤，学者的探索犹如辛勤的耕耘与播种，终有一天会由一个或少数几个伟大的智者获得，古希腊时期、中国春秋战国、西方近代国家，都是思想文化爆发式发展的辉煌时代，那些划时代的思想家是具有综合能力的伟大心灵。古希腊早期奴隶制度在斯巴达（贵族寡头集权）和雅典（奴隶主民主）充分表演之后，才出现了柏拉图和亚里士多德这样的大思想家。同样，资产阶级革命经由文艺复兴、英国光荣革命和法国大革命获得充分发展之后，才产生出像康德、黑格尔那样深刻的哲学家。

最后需要指出的是，哲学发展有繁荣就有衰退。哲学衰退的主要形式有两种：一是哲学发展上的停滞，二是某种哲学的退化变质。前者是由于某种原因，没有一流学者逗留在哲学领域；后者则多是某种哲学的意识形态化，这种意识形态化很可能意味着教条化、宗教化，此时其他哲学则只能作为“反面教材”。

二、哲学进步及其表现

在科学领域中，到处都可以发现确定无疑的进步。那么，哲学是否在不断进步？哲学在不断地发展着，这是任何人都不能否认的事实，但许多学者并不认为哲学有什么进步。海德格尔说：“我们不仅缺乏任何尺度，可以让我们去评价形而上学的某个阶段相对于另一个阶段的完满性。根本上，我们也没有权利作这样一种评价。柏拉图的思想并不比巴门尼德的思想更见完满。黑格尔的哲学也并不比康德的哲学更见完满。哲学的每一阶段都有其本己的必然性。”[①]默尔多赫说：“哲学是重复的，它不断走向原来的地

① 海德格尔. 1999. 面向思的事情. 陈小文，孙周兴译. 北京：商务印书馆：69.

方，把已经构造好的形式再一一推翻”[①]。张汝伦认为：“与自然科学不同，哲学很难说有什么进步，它只有历史。……当代哲学既不是哲学的全部，也不是哲学的顶峰；而只是以前出现的各种哲学之外哲学的又一种可能的表现。”[②]

哲学难道真的没有进步吗？那些抱怨哲学没有进步的人，简直不可思议。如果没有任何进步，他们怎么还能认真地从事这项工作？哲学的发展是显著事实，表现在新的哲学问题之提出、哲学方法上的创新、哲学思想水平的提高、哲学概念的丰富与清晰化、哲学理论应对时代问题之能力的提高，上述发展均意味着对哲学认识的丰富与深化。一个人可以不承认这种丰富与深化了的认识是进步，但他不能否认这种认识上的事实。也许，在哲学进步问题上，看法的对立主要是起因于对“进步”的理解？美国科学哲学家库恩（Kuhn）说：“如果我们怀疑许多非科学的领域中是否真正有进步，原因并非单个的学派毫无进步，而是因为那儿总是有一些竞争着的学派，而每一学派又都在不断地质问其他学派的基础。例如，那些认为哲学没有进步的人强调的是至今亚里士多德的门徒仍然存在，而不是说亚里士多德的学说没有进步。”[③]可是，为什么说学派内部的进步就不是进步呢？也许，有人说现代哲学家很难与西方的柏拉图、亚里士多德、康德、黑格尔，以及中国的老子、孔子、朱熹等哲学大师相匹敌，难道因此就能说现代哲学所达到的水平还没有超越这些大家吗？现代科学家有谁能说比牛顿、爱因斯坦高明？可谁能否认物理学所取得的显著进步呢？

当然，还有许多学者认为，哲学作为一门学问，其进步是显而易见的。即便承认柏拉图、亚里士多德的无可取代性，也无法否认哲学的进步。这正像承认牛顿、爱因斯坦无可取代，也无法否认科学在进步是一个道理。一些古老的哲学问题还在争论不休，这的确是事实。但是，这并不能说哲学没有进步，将亚里士多德的《诗学》与黑格尔的《美学》相比较，没有人不承认在黑格尔那里所取得的进步。当代加拿大哲学家金里卡（Kymlicka）在其《当代政治哲学》第二版序言中说：“由于我认为对进步的期望对于该项事业至关重要，我就没有遮掩自己的做法：我试图阐明在哪些情况下后来的理论对那些共同难题予以了不仅异于而且优于先行理论的解决方案。”那么哲学是怎样进步的？哲学进步表现在哪些方面？为什么说它们是进步的？

---

① 布莱恩·麦基. 1987. 思想家. 周穗明，翁寒松译. 北京：生活·读书·新知三联书店：412.

② 张汝伦. 1999. 思考与批判. 上海：上海三联书店：8.

③ 托马斯·库恩. 2004. 科学革命的结构. 金吾伦，胡新和译. 北京：北京大学出版社：146.

英国哲学家艾耶尔（Ayer）认为，“哲学的进步不在于任何古老问题的消失，也不在于那些有冲突的派别中一方或另一方的优势增长，而是在于提出各种问题的方式的变化，以及对解决问题的特点不断增长的一致性程度。正像在猜谜游戏中，游戏者尚未发现答案，但是他们已经缩小了可能找到答案的范围”①。哲学解决问题的一致性是否在不断增长是可商榷的，但他的猜谜比喻是不恰当的；因为猜谜游戏是有确定答案的，而哲学问题则没有。此外，科学进步可以说是逐渐逼近真理，而对哲学的进步则不能这样说。事实上，由于哲学领域中确定性信念并不存在，所以我们不能在极限意义上说我们正在一步步地向绝对真理逼近。相比而言，当代美国哲学家科恩（Cohen）的观点更为可取，他认为：“哲学在时间和空间上的进步，在于容纳新的问题以供讨论；在于更为广泛地比较对立的理论；在于说明和批判新的论据或更严格地讨论老的论据；在于更为仔细地探索概念上的可能性；在于更为连贯地或更为概括地发展学术观点；在于决定不留下不经推敲的假定的能力等等。”②罗蒂认为，“哲学不是通过变得更严格而是通过变得更富有想象力而取得进步的”，促使哲学进步的哲学家“看到了先前还未被把握的可能性”③。事实上，当代哲学的视野比以往任何时期都更加开阔。

从宏观上讲，哲学在不断进步，这种进步并非表现为哲学问题之一劳永逸地解决，而是表现在不断地提出新的、更加深刻、更加全面的见解。如中国自汉之后，学者虽然还是讲孔子、讲老庄，理论实较原始思想明晰清楚，理论所依据之事实亦较丰富，而且新见解亦所在皆有④。特别地，哲学问题的不断深入、哲学方法的不断完善以及哲学视角的不断丰富是显而易见的事实。由于哲学发展取决于人类生活经验的不断丰富、科学认识水平的不断提高，以及哲学探索经验的不断积累，所以哲学的进步是可以合理期待的。具体说来，哲学进步表现在以下几个方面。

首先，哲学理念越来越丰富、全面、深刻、明晰。人类生活经验总是在不断地丰富，并沉淀在发展着的哲学思想中。甚至同样的语句，古代和现代的内涵也是不同的。哲学家回答问题所蕴涵的经验越来越丰富，渗入的理想要素越来越符合人类自我创造本性的要求。此外，随着新问题、新

---

① A. J. 艾耶尔. 1987. 二十世纪哲学. 李步楼，俞宣孟，苑利均等译. 上海：上海译文出版社：19.

② 乔纳森·科恩. 1997. 理性的对话：分析哲学的分析. 邱仁宗译. 北京：社会科学文献出版社：3.

③ 理查德·罗蒂. 2003. 真理与进步. 杨玉成译. 北京：华夏出版社：导言.

④ 冯友兰. 2009. 中国哲学史（下）. 重庆：重庆出版社：4.

观点、新理论的提出，哲学领域的扩展，哲学内容越来越丰富。虽然一些哲学问题的提法没有改变，解答的方法和深度却一直在发生变化。特别地，对一些经久性的难题认识得越来越清晰、越来越深刻，哲学概念也逐渐获得清晰而恰当的规定。“所以哲学的进步在于使前此的一般的、不明确的理念，更加自身明确。理念的较高发展与它的更大的明确性乃是同一意义。”[①]黑格尔说：“最初期的哲学是最贫乏最抽象的哲学。在这些哲学里面，理念得着最少的规定，它们只停滞在一般的看法上，没有充实起来。”[②]

其次，哲学问题越来越清晰深刻、提法越来越正确。经过拒斥传统形而上学运动，一些哲学问题因虚妄不实而被抛弃了，这在哲学中也算是一种进步，尽管是消极的。王德峰认为：“哲学进步并不在于它所提出的一系列问题逐次得到了解决，而是在于问题提法的改变”；而问题提法的改变也将开辟理解的新视野，提高思想的境界[③]。

最后，哲学进步最终体现在现实社会与人生中，表现为实践理性的逐渐成熟、自由的逐步实现。哲学的发展在很大程度上预示着人的自由精神的发展，许多从前的哲学信念已经成了当代人所普遍接受的信念并在某种程度上成为现实，如自由民主原则、法治原则等。更一般地说，传统形而上学被抛弃，教条主义态度的衰落，这无疑是哲学所带来的显著进步。

三、积极推动哲学进步

从总体上讲，哲学进步是事实，但从发展过程看，哲学在某些时期出现停滞甚至衰退也是事实。所以，问题不在于哲学是否总是在进步，关键是我们应该设法促使哲学进步。那么，要做到这一点，我们该如何做？应遵循怎样的原则？

深刻的原创性哲学既反映时代的精神或时代的危机，也表达时代的需要。时代需要的东西不是时代已经占有的东西，而是有待实现的价值。伟大哲学家的突出特征在于他对时代需求和时代精神具有最深刻的感受。这种感受对于普通人来说最多只是暗示而已，也可能以不完全甚至不自觉的形态出现在那些天性敏感的精英人物身上。哲学家凭借自己的感受和从他人那里汲取的灵感，通过创造性的精神活动而抓住时代精神的精华。事实

---

① 黑格尔. 1959. 哲学史讲演录（第 1 卷）. 贺麟，王太庆译. 北京：商务印书馆：32.

② 黑格尔. 1959. 哲学史讲演录（第 1 卷）. 贺麟，王太庆译. 北京：商务印书馆：44.

③ 王德峰. 2002 哲学导论. 上海：上海人民出版社：45.

上，时代需要并不是明摆在那里的，而是有待我们努力从普遍生活环境的混乱状态中寻找出来的。

哲学发展的一个基本条件是社会保护并鼓励自由辩论，至少是允许各种思想的自由交锋。前面已经说过，学术自由最为关键。休谟说："哲学需要完全的自由甚于需要一切其他的特权，它的繁荣主要地是由于各种意见和议论可以自由对抗。"[①]如果哲学依附于教会或政治，则必然陷于停滞。在极权主义制度下，真正的哲学研究是不可能的。马克思有句名言："真理是由争论确立的。"如果没有学术上不同见解的争论，认识就会趋于停滞甚至陷于僵化。总之，哲学繁荣需要"足够独立的精神和足够自由的人格"，而这些东西正是专制社会最忌讳的。结果只能是权力意志横行，自由思想变得不可能[②]。

事实告诉我们，凡是自由讨论之风旺盛的时代，学术的发展就是生机蓬勃的，反之便看不到学术的进步。学术受政治强制，便不会再有进展了。所以，创造自由的学术环境是哲学进步的前提条件。

四、哲学发展永远在路上

人类生活实践需要基本信念的指导，哲学的任务就是提供可供人们选择或参考的信念。人类社会是历史性的，哲学发展也就是历史性的。哲学不会停留在原地不动，而是不断地进行批判反思与重构。一方面，人类生活实践在发展，哲学必须适应这种发展并满足发展的需要；另一方面，哲学以人类生活经验和科学知识为基础，而生活经验在不断积累，科学知识在不断进步，哲学认识自然也会逐渐深入。我们继承了传统的相当部分，但也始终在摸着石头过河。人类没有现成的道路可走，他必须自己为自己开辟道路。

我们知道，哲学的使命是批判地审视那些指导我们生活的基本原则，也只有哲学才能让指导我们的原则清晰起来，使生活达到澄明之境界。社会总是在发展变化，对前人合适的东西，不一定适用于我们。在当前情况下，哲学问题已经发生了变化，批判反思、重新确立答案也是有必要的。换句话说，我们总是有必要结合自己的经验，对社会上流行的生活观念提出质疑，追问它们的根据，并通过批判反思，来确定适合我们自己的生活观念。

---

① 休谟. 1999. 人类理智研究. 吕大吉译. 北京：商务印书馆：122.

② 陈春文. 1999. 栖居在思想的密林中——哲学寻思录. 兰州：兰州大学出版社：15.

哲学是一种无尽头的追求，永无完成的可能，只要人类还生活着。所以，哲学家永远也不能安然高枕。石里克曾说："哲学事业的特征是，它总是被迫在起点上重新开始。它从不认为任何事情是理所当然的。它觉得对任何哲学问题的每个解答都不是确定或足够确定的。它觉得要解决这个问题必须从头做起。"[①]的确，由于哲学的个性，即实践主体的特殊性，哲学必须从头做起。

那么，难道哲学家只是在从事类似西西弗斯式的任务吗？当然不是。以往哲学家的思想并非没有意义，哲学史资源中有许多具有现实意义的成分，对哲学家思考哲学问题有启发作用的东西更是数不胜数。所以，当一种哲学断言别的哲学毫无价值时，当一个哲学家宣称自己发现了唯一正确的绝对真理时，他就把自己连同自己的哲学置于可笑而荒谬的境地。

第四节　中国哲学的发展

所谓中国哲学是指针对中国社会人生而创造、适用于中国人的哲学，即中国人为自己而创作的哲学，这样的哲学自然体现了中国社会的特点。当代中国哲学家从事哲学研究，当然是为发展适合我们自己的哲学，也就是当代中国人的哲学。我们正致力于中华民族的伟大复兴，自然需要伟大思想的指导，这必将会促使中国哲学复兴。本节首先简述中国古代哲学的基本特征，其次对近现代哲学做出批判，最后阐明当代中国哲学创造的若干基本方面。

一、古代哲学

在我国传统文化中，哲学并不是独立的学科。到20世纪初期，学者才依照西方哲学史的模式写出了中国哲学史。黑格尔认为，中国哲学仅属于哲学形成过程中的一个早期阶段，是因为中国人的智慧"没有概念化，没有被思辨地思考，而只是从通常的观念中取来，按照直观的形式和通常感觉的形式表现出来的"[②]。一些西方学者甚至认为中国没有哲学，只有以格言形式表达的思想。我国哲学家邓晓芒也认为中国没有"爱智慧"之学[③]。

---

① M. 石里克，叶闯. 1990. 哲学的未来. 哲学译丛.（6）：1-8.

② 黑格尔. 1959. 哲学史讲演录（第1卷）. 贺麟，王太庆译. 北京：商务印书馆：121.

③ 邓晓芒. 2007. 古希腊罗马哲学讲演录. 北京：世界图书出版公司：5.

然而，中国传统文化源远流长，说它没有催生出哲学，那简直是不可思议的说法。大规模的社会实践和政治实践，必然产生思想并以思想为指导。当然，中国古代没有哲学这个术语，也未形成专门的学问。哲学思想散见于谈话、寓言、诗、书信、碑记以及各种经典注疏中，与系统理论性的作品大不相同，但不能说中国没有哲学。现在人们普遍认为，中国的义理之学与西方所说的哲学相近。

在早期经典著作中，概念化程度不高。春秋战国时代，社会急剧变化，诸子百家争鸣，哲学获得显著发展。此后，富有哲学意义的有魏晋玄学和宋明理学，形而上学色彩显现，概念体系也得以形成。特别是从宋儒开始，中国哲学进入较为抽象的发展阶段。他们致力于第一原则的探讨，以心性的形上辨析为主题，表现出明显的思辨趋向。中国传统哲学开始于儒道两家，后来佛教思想加入其中，形成儒释道互补的结构。许多学者都曾指出，我国只有政治哲学和道德哲学，而没有类似西方形而上学那样的纯粹哲学。的确，传统哲学重社会与人生实践，即使是讲宇宙自然也是关联着人和事来讲的，其着重点仍是生命与德性。传统哲学的核心概念是道，认为生活的最高境界是得道，所以哲学就是论道；所论之道是“人道”，即使谈论“天道”也是为“人道”铺路的，以便更深刻、更形象地说明“人道”。那么，相对于西方哲学，我国传统哲学具有哪些特点？特点也许很多，我们这里只谈两个最重要的方面。

首先，传统哲学重直觉轻逻辑。西方哲学重视逻辑，明确表达，讲求论证，而中国传统哲学在明晰性和论证方面存在严重缺陷。在哲学问题上，中国古人没有西方人那种知识论态度，概念思维较为欠缺，仅有灵性的思想，基本上停留在类比、隐喻、寓言的层次。如孔子哲学旨在寻求整治天下之道，表现出哲学家的性格。但他没有达到抽象概念化的程度，而是停留于各种具体问题的讨论中。孔子哲学的核心概念是“仁”，但他从来没有给“仁”下过一般性的定义。要弄清孔子的思想，只能研究《论语》中孔子对于问“仁”的各种答案。宋明哲学讲“理、气、道”之类的抽象概念，尽管他们的哲学思辨已达到相当高的水平，但并没有采用逻辑方法系统表达出他们的思想。由于古代思想家没有对概念下定义的兴趣，也很少进行抽象思辨，所以哲学观念缺乏分析和逻辑论证。

其次，传统哲学缺乏批判精神。在整个中国古代，经典具有权威性。学者论学立说须借助经典的权威。所以，除元典之外，传统哲学并无多少创新。在漫长的封建社会中，真正的哲学思维并不明显。哲学的批判功能在西方得到了持久而全面的发挥（也许中世纪是例外），而在我国长期的封建专制中不可避免被地窒息了，哲学家不得不向内，从而发展了人生哲学。即使在人生哲学领域，由于批判精神的缺乏，真正的哲学活动也是不多见的。显然，民族精神的虚弱与哲学的沉寂不无关系。

中国古代哲学为什么创新不足？一是保守的封建专制社会，必然需要保守的哲学。二是缺乏科学认识和分析方法，哲学只能靠直觉与思辨，从而不得不在原地打转。中国传统哲学不能说没有发展，但主要形式是注经解经，创造性明显不够。这与社会现实有密切关系，即作为社会意识的哲学是由社会存在决定的。中国封闭的地理环境，以农业为主的生产方式，天朝大国的心态束缚着中国人的活动和思想，批判精神微弱。古代社会以自然经济为基础，结果是政治专制、社会封闭、精神蒙昧，面对神化的权威，缺乏自由意识，没有民主要求。中国历史上社会形态的反复性是相当显著的事实，这充分表明封闭性家族社会结构在中国的极端牢固性。此外，长期的科举制度使知识分子高度依附于政治，难以形成独立人格。

二、近现代哲学

中国近代历史始于鸦片战争，思想界所面临的最大问题是：如何挽救民族危亡、实现国家独立和民族复兴。由于传统文化陷入了危机，哲学也不例外。中国人对自己的传统文化丧失了信心，传统哲学受到冷落，甚至招致无情否定，真正的哲学创作也十分贫乏。贺麟指出：从维新变法运动到五四时期，主要是启蒙介绍和文化批评；学者的思想只达到文化批评的阶段，批评中西文化的异同优劣，以确定建设新文化改革旧文化的方向，缺乏对哲学问题的专门系统研究①。近代以来虽有过一些哲思的迹象，但正如陈春文所说：“自从我们的国门被西方文明撞开之后，我们的思想就一直处在被接济的状态，我们就没有真正地思想过，而且至今也看不出已经做好真正思想的准备。”②

现代中国哲学主要是现代新儒家和马克思主义哲学，西方哲学的引入与消化也不可忽视，“但它们却都谈不上特别重要的影响，也没有人能依据它们做出真正创造性的发挥。自由主义在中国始终没能创造出自己的真正

---

① 贺麟. 2002. 五十年来的中国哲学. 北京：商务印书馆：8.

② 陈春文. 1999. 栖居在思想的密林中——哲学寻思录. 兰州：兰州大学出版社：10.

独立的哲学"[①]。所以，除现代新儒家几位代表人物和金岳霖之外，至今仍没有多少拿得出手的中国哲学作品[②]。新中国成立之后，从事哲学研究的人为数不少，但主要是从事西方哲学的引介与批判，以及中国古代哲学的诠释与整理，因此才有中国著名学者汤一介的叹言：现代中国没有哲学家，只有哲学工作者。

三、现当代哲学创造

当代中国哲学建构的基础自然是当代中国人的生活实践，针对当代中国人面对的实际问题。当代中国人生活实践经验和指导观念，自然是中国当代哲学批判反思的主要对象。我国正在进行一场伟大的变革，我们当然期望中国哲学引领我们走向光明的未来，这种适用于当代中国人的哲学既不能是抽象世界性的，也不能是狭隘民族性的。

中国社会发生了翻天覆地的变化，中国人面对的情况首先是经济全球化，即世界经济一体化的趋势，其任务是消除阻碍经济有效运行的人为因素。其次是政治全球化，强调国家间的相互依存，解决全球性问题需要广泛的全球合作。全球化对文化将产生怎样的影响？是否会导致普世文明？这个问题现在还很难回答。全球化不可避免地导致各种文化的同质趋势，但各民族的历史遗传是不可能彻底抹掉的，相反会凸显出各种文化的鲜明个性。也就是说，全球化趋势不可能消解民族性，文化多元性仍将是显著的现实，这也就是当代中国哲学研究必须面对的现实。事情很清楚，抗拒全球化将导致故步自封的民族主义，过分追求西化将丧失民族个性，从而自毁生存的根基。

当代中国正经历着激烈的社会变革与转型，因此作为时代精神精华的哲学必然会发生深刻的变化。当代中国哲学构建的资源包括传统哲学、西方哲学、当代新儒家、马克思主义哲学等。新哲学的目标当然是着眼于解决时代的问题，特别是中国社会发展的重大问题。那么，中国哲学该如何发展？创立俄罗斯哲学的斯拉夫派曾发出自己的哲学宣言："德国哲学不可能在我们这里生根，我们的哲学应当从我们的生活中发展起来。"[③]同样地，西方哲学也很难在我们中国的社会里生根，我们必须着眼于自己的生活来发展自己的

① 李泽厚. 2008. 中国现代思想史论. 北京：生活·读书·新知三联书店：262.

② 陈少明. 2015. 做中国哲学：一些方法论思考. 北京：生活·读书·新知三联书店：68.

③ 尼·别尔嘉耶夫. 2004. 俄罗斯思想. 雷永生，邱守娟译. 北京：生活·读书·新知三联书店：159.

哲学。关键是把握当今时代的时代精神，要反映时代精神的精华。

那么，当代中国社会的时代精神是什么？时代精神的精华是什么？关于这个问题，也许见仁见智。在我们看来，21 世纪经济全球化与文化多元化的大趋势仍将继续。当代中国实施社会主义市场经济、推进民主政治、逐步完善法治，人的独立意识、自由意识、民主意识也在不断增强。这就是当代中国的时代精神，也是时代精神的精华。

孙璟涛清晰而严肃地指出了当代中国哲学的危机，他说："第一，把对西方哲学的学习、了解当成了研究的主题，丧失了哲学研究的真正旨趣。哲学研究不再真正关注人的现实生活与实践，又变成了注解西方经典的为'学术'而学术的活动。第二，把西方哲学的经典当成新的标准，缺乏真正的批判意识和否定精神，丧失了哲学的反思能力和创造本性。在哲学研究中，引用西方经典成为时髦。第三，在思维方式上，以西方逻辑理性思维为标准，西方的理论研究方式和表达方式被当成了'新八股'。这种危机的实质是中国哲学的研究丧失了自我，中国哲学不再有中国人的特点和个性，不再会'悟道'，也不再会'讲理'。"①

孙璟涛的批判值得深思。当代中国哲学建构的基础自然是当代中国人的生活实践，针对当代中国人面对的实际问题。对西方哲学进行研究本身不是目的，关键是揭示其对当代中国人生活实践的意义。由于缺乏主体性意识，一些哲学家陷入中国古典哲学和西方哲学话语而不能自拔。引介批评西方哲学容易，诠释中国古代哲学容易，针对当代中国社会现实创建中国哲学则较难。在浮躁的社会现实条件下，人们自然会就易避难。事实上，中国人研究西方哲学，往往只能在肤浅的、外在于生活的理智层面上绕圈子，无法进入真正西方人的心灵，因为我们缺少他们的宗教信仰和政治信念，在更深的层面上讲，我们缺乏他们的文化基因。

毫无疑问，伟大的哲学思想是那些有生命力的思想。当代中国人正在谋求中华民族的伟大复兴，哲学家也正在进行综合创造以实现中国哲学的创造性转化，努力发展适合于自己时代的哲学。我们相信，只要哲学家甘愿长期寂寞、坐下来潜心思考，经过持久的不懈努力，适用于当代中国的、具有世界水平的中国哲学必将被创造出来。

① 孙璟涛. 2005. 哲学的个性. 北京：昆仑出版社：173.

第九章 论哲学功用

哲学通常被高看一眼，至少被当作一门深奥的学问。当人们说一部文学作品富于哲理时，当人们说一位政治家具有哲学头脑时，无疑是在称赞，同时表明对哲学的积极评价。谈论哲学的功用和价值，一般是从积极的方面来讲，但这并不是说所有哲学对人们的生活实践必定是有益的，而是说好的哲学或“真正的哲学”所能起的作用。因此，本章所谈论的与其说是哲学的功用，还不如说是哲学能够且应当发挥的作用。下文首先对人们关于哲学功能的基本看法进行批判性说明，其次细数哲学的各种实际作用，最后探讨哲学起作用的主要方式。

第一节 哲学功用观批判

在关于哲学的功用与价值问题上，存在着两种相反的看法。一种观点认为哲学是人类精神世界中最为富丽堂皇的殿堂，是人类生活的指路明灯；另一种观点则将哲学视为华而不实的神秘物，好像哲学所包含的只是些冷冰冰的理智和高不可攀的逻辑，与人们的实际生活毫不相关。简言之，哲学是无用的。显然，这两种看法都有些极端化，因此有必要在冷静地审视哲学功用之前予以澄清。

一、指路明灯

中国古代思想家治学的立意颇高，宋代哲学家张载在《近思录拾遗》中的名言，对此有充分的表达：“为天地立心，为生民立命，为往圣继绝学，为万世开太平。"哲学被视为安身立命的大学问，为万世开太平的指路明灯。牟宗三视哲学为文化的核心，是"指导一个民族文化发展的方向与智慧"①。

的确，哲学不断地帮助人们开辟出基于现实又超越现实的社会与人生境界，并指明通往理想境界的途径与方法。作为批判性反思的产物，哲学反映时代精神的精华，具有理想性的品格，因而能够塑造和引导新的时代精神。在任何伟大的民族中，那些伟大哲学家的思想都反映并陶冶着这个民族的习性。如果说科学像光一样照亮了自然界，那么哲学也像光一样使人类生活世界透彻澄明。因此，说哲学是人类的指路明灯似乎并不为过。

然而，哲学所提供的东西并非必然真理，甚至并不总是明智的建议。哲学的功用是有限的，而且是非常间接的。哲学不是包治百病的灵丹妙药，不能直接用来解决人类生活实践中的具体问题。特别是，人类的大部分成员对哲学并不感兴趣，哲学如何能作为他们的指路明灯？随着研究的深入，哲学变得越来越谦虚，哲学家也不再以人类导师自居了。哲学姿态的自我降低，也使人们对哲学的期望有所降低。

二、哲学无用

一般来说，人们对哲学并不感兴趣，从态度上讲大致有三种。第一种人认为，哲学理论高深莫测，哲学语言晦涩难懂；他们虽然高视哲学，但基本态度却是敬而远之。在第二种人看来，哲学虽然不乏睿智之言，而且是高雅谈话的绝好材料，但它终究是烤不出面包来的，因而没有什么实际用处，大可不必把它放在心上。第三种人的态度纯粹是消极的，他们对哲学颇为反感，总是以一种鄙夷的眼光看它，好像哲学是天底下最无聊乏味的东西。甚至有人告诫说，不要过于认真地对待哲学。他们认为超越日常思想的范围不会有什么好处，因为那样做无异于投身大海，让思想的波涛把你飘来荡去，到头来你还得落脚在日常利害关系的沙滩上。

总而言之，在许多人看来，哲学是无用的，造成这种状况的原因是多方面的。除误解和偏见之外，一个重要原因归之现实：多数人为生计所迫或为名利驱使而奔波忙碌，根本没有时间停下来思考，更不用说对哲学思考的兴趣了。事实上，哲学之所以显得无用，只是因为它烤不出面包，而太多的人最需要的正是面包。此外，哲学内部的混乱对哲学无用论也负有责任。一些学者认为，真理是客观的、高雅的、非功利的，谈论实用性是

---

① 牟宗三. 1997. 中西哲学之会通十四讲. 上海：上海古籍出版社：1.

庸俗的。这种看法可以追溯到古希腊的亚里士多德，他说哲学是唯一的自由学术，因它不是为别的使用目的，而是只为学术而学术[①]。受这种观念的影响，一些哲学家不仅认为哲学没有用处，甚至说“正是由于没有有用性，哲学才成为我们追求的目标”[②]。

哲学无用论观点简直莫名其妙，令人啼笑皆非。如果哲学真的没有任何用处，哲学家为什么要做这种探索？社会为什么要支持这种研究？其实，哲学的使命决定了哲学的功能与价值。在现实生活中，人们的思想和态度多种多样，追根溯源总会发现背后起作用的基本观念和原则，它们就是指导人类生活实践的根本思想，哲学就是对其进行批判反思与重建。所以说，哲学对我们的现实生活最为根本，对我们的生活实践最为有益。事实上，哲学就是为了解决生活实践之根本问题而发展起来的学问。如果人们意识到基本原则在生活实践中所发挥的巨大作用，那么哲学的重要性自然会得到认可。实在说来，哲学探索是一种高层次的文化活动，唯有哲学才能使社会摆脱浅薄与庸俗。这种看法并非出于哲人的狂妄自大。哲学的确不能烤面包，而面包对人来说是很重要的；但面包并不总是最重要的东西，我们的精神不能靠它来滋养。

三、哲学的重要性

苏格拉底曾说，未经审视的生活是不值得过的。这话无疑是正确的，但是对行动的需要，使得普通人无暇从事漫无止境的追问。的确，如果我们常常陷入信念、道德、价值等问题的深思，不仅会使我们的行动受阻，甚至最终还会使我们无所作为。显然，常人只能是接受社会上的一些信念，最多是进行一些比较、审查，从而选择指导自己生活的信念，接着便投入具体的行动之中。各领域的实践家很少批判反思，正如伯林所说的：“一般而论，即便是一些最富有天才的科学家，也往往是一头扎进自己的活动里，根本无暇去抬头看路，检验一下作为他们的工作和信仰基础的那些假定前提。”[③]

然而，哲学沉思终究是必要的。之所以有必要，正如伯林所说的，如果不对人们思考和行为所假定的前提进行检验，社会就会陷入僵化，信念

① 亚里士多德. 1959. 形而上学. 吴寿彭译. 北京：商务印书馆：5.

② 张志伟. 2004. 西方哲学十五讲. 北京：北京大学出版社：96.

③ 布莱恩・麦基. 1987. 思想家. 周穗明，翁寒松译. 北京：生活・读书・新知三联书店：26.

就会变成教条，想象就会变得呆滞，智慧就会陷入贫乏。社会这样躺在无人质问的教条的温床上睡大觉，就有可能会渐渐烂掉。因此，哲学批判乃是社会发展与进步的基础。对于个人的精神来说，好的哲学具有滋补、止痛、清醒、振奋、指引等功用。诚然，哲学不能提供绝对真理、无争议的信念，但我们可以借助哲学这一批判的武器探查人类文明的底细，特别是将我们从武断的教条中解放出来。

第二节 哲学的实际作用

在一些人看来，哲学理论五花八门，许多观点无异于奇谈怪论，甚至荒谬透顶，怎么会有重大意义呢？我们知道，哲学不像科学那样提供关于事物的实证知识，也不能直接用来解决人们现实生活中的具体问题。哲学的影响是间接而深远的，但如法国思想家狄德罗（Diderot）所说的："要使哲学在俗人眼中成为真正可尊重的东西，只有一种办法：就是向他指出哲学伴随着效用。"[①]那么，哲学能够起什么作用？

一、批判警醒功能

哲学思考可使人醒觉起来，使生活达到澄明的境界。换句话说，哲学能解除遮蔽，从而使存在澄明。詹姆士曾经这样形容皮尔士的观念：那真像在漆黑之夜放出来的闪光一样！[②]黑格尔指出：从事哲学研究意味着一种连续不断的觉醒[③]。为什么哲学会有这种作用？答案在于：哲学进行批判反思，质疑批判最有助于人们解放思想，而思想的解放就意味着觉醒。

哲学研究构成生活中的批判反思机制，使我们对自己的所作所为和目的具有一种反思性的意识，并使之始终处于批判反思的状态之下。这样可以纠正行动中的错误倾向，增加我们理智地行动的机会。实际上，只有哲学沉思才能使意识真正自觉与醒悟；只有哲学沉思才能够把人带入澄明境界，使人的生活具有透明性和自觉性。有些支配我们思想的基本观念和模式是具有时代特征的，如果我们不对它们进行批判性地审视，便可能在浑

① 北京大学哲学系外国哲学史教研室. 1982. 西方哲学原著选读（下卷）. 北京：商务印书馆：156.

② 威廉·詹姆士. 1979. 实用主义. 陈羽纶，孙瑞禾译. 北京：商务印书馆：6.

③ 黑格尔. 1959. 哲学史讲演录（第1卷）. 贺麟，王太庆译. 北京：商务印书馆：42.

然不知的情况下成为禁锢我们思想的牢笼。哲学虽然不能获得确凿无疑的真理，但可以防止人类思想的僵化。哲学家通过批判反思，能够揭穿那些冠冕堂皇的东西，揭露那些社会强加的欺骗，从而使我们觉醒起来，清晰而强烈地关注生活中的根本问题。如马克思主义哲学曾使无产阶级认清了自己的阶级地位，看清了自己的生存状况。

哲学使我们以批判的眼光看待一切，从而摆脱偏见的桎梏。观念到底对人类精神具有多么大的束缚力，只有那些摆脱了这种束缚的人再反省过去时才能体会到。我们相信，在这种情况下多半会获得刻骨铭心的体验，就像休谟的哲学把康德从教条主义的迷梦中惊醒一样，就像卢梭的哲学使康德学会尊重人一样。哲学使那些影响我们生活、指导我们实践的基本观念和原则受到批判性考察，从而使其暴露在阳光之下。这样，就能使我们的生活变得清晰自觉，从而防止其工具化、沉沦或堕落。否则，我们的行动便有可能是盲目的，我们的生活可能是随波逐流的。

总而言之，哲学最显著的功能也许就是唤起人们的批判精神，而批判精神的发展与健全是民族文化和社会健康发展的必要条件。这种精神让我们运用自己的头脑去独立地思考我们自己生活中的根本问题，提高我们生活实践的自觉性、清晰性、方向性与主动性。别人的思考不可能代替我们思考，别人的思想也不宜直接成为我们的思想。只有通过我们自己的思考，才能确立指导我们生活的信念，从而有效地解决我们自己的问题。随着自我意识的不断觉醒，随着对自身状况的不断明察，我们的命运越来越有可能掌握在我们自己手里。

二、营造精神家园

质疑和批判是哲学的重要使命，但不是哲学的唯一使命，更不能作为哲学的最终目的。我们不能因无法得到确定的绝对真理就否定哲学理论的必要性。哲学家提出的观念虽然是暂时的、具有假说性质的东西，但它们仍可作为指导社会人生的理念。只要人类生存着，这种暂时性、相对性的精神食粮就是必需的。所以人们常说，哲学为人类创造精神家园，提供“安身立命之地”，使人可以在其中“心安理得”地生活下去。德国诗人诺瓦利斯（Novalis）说，哲学原就是怀着一种乡愁的冲动到处寻找家园[①]。

所谓精神家园，是指人类的安身立命之所。没有这种家园，人的灵魂

① 先刚. 2012. 德国浪漫派的“哲学观”. 学术月刊，44（2）：55-67.

便无家可归。我们的生活实践基于一些基本的前提假设，若对这些假定前提进行批判性的考察，则会发现有些远远不如看上去那样可靠，它们或明或暗的意义也远远不如看上去那样明确。通过哲学信念的相互交锋，我们可以发现信念的优点和弱点，从而可以做出信念的取舍，甚至形成自己的思想。信念是我们的精神家园，我们的精神就栖息在这个家园中，只有稳固信念我们才能感到安宁。事实上，哲学一直在营造我们的精神家园，并时时刻刻看守、清理着这个家园。

古希腊哲学家恩培多克勒（Empedocles）把哲学说成是有治疗作用的药物。德谟克利特（Democritus）宣称："药物治疗身体的病态，而智慧除去灵魂的苦痛。"[①]人的精神必须要有自己的归宿，正像身体必须有自己的家园一样。那些没有人生信念的人犹如无根的浮萍一般，处处容身却无处可以安身。哲学所要反映的是人性最根本的要求，是人们超越性精神的追求。在面对社会与人生苦难时，哲学的确具有精神治疗作用，即治疗创伤、提供慰藉。

三、提高精神境界

哲学既能使我们看清自己是怎样生活的，也能使我们明白应该怎样生活。对我们自身存在的持续追问，将不断地把我们引向新的境界，也即深化对存在的理解与把握，从而提高精神境界。孔子整理《易经》之后，做结论说："洁静精微，易之教也。"的确，哲理能让人内心清洁而宁静、头脑冷静而思维缜密。哲学思考不一定能解决纷争，哲学观念不一定能成为生活指南，但哲学的确能提升人们的精神境界。我们认为，好的哲学能让我们在富足安宁的时代看到危机，能使我们在阴森黑暗的时代保持乐观。我们所需要的是这样的哲学：它能使我们充分运用抽象思维的能力并有崇高的理想，又能使我们保持充分的现实感并与世界相接触。哲学所关注的世界是现实的，它既不是单纯和无矛盾、洁净和崇高的，也不是完全杂乱和纷繁、充满痛苦和烦恼的。

冯友兰曾指出，哲学的功用不是增加具体的知识，而是提高人们的精神境界。他提出人生境界论，包括自然境界、功利境界、道德境界和天地境界，认为哲学的目的就是帮助人达到道德境界和天地境界，特别是天地境界。现代社会中的人们最需要的是洞察力、判断力和同情心，

---

① 诺尔曼·李莱佳德. 伊壁鸠鲁. 王利译. 北京：中华书局：78.

这些都需要哲学的滋养。

哲学的批判阐释有助于澄清概念，揭示各种思想中的矛盾、问题和不足，从而使我们对事物的理解达到一个超越性的全新境界，这正是哲学的使命所在。换言之，哲学思考的功用之一在于，使人的精神达到自觉，保持头脑清醒，从而提高精神境界。从本质上讲，人类的完善是精神上的完善，而精神的完善则主要有赖于哲学之功。

四、锻炼思维能力

人类的理性思维能力不是生而有之的，必须在实践中锻炼，其中哲学思考也许是提高这种思维能力的最重要方式。停留在常理俗见上的人，往往缺乏理性思维能力；他的生活也将为俗见陈规所支配，在社会变革的漩涡中随波逐流。所以哲学研究还有一个工具性的好处，那就是提高抽象思维能力，恩格斯曾强调哲学锻炼和发展人类思维能力的功能。冯友兰也认为哲学除能提高人的精神境界外，还可以锻炼人的理性思维能力。陈修斋甚至认为："哲学对人类的主要贡献，就在于锻炼和提高人类的理论思维或逻辑思维的能力。"[①]我们可以断言，研习哲学是提高理论思维能力的最佳途径，也是摆脱俗见陈规的最好方法。

哲学活动为什么能够提高思维能力？从事哲学就是要批判反思、明确表达和严密论证，这种训练特别能促进独立思考、强化批判精神，这对将来从事法律、政治、教育、商业或几乎任何一种职业的人都是重要的。即便哲学思维的最终成果不起任何作用，单是提高思维能力和养成批判精神，亦能使人受益匪浅。这就像登山锻炼身体一样，登上山顶虽没有其他收获，谁能否定这项运动的意义与价值呢？重要的也许就是哲学探索的过程，而不是探索得出的结论。"哲学思维过程本身的价值和意义，往往远胜于其结论。这当是哲学不同于各门具体科学的特征之一。哲学就存在于人类哲学思维的全过程中，而并非仅存于那些结论性观点的集结中。"[②]

五、指导生活实践

在相对静态的社会中，人们的生活方式几乎未发生变化，指导思想也是相对稳定的。而现代社会特别是当代中国社会正在发生急剧变化，这就

---

① 莱布尼茨. 1999. 新体系及其说明. 陈修斋译. 北京：商务印书馆：译者弁言.

② 莱布尼茨. 1999. 新体系及其说明. 陈修斋译. 北京：商务印书馆：译者弁言.

要求人们必须不断地去观察、思考，甚至冒险以适应不断变化着的社会。生活在极为复杂的社会中，不能非批判地接受现实，也不能盲目地改造现实。为此，人们必须求助于哲学，因为它能提供指导实践的基本观念与原则，以供人们选择，这将使生活实践更合理、更有效。没有系统观念指导的生活是盲目的、充满矛盾的，容易在复杂的现实生活中无所适从，结果便只能是随波逐流。

无论是个人、社团、企业，还是民族、国家，乃至整个人类社会，作为实践主体必须有深思熟虑的实践原则，否则很难保证不偏离或不迷失方向。如果没有思想、没有理论、没有原则，人们就会以直接反应来应付问题。如果来一个刺激就出现一个反应，那么生活将成为动物性的生命过程。事实上，要制定生活规范，就得先解决一般性的原则问题；否则，人们将随时随地会不自觉地碰上这些一般问题，并盲目地应对具体问题，而要解决一般性的原则问题，就必须有哲学的指导。

哲学探索是深层的，与人们的生活实践却具有密切联系。人们在生活实践中，不得不在不同的行动方案之间做出选择，而这些方案所基于的原则是不相同的，哲学对此能够提供帮助。要使选择真正做到深思熟虑，他们就应该为自己的选择提供依据或理由，而这必然触及深层的基本信念。哲学为什么能塑造和引导时代？哲学不是简单地辨识出时代精神，也并非仅仅揭示出时代精神的精华，而且还要结合理想对其进行批判性阐释。这样，哲学所表达的时代精神便具有了明晰性、理想性、现实性的品格。哲学通过理论建构，提出可供选择的理念，从而不断地将人类社会引向新的境界。

第三节　哲学如何起作用

一些人敏锐地发现，哲学的力量虽是间接的，却又是深远的。哲学家的许多观念已深深扎根于社会文化，以某种方式影响着每个人，无论我们是否意识到这一点。然而，哲学家非常清楚，这个世界上的绝大多数人对他们的思想并不感兴趣，没有多少人会阅读他们的著作。对于那些鼎鼎大名的哲学家，许多人全然不知；受过高等教育的人，大多也往往只是知道他们的名字而已。普通人确实不太明白哲学与现实生活有什么联系。那么，哲学为什么受到冷落？它在人类生活中究竟是怎样实际地起作用的？怎样才能使哲学更好地发挥作用？

一、哲学为什么受冷落

哲学执着地探究真理，旨在有益于人类生活实践。为什么得不到人们的广泛认同？哲学观点表现为基本观念和原则，它们并不直接与行动相对应。哲学关注于现实生活，但与现实的关系是间接的。哲学问题并不就是现实生活中的具体问题，哲学理论也不能直接解决这些具体问题。换句话说，哲学并不对现实生活中的人们提供具体的指导，尽管哲学理论是立足于现实的。人们必须结合具体现实，从哲学观点中引出次一级甚至更次一级的规则或标准，然后才能用于指导行动。这个过程并不具有逻辑的必然性，因为其中包含着必要的意志决定，这些决定取决于生活实践的目的。要选择符合这些原则的行动，总是需要由在特定条件下的每个主体自己做出判断。将哲学理论与现实社会人生相联系，一般并不是普通人能够做到的，哲学不是一种容易进入其中的文化形式。格调太高的音乐很难让群众接受，内容深奥的哲学亦很难使众人理解。古罗马思想家西塞罗（Cicero）甚至说："真正的哲学是满足于少数评判者的，它有意地避免群众。因为对于群众，哲学是可厌的，可疑的。"①

至于普通百姓对哲学不感兴趣的原因，则可能有多种，如哲学著作过于晦涩难懂，学起来很困难；哲学脱离人类生活实践，针对性不强；人们沉溺于日常事务当中，习惯于按传统经验办事，对指导生活实践的基本观念和原则没有批判反思的兴趣与要求。也许，世俗生活的艰辛与繁杂，才使人们不能真正感受哲学的灵光。为此，黑格尔曾经抱怨同代人对哲学的忽视："时代的艰苦使人对于日常生活中平凡的琐屑兴趣予以太大的重视，现实上很高的利益和为了这些利益而作的斗争，曾经大大地占据了精神上一切的能力和力量以及外在的手段，因而使得人们没有自由的心情去理会那较高的内心生活和较纯洁的精神活动，以至许多较优秀的人都为这种艰苦环境所束缚，并且部分地牺牲在里面。"②

在任何时代与社会中，从事哲学沉思的人总是极少数。即便那些各实践领域中的决策者，也不可能处处为自己的行动寻找到统一的根据。现实不仅要求他们必须迅速果敢地行动，而且要随机应变，因此他们往往没有充分的时间通过哲学沉思来确立自己行动的根据。更为严重的是，如果他

① 黑格尔. 1980. 小逻辑. 贺麟译. 北京：商务印书馆：序言.

② 黑格尔. 1959. 哲学史讲演录（第 1 卷）. 贺麟，王太庆译. 北京：商务印书馆：1.

们做任何事情都得反复思考行动的原则，那么完全有可能使自己陷入某种道德的陷阱不能自拔，最终导致一种无所作为的精神状态。

二、哲学的功用

那么，哲学是怎样发挥其指导作用的？哲学是怎样对社会和大众产生影响的？人类行动在多大程度上导源于深思熟虑的哲学观念？为了更好更自觉地发挥哲学的作用，严肃地、实事求是地回答这些问题是必要的。我们以为，哲学起作用的方式根本就不是通过普通大众学习哲学或进行哲学思考，而是通过少数有影响的人物来影响时代思潮或风尚，从而潜移默化地改变人们的观念。

此外，哲学发挥作用的主要方式也许并非现成哲学观点的直接应用，而是推动人们对现实问题之根本的深思。苏格拉底的反诘是为了唤醒人们的思想，引导他们去怀疑自己的前提，从而使之主动去寻找问题的答案。哲学家的观点或理论也只是促使人们思考形成自己观点的资料。换句话说，哲学起作用的主要方式是促进实践者的哲学思考，而不是无批判地接受现成的哲学观点。

周国平指出："哲学不是智慧本身，而是对智慧的爱。一个好的哲学家并不向人提供人生问题的现成答案，这种答案是没有的，毋宁说他是一个伟大的提问者，他自己受着某些根本性问题的苦苦折磨，全身心投入其中，不倦地寻找着答案，也启发我们去思考和探索他的问题。他也许没有找到答案，也许找到了，但这并不重要，因为他的答案只属于他自己，而他的问题却属于我们大家，属于时代、民族乃至全人类。谁真正爱智慧，关心生命的意义超过关心生命本身，谁就不能无视或者回避他提出的问题，至于答案只能靠每个人自己去寻求。"①

其实，哲学理论在现实中的运用并不是按照哲学家的意愿进行的，书本上的理论与实践中应用的理论不可能完全一样，实践者根据自己的理解、需要并结合自身利益来取舍。即便哲学家明确提出或支持某种观点，也不应被当作问题的现成答案。如当代英国学者麦基（Magee）所说的，人们不该希望别人告诉自己该怎样生活，因此不该到哲学中寻找确切的答案②。

---

① 周国平. 1987. 诗人哲学家. 上海：上海人民出版社：前言.

② 布莱恩・麦基. 1987. 思想家. 周穗明，翁寒松译. 北京：生活・读书・新知三联书店：34.

三、哲学理论应用研究

哲学理论往往是高度抽象的，与人类生活实践的关系是间接的。现代哲学一直在努力克服理论与实践的传统分离，那么如何才能更好地发挥哲学的作用？我们知道，科学理论须经应用研究，方能用于解决实际问题。也就是说，科学理论的应用并不是直接发生的，而是要经过应用研究和工程思维这一环节。我们没有理由要求哲学家必须将其理论直接应用于生活实践，而不必经过应用研究。显然，哲学理论创造与哲学理论在实际生活中被应用是两个不同的层面。遗憾的是，哲学理论的应用研究未被强调。

从哲学现实化的角度讲，应用研究是必要的。德国思想家舍勒（Scheler）认为，对社会动力的作用而言，观念愈纯粹，它就愈无力。除非观念以某种方式与制度结构中的利益、冲动、情感或集体倾向以及它们的结合有密切的关系，否则，观念就不会在文化的发展过程中得以实现和具体化。只有在满足这种前提的情况下，它们才能产生某种确定的影响。也就是说，如果观念不以现实因素的内在发展为基础，那么它们注定要变成没有结果的乌托邦[①]。

从本质上讲，哲学理论不仅是抽象的，而且往往是空洞的、模糊的，让人难以把捉其确切含义。故须加阐释以联系现实，即通过应用研究，将哲学理论与现实经验联系起来。哲学的应用研究比科学的要复杂，必须采取综合模式。特别是，有必要综合应用哲学、科学、技术等，来解决现实社会与人生问题。

四、哲学的通俗化

休谟把哲学划分为两类，即浅易的哲学和深奥的哲学。浅易的哲学近似于散文，实为生活经验与教训的总结，充斥着生动的事例，可举西塞罗为代表人物。深奥的哲学则包括抽象的思辨与推理，可以亚里士多德为代表人物。休谟说道："一个深奥的哲学家很容易在其玄妙的推论中陷于错误，而且他在追逐推理的结果时，如果不因其中所包含的任何结论的罕见或反乎流行的意见而终止，那么，一种错误就必然成为另一种错误的根源。但

① R. K. 默顿. 2003. 科学社会学（下册）. 鲁旭东，林聚任译. 北京：商务印书馆：20.

是一个只求把人类的普通常识用较为美丽动人的色彩来描述的哲学家，即使他偶然地陷于错误，也不至于错得更远；如果他重新求助于普通常识和心灵的自然情趣，就可重返正确的道路，使自己免于任何危险的幻想。”①

浅易哲学是有意义的，这一点不容否认。也许正是如此，才有人主张哲学通俗化。我国当代哲学家张国清认为：“哲学必须走出它的象牙之塔，更认真地更广泛地向大众传达它所关注的事情。哲学不可能解决所有的问题，但是它至少可以让其中的一部分问题变得清晰起来。哲学家既需要改变自己的原有形象，更需要改变自己的说话方式，要想办法让一般大众能够听懂自己意思。”②在欧美各地，哲学在大众中的传播近年来已屡见不鲜。例如在美国，销路最广的《时代杂志》就经常报道哲学界的消息，介绍新潮流、新思想，英国广播公司的哲学系列节目影响也不小。然而，哲学能够有意义地被通俗化吗？

哲学研究使人学会独立思考，尤其是批判性思考，而通俗读物则难以启发或推进这类思考。通俗哲学倾向于把哲学当作知识，到处去套用。一些庸俗化的“哲学读物”往往会使人对哲学产生误解，不知道哲学为何物，更不能使人真正进入哲学思考。将哲学通俗化，所得到的往往是哲学的廉价替代品。这样的东西不仅枯燥无味，而且根本不能引发人们真正的哲学思考。通俗哲学中的东西不过是一些廉价的替代品，有感性的生活故事，有独断的观点与判断，就是没有严肃的哲学思考。哲学是高深的而不是浅薄的，这样说并非出于哲学的傲慢，而是出于哲学的本性。哲学的通俗化往往会导致庸俗化，要么会导致教条化，结果都将使哲学枯燥无味。能够应用哲学的人必须具有哲学思维的能力，而建立起这种思维方式、培养出这种思维能力并不是那么容易的事情。

我们并不否定通俗地解释哲学思想的重要意义，但哲学绝不是所有人轻而易举便能深入其中的学问。如果学习哲学变成了一种时尚，那它就不再是真正的哲学了，而是某种被误用于日常生活的浅薄替代品。哲学理论不是可以机械地加以运用的现成公式，如果那样对待哲学，它便退化为没有生命的东西。公元 2 世纪的基督教教父奥立金早就指出：圣道之光照耀着每一个人，但哲学只为少数有教养的人独享。哲学很难大众化，为什么？要进行真正的哲学思考，必须投入大量的时间和精力，而这是一般人无法做到的。如果强行向群众灌输某种哲学，教条化似乎是不可避免的。法兰

① 休谟. 1999. 人类理智研究. 吕大吉译. 北京：商务印书馆：3.

② 张国清. 1999. 无根基时代的精神状况：罗蒂哲学思想研究. 上海：上海三联书店：390.

克福学派以激进的批判理论积极参与社会生活，批评资本主义的意识形态和价值观，构成了“对抗文化”的主旋律，结果是1968年爆发了震撼资本主义世界的“五月风暴”。在这场政治文化运动中，所利用的哲学理论就被通俗化，并沦为商业文化。

绝不能将哲学当作无可置疑的真理，去教条主义地应用于实际。人类生活是相当复杂的，被认为有效的原则很可能引发灾难。善于哲学思考的人，其思想不会受到教条主义的桎梏。哲学思想是批判的、开放的，它内在地拒绝被容纳在任何具体的教条之中。列宁说：“任何真理，如果把它说得‘过火’，加以夸大，把它运用到实际所能应用的范围以外去，便可以弄到荒谬绝伦的地步，而且在这种情况下，甚至必然会变成荒谬绝伦的东西。”①

五、哲学地生活只是理想

许多人的思想是非批判性的，甚至根本就没有批判反思的意识。他们并没有哲学的兴趣，也没有理智上的迫切需要。按照流俗的态度、见解和方式生活，似乎也不失为一种明智的“选择”。我们看电视，而不必明白电视的科学原理；我们驾驶汽车，而不必清楚汽车的制造原理；我们喝水，也不必知道水的分子式。但是，哲学问题似乎并不是这样的。如果我们要自由，那就必须懂得什么是自由；如果我们要民主，那就得懂得什么是民主。

哲学问题就隐藏在现实生活问题之中，我们每个人都必须面对它们，并采取某种哲学观念或态度，尽管我们可能意识不到这一点。也就是说，哲学观念在不知不觉地影响着我们，这些观念大都是我们无意识地获得的。现代生活越来越复杂，这就要求我们必须具有哲学的头脑，必须具有从整体上理解事物的能力。哲学是要使人类生活实践成为理智的行动，即成为由实践理性原则指导的行动。马克思强烈要求“在现实中实现哲学”②，也就是要求人们哲学地生活。

哲学探索以及哲学地生活，总是不断将社会与人生引向新的境界。这种生活是在澄明状态下生活，是知与行相统一的生活，是道与德相统一的生活。人类应当哲学生活，在接受或引入任何一个基本原则时，都要对它

---

① 中共中央马克思恩格斯列宁斯大林著作编译局. 1997. 列宁选集（第2卷）. 北京：人民出版社：217.

② 中共中央马克思恩格斯列宁斯大林著作编译局. 1995. 马克思恩格斯选集（第1卷）. 北京：人民出版社：8.

的适用性保持一种有条件的谨慎的态度。哲学在人类现实生活中的完全实现，意味着哲学成为人类的精神，这是人类生活的理想境界，也是哲学的理想境界。在这种意义上，我们可以仿照黑格尔的口吻说：人类生活现实是哲学精神的感性显现。当然，考虑到哲学的普及程度，哲学的生活也许永远只是理想。

第十章 论以哲学为业

在人类生活实践中，任何人都有对世界的看法、有对人类生活的理解，都可以获得、积累、总结实践经验，并形成指导性的经验规则。特别是那些伟大的实践家通过反省自己的实践，进而反思指导实践的基本观念和原则，此时他们是在进行哲学思考。这些人基于自身经验和前人思想，很可能形成深刻的基本信念。基于这种事实，一些人认为，批判反思既然在每个人那里都存在，因此从某种意义上讲所有的人都是哲学家。然而，普通人的批判反思难以达到哲学的水准；即便是那些具有哲学头脑的实践家，其批判反思也不是系统进行的；他们的主要兴趣并不在哲学，而在实践本身，所以他们也算不上是严格意义上的哲学家。事实上，实践家的反思往往有赖于哲学认识的成果，这也是哲学发挥作用的重要形式。

哲学观点绝不是什么随随便便的意见，而是经过深刻思考得出的系统化理论。这种理论一般由哲学家提出，他们的任务就在于对人类生活实践经验进行系统性的批判反思，并建构可供人们选用的哲学理论。哲学家主要是指专门从事哲学研究的人，即那些以哲学为业的学者。哲学家的自我形象与公众的看法是有差距的，如人们常把哲学家视为“怪人”，而他们自己并非如此。为在现实中更好地生活，也为正确地看待他人对自己的看法，哲学家有必要对自身形象获得一个清晰而恰当的认识。

第一节　哲学家的形象

古希腊思想家毕达哥拉斯是第一个自称“哲学家”的人，这个词的字面意思是爱智慧的人。从前，哲学家的期许与自我形象是相当膨胀的，后来渐渐放低了姿态。现在，哲学家对自身的理解则充满矛盾。一方面，他们自认为在追求真理，对人类社会健康发展至关重要；另一方面，他们也感到自己处于被冷落或边缘化的尴尬境地。

一、人类导师

在古代哲学家看来，哲学是灵魂为得救而进行的探索。所以，他们常以导师自居，甚至幻想自己是时代的救世主。柏拉图就期望哲学王依据哲学理想改造社会，并成为国家的救星。他非常自信地以为："只有正确的哲学才能为我们分辨什么东西对社会和个人是正义的。除非真正的哲学家获得政治权力，或者出于某种神迹，政治家成了真正的哲学家，否则人类就不会有好日子过。"①在柏拉图的《理想国》一书中有一幅奇妙的画面：那些用锁链锁着的穴居人，对着眼前的石头墙面壁而立，而看不到位于他们身后的光源。他们只关心这束光线投在墙壁上的影子，并试图探究它们的相互联系。最后，其中一个人成功地砸碎了他的脚镣，转过身来看见了太阳。在黑暗中，他摸索着并说出他所看到的东西，而其他人则说他是在胡言乱语。他逐渐学会了注视光线，接着便走到那些穴居人那里，把他们引到光亮处，这个人就是哲学家。柏拉图在公元前 368 年和公元前 361 年两次赴意大利西西里岛的叙拉古，应邀教导继承了王位的狄奥尼索斯二世，试图实践自己的哲学信念，结果均以失败而告终。

柏拉图本人是以帝王师自居的，我国许多大儒亦有同样的情怀。中国古代思想家以论道、辩道为使命，形成一种文以载道、文以贯道的文化传统。他们被视为圣贤，或是文化宗师。孔子就是导师，施教是其核心工作，孟子、荀子等也常做帝王师或为其讲学。他们以鲜明的形象成为各种典型的特性角色。"在中国思想传统中，正是这些不同类型的道德形象以史书记载或其他体裁的故事得到广泛传播，成为培养社会精英的精神资源。"②伟大的哲学家起过巨大的作用，这一点谁也不能否认。从老子、孔子、释迦牟尼、柏拉图、亚里士多德、康德等伟大哲学家对后世的影响看，说他们是导师并不为过。然而，他们真的是人类灵魂的导师吗？

显然，哲学家并不都是高明的，甚至可以说大多是不怎么高明的，因为他们总是想提供"永恒真理"，使人们从一种迷梦状态中解脱出来后又陷入另一种迷梦状态。以真理掌握者自居的学者，一旦成为权势人物，那是

① 柏拉图. 2003. 柏拉图全集（第 4 卷）. 王晓朝译. 北京：人民出版社：80.

② 陈少明. 2015. 做中国哲学：一些方法论思考. 北京：生活 • 读书 • 新知三联书店：121.

相当可怕的。哲学爱智慧不假，但哲学家既不是真理的化身、智慧的表率，也不是道德的楷模、人格的典范。哲学家主要是通过思想观念，来推动或参与某种社会实践的。其实，哲学家一般并不是专门的实践家，没有很深刻的亲身体验；因此，他们只能提出供人们参考和选用的观念与原则，并没有资格以导师自居。

二、社会牛虻

哲学家的另一个形象是英雄，是泄露天机的人，是盗取天火者。将苏格拉底作为哲学的化身是十分恰当的，他对道德观念等进行的批判性审视、质疑、追问正是哲学的根本任务，他为哲学而殉道的壮举更具象征意义。但苏格拉底也是最自命不凡的，他相信自己是某种更高力量的“代言人”，声称自己受到一个神圣声音的引导。

在希腊神话中，普罗米修斯因盗取天火把它送到人间而饱受折磨，他是为了人类幸福而自我牺牲的象征。马克思在其博士论文的序言中，就把普罗米修斯看成是“哲学日历上最高尚的圣者和殉道者”，并在内心深处始终怀有普罗米修斯情结。当然，现代哲学家不再以“救世英雄”的姿态出现、不再以救世主自居了。

现在，哲学家作为批评家的形象，也许是最为人们所认可的。苏格拉底就曾经以蜇刺惊醒雅典的牛虻自居，他说道：“神特意把我指派给这座城市，它就好像一匹良种马，由于身形巨大而动作迟缓，需要某些虻子的刺激来使它活跃起来。在我看来，神把我指派给这座城市，就是让我起一只虻子的作用，我整天飞来飞去，到处叮人，唤醒、劝导、指责你们中的每一个人。”①

三、政治精英

儒家学者不但以文化主体自居，而且也具有高度的政治主体意识，如宋代的士“以天下为己任”，便是其最显著的标志。做官是中国近代以前知识分子最重要的追求目标，做大官几乎是所有有抱负的士大夫的愿望，而真正“为学术而学术”的人是很少的。当然，有少数哲学家喜欢孤僻，他

① 柏拉图. 2002. 柏拉图全集（第1卷）. 王晓朝译. 北京：人民出版社：19.

们在生活上特立独行。结果是，这些远离政治和其他社会事务的哲学家往往有被“边缘化”的失落感。

进入仕途的知识分子均以“修身齐家治国平天下”为理想目标。这同西方学者的境况大相径庭。孔子长期追逐仕途，专事讲学著书乃属晚年之事。墨子亦毕生在列国间奔跑，也是忙于希求参加政治活动。甚至老庄这样的隐士亦十分关注政治，他们著书讲学即算是在消极地抨击政治，亦证明他们抛不掉政治意念。所以，中国典型的知识分子是学以致用的典范。当然，这样说并不意味着他们不注重学术，实际上没有学术水平也很难跻身于仕途，而是说他们并不“为学术而学术”。即使在20世纪中国知识分子身上，仍可发现“士”的明显痕迹。

四、精神贵族

哲学家是一些专事精神探险的学者，他们的生活是一种学术生活，一种精神生活。哲学家与其他人相比，更能思想且更有思想。一个人拥有某些深刻的生活观念，并不表明他就是哲学家。在现实社会中，很少有人真正进入哲学沉思的境界。这倒不是说绝大多数人没有从事哲学的能力，而是说由于实际事务缠身，他们根本就没有从容沉思的条件。哲学问题并不为哲学家所独有，任何实践主体都有可能将对生活的思考上升到哲学层面，提出并思考哲学问题。但能进行哲学思考的人并不都是哲学家，犹如能歌唱的人并不都是歌唱家。哲学家与非哲学家的区别在于：哲学家有自己的哲学理论，这种理论是他对人类生活做系统批判反思与建构的产物，并且有合乎理性的论证[①]。

哲学关注于人的生活，关注于社会实践，但哲学家本人的生活是沉思生活。探究哲学须有闲暇，也要有追根问底的自由精神。整日为衣食住行而发愁的人，整日为当官发财而操劳的人，不可能有兴趣思考哲学问题。由于哲学沉思的精神性和悠闲性，哲学家倾向于把自己看作精神贵族。从毕达哥拉斯开始，一些大哲学家就崇尚这种精神贵族的理论生活，将其视为人的本质活动，贬低追名逐利的俗务。如亚里士多德曾说“哲学是贵族的学问”，黑格尔则把哲学当作“一种奢侈品”。德国学者韦伯（Weber）曾说：学术研究是精神贵族所从事的一项事业，对此，我们不应该自我隐瞒[②]。哲学探究以闲暇为条件，进行理性的沉思、超脱的静观。所以，将其视为

① 冯友兰. 2005. 人生哲学. 桂林：广西师范大学出版社：4.

② 马克斯·韦伯. 1999. 社会科学方法论. 杨富斌译. 北京：华夏出版社：6.

精神贵族的生活并非不适当的。

说现代哲学家是精神贵族，当然不是说他们是传统社会中悠闲的贵族，也不是说他们是一些高贵的游手好闲之辈，更不是说他们是一些自命不凡的家伙。法国哲学家梅洛-庞蒂（Merleau-Ponty）说："造就哲学家的是不停地从知导向无知，又从无知导向知的运动，以及在这一运动中的某种宁静。"①鲁迅不是严格意义上的哲学家，却是具有哲学精神的人。"他禀着高傲的精神情怀，憎恶流俗，诅咒庸众……却同时深深地挚爱着被欺侮和被蹂躏的奴隶。"②哲学家是精神劳动者，是精神贵族，也是孤独的思想者，他在精神上总是漂泊无着。哲学家有时像是局外人，即可以成为处于高山之巅俯瞰人类境遇的超然观察者。

五、现代职业者

由于烤不出面包，哲学起初只是贵族才可能从事的活动。后来，哲学在大学教育中找到了位置，普通人便有了当哲学家的可能。近现代哲学家的角色与古代精神贵族式的思想家有显著的不同，他们基本上都是教授、学者，受雇于大学和研究机构。他们都生活在既定的秩序中，并且靠工资维持生计，同其他职业者没有显著的不同。哲学家既不是真理的拥有者，也不是理想人格的典范。尽管哲学家的任务是告诉人们应当怎样生活，但他只是在学术领域内活动的学者。

哲学家应当关心社会公众利益，致力于人类社会进步。但是，现代哲学家身处体制之内，很难做到真正的独立。有些哲学家身兼政治家，是为统治者和各种决策者提供服务的顾问或智囊人物。既然依附于国家体制，就是依附于统治阶级的一个阶层，必然会反映统治阶级的意识和要求，成为统治阶级在思想上的"代言人"。这些人与其说是自由知识分子，还不如说是政治意识形态家，即统治阶级的理论家。

从世俗的层面讲，哲学家的作用是非常有限的，特别是不容易被普通人的接纳。对此，英国哲学家柯林伍德（Collingwood）做过十分清晰的说明："哲学家可能会拿他自己和保证人类健康与生活富足的商品生产者进行比较，试图为他自己的立场进行辩护。但是，他非常清楚自己的思想不会在证券交易所跟玉米与橡胶一起进行报价，也知道当他向这个世界提供自己的思

---

① 莫里斯・梅洛-庞蒂. 2000. 哲学赞词. 杨大春译. 北京：商务印书馆：2.

② 王乾坤. 1999. 鲁迅的生命哲学. 北京：人民文学出版社：自序.

想时，这个世界坦白地表示不感兴趣。除了专门的学生之外，没有人倾听他的演讲，也没有人阅读他的著作。……哲学家无法像流行的小说家那样，说自己满足的是人们的普遍永恒的需求，并以此作为他存在的正当理由。”①关于哲学家的命运，有些人持相当悲观的看法。在罗蒂看来，现当代哲学家如同 19 世纪的神学家一样，将遭受驱逐和被人遗忘②。因此，他要求哲学自觉地融入人类对话之中，充当文化批评者的角色，保持启迪人心的教化功能。

第二节　哲学家的处境

虽然现代哲学家的形象发生了巨大变化，但他们与普通人还是有显著的区别，这种区别源于职业的差异：普通人可以通过多种途径获得信念，但他们很少自己创造信念，更不关心信念的论证。哲学家则要对基本信念进行系统的批判反思，提出自己的观点并做出论证。哲学论题并不是任何人都可以夸夸其谈的，哲学家必须熟悉前辈的思考，必须熟悉相关的生活实践经验，必须熟悉相关的实证知识。所以，批判性的思考绝非轻而易举，追求真理是要呕心沥血的。

一、探索的艰辛

哲学并不是所有人轻而易举便能深入其中的学科，因为它所考虑的问题是终极的，其探讨涉及了物的基本层面。哲学家探索的艰难在于他所需要的知识基础，即任何领域的哲学探索都要求哲学家熟知该领域及相关领域中的人类生活经验、最新的科学知识，以及前辈哲学家所做出的探究与成果。一些人嘲笑哲学家事事涉猎，其实这种广泛的涉猎正是职业提出的必然要求。所以，哲学家的工作是苦行僧式的；否则，他所写出的东西便毫无灵魂可言，自然也就难以获得创造性成果。艰苦的哲学生活可能会损害身体，牺牲健康甚至导致痛苦。

哲学家必须有丰富的生活体验，否则很难写出深刻的作品。波兰哲学家柯拉柯夫斯基（Kolakowski）指出：“一个从未体会过庸医的现代哲学

---

① 柯林伍德. 2006. 精神镜像：或知识地图. 赵志义，朱宁嘉译. 桂林：广西师范大学出版社：2.

② 张国清. 1999. 无根基时代的精神状况：罗蒂哲学思想研究. 上海：上海三联书店：389.

家，其思想会是相当浅薄的，乃至其作品也可能不值一读。”[①]深刻的思想必定出自痛苦的挫折与磨难，且经历烦恼而沉默。经验既是哲学的材料，也是理解他人哲学的前提和基础。我国哲学家熊伟曾说：“历史上真正的哲学书皆在读者尚未读前已先懂了始能读懂，绝不会完全靠读而懂。”[②]这话说得极为精彩。哲学家总是冥思苦想，他们是“被钉在思考的十字架上的人”，必须用心血去写作。维特根斯坦在给他的一个学生的信中说：“假如你不想受苦，你就不能正确思考。”

在学术上除了汗流满面外，是没有其他收获的方法的。马克思有句名言：“在科学上没有平坦的大道，只有不畏劳苦沿着陡峭山路攀登的人，才有希望达到光辉的顶点。”[③]除了苦思冥想及创造上的阵痛外，哲学家还要面临生活上的艰辛。真正的哲学家并不看重物质利益及感官享受，把从事哲学当作一种生活方式，而这种生活方式是无利可图的。换言之，真正的哲学家只为学术而学术，而非为谋个人利益。所以，他的最好结局往往是“受到赞扬并饥寒而死”，而且这种赞扬也多半是要迟到的。

当然，哲学家也有他们独特的欢乐。对于真正喜欢哲学的人，哲学研究也可以成为一种高度的精神享受，那时思考也是哲学家最大的生活需要。事实上，理智生活中的那种豁然贯通，的确使人感到无限的沉醉与欢欣。从事研究和写作这样的理智生活，是件非常令人愉快的事情，它不仅将个人的烦恼一扫而光，而且甚至使生活特别是老年生活变得悠闲。我们知道柏拉图就是如此，他临死前还在思考与写作，享年 81 岁。孔子也是一个“发愤忘食，乐以忘忧，不知老之将至”的人。

二、沉思的孤独

哲学家主要同精神打交道，决意要让自己成为精神。他只专一地为精神尽心竭力，并在一切现实事物中寻找精神的踪迹。德国思想家施蒂纳（Stirner）说：“对哲学的精神来说，一切事物均有着精神的印记，它只有在事物中能够发现理性即精神内容的情况下，才对事物感兴趣。”[④]一个把

① 莱斯泽克·柯拉柯夫斯基. 1999. 形而上学的恐怖. 唐少杰等译. 北京：生活·读书·新知三联书店：1.

② 熊伟. 1997. 自由的真谛. 北京：中央编译出版社：15.

③ 中共中央马克思恩格斯列宁斯大林著作编译局. 1972. 马克思恩格斯全集（第 23 卷）. 北京：人民出版社：26.

④ 麦克斯·施蒂纳. 1989. 唯一者及其所有物. 金海民译. 北京：商务印书馆：20.

自己奉献给哲学的人，会发现他正在一个不能接受其商品的市场上待价而沽。这很可能使哲学家感到自己是全无用处的，是最不受欢迎的生产者。对于各种文化而言，哲学既不是竞争者，也不是裁判者，而更接近于自由的批评者。这种超脱的角色，往往会使哲学家备受冷落。

的确，从实用的角度讲，哲学研究纯粹是一件费力不讨好的事情。权势者需要的是实业顾问，各行各业的实践家需要文化批评家，普通百姓需要工作和娱乐。事实上，在现实生活中没有人真的需要哲学家。也许只有从整个社会文化发展的角度看，才需要哲学。所以，哲学家最好的处境也只是被社会边缘化，弄不好还会被遗弃。如苏格拉底、叔本华、尼采都是这样的结局。克尔凯郭尔的命运也不佳，他的许多著作自费出版，却几乎没有引起思想界的任何注意；直到第一次世界大战后才被德国哲学界所青睐，那时他已长眠于地下半个世纪了。

在现代社会中，哲学家已不算是特殊身份者了，但他们与普通人仍难以进行有效的思想交流。哲学家为什么要写作？对于职业哲学家来说，这固然是职业的要求，但写作主要是为了把自己的想法告诉别人。从本质上说，写作是出于人类社会情感的需要，也即表达、交流的需要。哲学家基本上过着一种理智上的沉思生活，而不是那种属于积极活动的人。我们知道，马克思是一位革命家，但他更是一个真正的学者，一位严肃的理论家。马克思很少把时间花在街头政治运动上，其思想惊天动地，而他本人却过着一种相对隐秘和孤独的生活。

哲学家多孤独寂寞，真正的学者也应该而且必定是耐得住寂寞的人。一些人年轻时默默无闻，在岁月中不断储备实力，最终大器晚成。是谓“伏久者，飞必高；开先者，谢独早”[①]。尼采在一首诗中写道：“谁终将声震人间，必长久深自缄默；谁终将点燃闪电，必长久如云漂泊。”[②]不过，在现代社会中，根本不在乎功名，完全随兴所至的人太少了，只有极少数人能够醉心于这样的理想。

三、治学的危险

德国政治哲学家迈尔（Meier）说道：“在哲学看来是合适的，肯定不会出于同样的原因对政治一般地合适。哲学家基于无保留的提问，他不会

① 陈眉公. 1991. 白话小窗幽记. 太原：希望出版社：23.

② 尼采. 1986. 尼采诗集. 周国平译. 北京：中国文联出版公司：112.

在任何其证明仅由权威提供的答案面前止步。”[①]的确，哲学家是具有独立思考精神的人，对社会与人生的重大问题总是试图给出自己的回答。即使接受他人的见解，也是经过深思熟虑的结果。简言之，哲学家不愿盲从。苏格拉底说：“如果某个人一旦有了他的立场，无论他认为这种立场是最好的还是由于职责所在，那么我相信他必须面对危险，宁死勿辱，根本不会去考虑死亡或其他事情。”[②]

统治阶级的意识形态总是社会中占统治地位的意识形态，而且总是强加给民众。真正的哲学家则扮演批评者的角色，其职责是批评、劝导、唤醒世人。这是伟大的苏格拉底的设想，也是他所实践的生活。然而，哲学家的批判质疑是危险的，最具批判精神的苏格拉底以惊醒雅典的牛虻自居，结果被伟大的雅典人民判处死刑。为什么会这样？坚持思想的独立性，意味着很可能与流俗的观念，甚至与统治阶级的意识形态发生冲突，这就等于向权力挑战。哲学家的危险来自两个方面：一是外部的，二是自身的。

从外部讲，哲学让人对从前没有怀疑过的东西产生怀疑，这会使人的内心因此发生动摇，永久地丧失安宁。哲学批判一旦使观念发生动摇，就会震撼人们的内心世界，甚至威胁现存秩序。人们很少会喜欢苏格拉底式的牛虻去不时地刺痛他们，叮住他们不放，甚至让他们难堪。罗素指出，哲学家对人们珍视的信仰提出质疑，那些不习惯的人就会感到不安全，并且会做出憎恨和敌视的反应[③]。特别是当他们就现实政治提出批评时，很可能搅动了职业政治的浑水，就像令人讨厌的牛虻那样让政治家恼怒。苏格拉底把自己的作为看作神圣的事业，而他的同胞却把他当作爱管闲事的人。统治者和既得利益者倾向于保守，即维护对他们有利的价值观，满足并伸张相应的价值清单，因此他们往往会掩盖一些问题并害怕批评，而哲学从本质上反对那种使价值逃避批判的做法与企图。哲学家提出的问题或提问题的方式本身，有时足以让当权者害怕，因为这些问题可能使人开始质疑现行的制度与政策。

从自身讲，哲学家的危险是生活的沉沦，即将自己消融在现行体制中，使自己成为意识形态利用的工具。此外，从事哲学沉思，多半会铸成“忧郁的经历”，痛苦地意识到太多的问题。如果一个哲学家未曾经历过心灵的沙漠体验与绝望，或从未对生活现实产生过荒诞感，那么他的思想将是浅薄的。哲学研究可能导致深度怀疑甚至绝望，若能从怀疑与绝望中重生，

---

① 萌萌. 2001. 启示与理性——哲学问题：回归或转向. 北京：中国社会科学出版社：13.

② 柏拉图. 2002. 柏拉图全集（第 1 卷）. 王晓朝译. 北京：人民出版社：16.

③ 伯特兰·罗素. 1997. 西方的智慧（上）. 崔权醴译. 北京：文化艺术出版社：89.

那将是有益的，否则就是毁灭性的。

四、纯学术领域

哲学家该怎样为自己定位？该如何避免可能的危险？哲学家的本然身份是学者，学者既有学者的使命，也有学者的责任。在笔者看来，哲学家最需要思考的是自由的学术氛围，因此必须具有相对自由的身份和境界。我们以为，哲学家不宜成为社会的激进批判者，也不宜成为社会革命者。他的适当角色是学者，他的任务是从事学术研究，他的使命是创造哲学理论。当代德国哲学家赫费（Haffe）说："哲学要做的事情是进行概念论证式的思维……那些急于改变世界的哲学家面临的危险是成为不成熟思想家同时也成为外行政治家。"[①]在谈到欧陆哲学家时，罗蒂指出："由于摆脱不了'激进批评'的观念，这个传统的典型成员在面向政治时，很少具有一种改革的、实用的精神，而是处于深刻的悲观主义或革命的愤怒情绪之中。"[②]

哲学观念可以被实践主体吸纳或改造，成为指导实践的参照，但其本身只是探究得出的学术成果，而且往往是多种学术成果之一。哲学家不应当也没有能力越俎代庖，他必须明白自己只是做出自己的批判分析，提出自己的建设性意见，接受与否完全在实践者本身。哲学家应当纯粹从事学术研究，以保持学术独立。

从某种角度上说，哲学家最好是为哲学而哲学，为学术而学术，不能企图让哲学生出物质利益。唯有如此，他才可能有好的作品问世。叔本华说："人们必须是为了事情本身而干它，否则它便不能成功。"[③]事实上，在无功利催促的情况下，读书思考是最惬意的美事，最高级的享受。哲学家是"爱智慧的人"，而且在现实面前应该超脱[④]。

第三节　哲学家的语言

哲学家借助语言去思考，并用语言表达认识成果；探究哲学还必须

① 奥特弗利德·赫费. 1989. 政治的正义性. 庞学铨，李张林译. 上海：上海译文出版社：18.
② 理查德·罗蒂. 2004. 后哲学文化. 黄勇编译. 上海：上海译文出版社：44.
③ 叔本华. 1982. 作为意志和表象的世界. 石冲白译. 北京：商务印书馆：第二版序.
④ 牟宗三. 1997. 中西哲学之会通十四讲. 上海：上海古籍出版社：216.

要与前人对话，与前人的思想交锋。我们希望轻松有益的阅读，渴望清晰有力的思想。然而，在我们前辈的哲学中，语言的滥用已使人烦恼不堪。一些哲学家的言辞让人摸不着头脑，不知所云。许多大哲学家，他们的哲学语言晦涩，让人难以理解。也许是哲学的独特性必定成就哲学语言的独特性？可即便接受哲学语言表达的独特性，哲学家说话也不能太离谱。

一、哲学与晦涩

作为哲学大师，黑格尔有极为深刻的思想，对此哲学家并不否认。但他使用语言的方式有时太随意了，偏离日常用法过远，以至于让人很难把握其思想的内涵。当他说“理性乃是有目的的行动”时，我们该怎样理解其“理性”概念？当他说“目的是直接点、静止的、不动点动的东西；不动的东西自身却能引起运动，所以它是主体”时，我们该如何理解其“主体”概念？[①]德国哲学家赖欣巴哈（Reichenbach）从黑格尔的《历史哲学讲演录》中选取过一段话语，堪称让人不知所云的典型：“理性是实体，也是无限的力，作为一切自然生命和精神生命的基础的它自己的无限物质；它同样也是使物质运动的无限形式。理性是一切事物从中获得存在的实体。”[②]

人们常指责说，哲学家所使用的语言过于晦涩。罗素认为哲学大师的中心思想本质上都是非常简单的，并不难理解。至于他们为什么会创造出特殊的技术用语并做出烦琐论证，伯林认为那仅仅是精心制成的武器，是架在城垛上的机枪大炮，用来吓唬潜在敌人的。他们进行论争、施展逻辑力量就是行攻防之事，并不是中心观念的组成部分[③]。

的确，一些人故意让自己的作品晦涩难懂，尼采对此批评道：“他们把水搅浑以使其显得更深。”[④]一些哲学家害怕通俗，怕被认为肤浅。许多哲学语言之无物，一是由于概念不清，二是主体不明。听上去一套一套的，实际上让人不知所云，却又被视为深刻。当然，也可能有其他的原因。美国哲学家马尔库塞（Marcuse）谈到阿道尔诺时指出：“他认为，一般的语

---

① 黑格尔. 1979. 精神现象学（上卷）. 贺麟，王玖兴译. 北京：商务印书馆：13.

② 赖欣巴哈. 1983. 科学哲学的兴起. 伯尼译. 北京：商务印书馆：7.

③ 布莱恩・麦基. 1987. 思想家. 周穗明，翁寒松译. 北京：生活・读书・新知三联书店：53.

④ 罗伯特・所罗门. 2011. 大问题：简明哲学导论. 张卜天译. 桂林：广西师范大学出版社：408.

言，一般的文章，甚至包括行文十分老练的文章，无不受到现有体制潜移默化的巨大影响，无不反映出权力结构对个人的巨大的控制和操纵。为了逆转这个过程，你就必须在语言上也表明你是决不人云亦云，亦步亦趋的。所以，他就把这种决裂体现在他的句法、语法、词汇甚至标点符号中去了。”[①]也许，绝大多数哲学家并不是刻意保持对非专业人员的深奥莫测，而是哲学概念和理论确实具有抽象性。但如一位法国哲学家所说的：浅水若混浊不清，便也仿似深潭。

二、哲学与修辞

一般认为，修辞或措辞是说服人的语言技巧；为修缮美文，但有时也指贬义的辞令。我们所说的修辞不是指纯粹的润饰、摆弄或花招，而是说服论述[②]。作为沟通论辩的技巧，修辞不仅涉及词句的选择与运用，还包括运用逻辑、依赖案例、诉诸权威、讲故事、叙事、比喻、隐喻、反驳、论辩等。西塞罗甚至说“修辞就是论证的整体”，也即把全部论证都视为修辞。无论古今中外，哲学家都很重视修辞。在老庄哲学中，充满隐喻和比喻。黑格尔善用生动形象、耐人寻味的比喻，如用庙与神的关系比喻文化与哲学的关系，如将哲学史比喻为哲学体系“厮杀的战场”。

隐喻值得特别强调，它是对哲理的形象表达，常引人思绪万千。隐喻有字面意义，但不能仅从字面意义来把握。这种句子往往有强烈的效果，特别是充满了暗示。一般来说，要把隐喻确切地翻译为非隐喻说法是不可能的。人们当然可以提供翻译，然而这种翻译总是近似的、不全面的[③]。由于人类与自然原本的模糊性和不确定性，隐喻的使用是不可消除的。哲学语言是表达性的，哲学家倾向于使别人相信或接受自己的观点，有时指出违反它的不良后果。所以，哲学语言既传达观念，也表达愿望，甚至是提出忠告。为此，讲究修辞是适当的。

从修辞风格上看，哲学家们的论述，有的平和亲切，有的严词厉色，有的语言晦涩，有的论说拘谨，有的专横独断，有的循循善诱。修辞可以使表达更为生动，给人以强烈的感受与深刻的印象。罗伯特·所罗门曾举例说：“也许苏格拉底本来可以这样说，‘每个人都应当思考他的生活，因

---

① 布莱恩·麦基. 1987. 思想家. 周穗明，翁寒松译. 北京：生活·读书·新知三联书店：78.

② 麦克洛斯基等. 2000. 社会科学的措辞. 许宝强等编译. 北京：生活·读书·新知三联书店：7.

③ 查尔斯·L. 斯蒂文森. 1997. 伦理学与语言. 姚新中，秦志华等译. 北京：中国社会科学出版社：84.

为至少有的时候这样做能够帮助我们摆脱困难，使生活更加值得过’，但这样一来，也许就没有人会记住这句话了；他所采取的是另一种说法，即‘未经审视的生活是不值得过的’。千百年来，无数人都被这句话的大胆与直率所震慑，没有人不赞同这种说法。”[①]哲学家为了追求鲜明生动，往往使用过激的言辞，如尼采的“上帝死了”“重估一切价值”等。

我们当然喜欢生动的风格，可读性强的作品。但是，这样的作品往往会牺牲严密性、清晰性。詹姆士的哲学话语像散文一样，热情奔放、鲜明生动、妙笔生花。但他往往因过分追求修辞效果，而牺牲观念的精确性、清晰性，因此遭到他人的诟病。尼采的哲学风格超凡脱俗，思想也激进超前，其格言式的文体、诗一般的语言，文辞华美、寓意深刻，充满了比喻、隐喻、寓言、格言、警句、反讽等；但其中没有论证，没有理性讨论，也不使用传统的哲学语言，常让人难以把捉他的真实思想。

三、净化哲学语言

哲学家使用语言不当甚至滥用语言，必然会导致无意义的争论，对此，我们必须给予高度重视。一些哲学家常离开语词的日常用法，而又不明确它的含义。一些哲学家以某种特异的、独创的风格写作，常因此造成误解。如德里达就特立独行，常使用双关语、神秘字词，只是为了走出传统。这样做是否适当？

哲学家应当用清晰、简洁、易懂的语言表达自己的思想，特别是尽可能使用公众习惯的语词与方式。哲学论述必须讲究逻辑，前提、推理、结论要有清晰的结构，语境也是一般性的。中国经典文献往往不是哲学语境，甚至不能说是哲学话语，如可能是谈话、书信的语境。这样的语境是说听双方都清楚的语境，因此预设了无须明言的前提。如孔子说：“老而不死是为贼。”若不考虑特定语境，这句话是很有问题的。哲学中的许多用语不再适宜充作明晰思维的工具，如我们尽可能不用“实体”“实在”“本真”之类的字眼。当不得已使用时，应当指出它们的具体用法。

考虑到哲学问题的复杂性和哲学的创造性，哲学家当然有扩展词义、创造新词的权利。哲学所涉及的事物、现象、事实、性状、关系之类的事项是无穷无尽的，人类生活实践的具体经验也是无限丰富的，而最丰富的语言的资源也总是有限的。所以，哲学家往往不得不扩展既有语词的用法、

① 罗伯特·所罗门. 2011. 大问题：简明哲学导论. 张卜天译. 桂林：广西师范大学出版社：23.

创造新的语词。例如，把许多概念归到某些基本概念下，通过派生来表达；把现成的成分复合起来创造新词；还可以从其他文化的语言中借词，或音译或意译或直接用外来语，等等。但无论如何，哲学家都应当把自己所用语词的意义交代清楚。此外，哲学家该怎样对待前人的话语也值得思考。我们知道，海德格尔特别关注语词的词源学，努力使那些“最基本的语词”恢复力量。罗蒂则认为，“海德格尔耽于一种无意义的怀旧病。我们须要创造我们自己的基本语词，而不是去修饰希腊的语词”[①]。

第四节　哲学家的修身

从本质上讲，哲学家是一种学者，他们的生活是沉思生活。从古希腊的毕达哥拉斯和柏拉图、中国的老子和孔子开始，哲学家就崇尚这种精神贵族式的理论生活，贬低追名逐利的俗务。然而，哲学家也是人，他们是不能免俗的，也会追名甚至逐利。所以，考虑到其学者身份和可能的社会影响，哲学家必须注重自身的修养。

一、社会责任

哲学探究本身虽然是学术，但其旨趣总在现实，并非象牙塔内的纯学术活动。任何哲学思想或多或少都将产生一定的影响，而所有哲学的作用绝不会全是积极的。所以，哲学家并不仅仅是书生，而是有社会责任的。中国古人讲究天人之际，通古今之变，为天地立心，为生民立命，这就是他们的使命感，也是他们的社会责任感。一种哲学创造很可能会成为一种具有间接而又深远的力量，因而哲学家绝不是中性的咬文嚼字者。也许让学者成为“社会的良心”有些过分，但要求他们具有社会责任感则是理所当然的。哲学家必须明白，天下根本就没有无辜的思想[②]。在争取学术自由的同时，也必须强调学者的责任意识。在学术自由的环境里，哲学家有质疑现行实践的权利。但哲学批评是学术性批评，绝不是谩骂，更不能发出颠覆性的言论。

伟大学者的必备气质和品格是什么？周国平曾经这样发问：诗人在孕

---

① 理查德·罗蒂. 2003. 哲学和自然之镜. 李幼蒸译. 北京：商务印书馆：中译本附录.

② 卢卡奇. 1988. 理性的毁灭. 王玖兴等译. 济南：山东人民出版社：3.

育作品时，会有一种内心的战栗，这战栗又通过他的作品传递到了读者心中。哲学家能够做到这一点吗？他的回答相当机智：哲学关乎人生的根本，哲学家岂能不动感情？哲学探讨人生的永恒问题，又怎么会没有永恒的魅力？但是，只有那些带着泪和笑感受和思考着人生的人，才能真正领略哲学的魅力[①]。真正的学者都有一种个人体验，这是一种奇怪的陶醉。如果没有这种体验，那他就不适合进行学术研究。“因为除了以富有激情的献身精神去追求以外，没有其他任何事情能使人真正成其为专家。”[②]

哲学家当然要关注社会实际问题，但他们的主要社会责任是学术进步，而不是政治责任。哲学家是学者，而不是革命者，至少哲学家可以不是革命者。许多现代中国哲学家太热衷于为现实辩护，太热衷于追逐时髦现象，而忘记了自己严肃的学术理论责任。这种现象值得我们深思。哲学家要“修辞立其诚”，必须时时以“社会的良心”来拷问自己。无论是做统治者的附庸、愤世嫉俗者，还是功名心重者，都不可能成为好的哲学家。

二、淡泊宁静

对于哲学家而言，最重要的是对人类生活幸福的深切关注，以及对社会人生根本问题的冷静沉思。哲学家的实际生活体验是重要的，它可以使其思想具有足够的现实性。只有全身心投入现实生活，才能强烈地意识到什么真正重要。一个哲学家的水平，归根到底取决于他进入他的时代问题有多么深，取决于他有多大能力把时代问题提到哲学抽象这个最高点上。但是，哲学家必须既要深入现实生活，又能与现实保持一定的距离。只有从现实中抽身而出，才能达到相对超脱的境界，从而公正地处理哲学问题。新儒家学者张君劢就是一个典型实例。他一生徘徊于学问与政治之间，取得了一般纯学者无法取得的社会地位，但以他得天独厚的条件却未能取得与冯友兰、贺麟等相比的学术成就。所以，相对真正的哲学家来说，对世事会表现出超脱的态度和行为；他必定是安贫乐道，潜心学术研究。

如上所述，哲学家治学既要入世又要出世。唯入世，才能获得真实的生活经验与深切的体悟，从而避免“空疏浅薄的意见”；唯出世，才能使自己从“日常急迫的兴趣”中超脱出来，而冷静地进行哲学沉思。特别的，

---

① 周国平. 1987. 诗人哲学家. 上海：上海人民出版社：前言.

② 马克斯·韦伯. 1999. 社会科学方法论. 杨富斌译. 北京：华夏出版社：8.

一个人若真想做哲学家，他就绝不能指望自己很快能出名，更不能指望从哲学中获利。真正的学者志在明道，是精神上的漂泊者，向往闲暇以便自由地从事创造，其生活的主要兴趣也逐渐地摆脱短暂的、个人的东西，而进入超个人的领域。一旦执着于自己的利益，人就势必从根本上不愿意接受与他利益相抵触的东西。比如，一个学者靠自己的学说获得了地位和荣誉，当新的学说出现且要打破他的学说时，他就很容易在本能上抵触，在新观念面前表现得非常迟钝甚至愚蠢。

所以，选择以哲学为业，就要耐得住寂寞。美国学者库利（Cooley）认为："对思想活跃但十分敏感的人来说，限制交流是有益处的。因为在这种情况下，思想比在批评和反对的持续的干扰下更能清楚地表达，更能独立地发展。"[①]就学者而言，最重要的是平心静气，潜心研究。浮躁的心境不可能取得学术上的长进，内心宁静才能治学。我国学者南怀瑾说道："学问最难是平淡，安于平淡的人，什么事业都可以做。因为他不会被事业所困扰。"[②]

三、独立思考

哲学家不是知识收藏家，而是思想家，所以治学贵在独立思考。当然，治学难也难在独立思考。读书是有风险的，读死书或死读书是学者的大悲剧。当一个头脑被许多伟大的灵魂和言论所占据时，他自己的就有可能收缩和折叠起来，以让位给别人。也就是说，心灵的活动胶滞于过多的智识与钻研，受这许多繁杂的东西所占据和羁绊，它必定失掉自由行动的能力，而这些东西的重量也必定使它弯曲和佝偻起来。换句话说，若读书不加思考，便只是在重复他人的思想，我们的头脑也就会成为别人思想的"运动场"。所以，孔子对那些学而不思或思而不学的人早就提出过警告："思而不学则罔，学而不思则殆。"叔本华在《叔本华散文·论阅读与书籍》中有一个比喻甚为恰当，他说："被记录在纸上的思想无异于在沙漠上行走者的足迹，我们也许能看到他所走过的路径。若要知道他在路上看见了什么，则必须用我们自己的眼睛。"

《孟子·离娄》中有："君子深造之以道，欲其自得之也，自得之则居之安，居之安则资之深，资之深则取之左右逢其原，故君子欲其自得之也。"也就是说，深究学问之鹄在于自得于道，到自得于道的境界，便能有最大

① 查尔斯·霍顿·库利. 1999. 人类本性与社会秩序. 包凡一等译. 北京：华夏出版社：68.

② 南怀瑾. 1995. 谈历史与人生. 上海：复旦大学出版社：363.

的精神自由。然而，真正的独立思考是十分艰难的，在学术上取得有价值的东西绝不是轻而易举的。必须突破已有观念的束缚，必须通晓前人的思想。怎样才算是独立思考？严格地说，当我们到了能够提出前人提不出的问题时，或到了对靠以前思想家的成就都解不开的问题给出答案与论证时，我们才算有了真正独立的思想。

四、兼容并包

哲学研究必然涉及继承与创新，哲学家须谨慎行事。了解知识发展的历史，了解前人的问题与解答对于治学是必要的。对人类精神劳动的成果毫无敬意的人，不会得到任何有价值的东西。真正懂得精神发展的人，都不会忘记始创者的艰辛，都会意识到自己是踩着前人的脚印或站在前人的肩膀上而创造出新的奇迹的。那些稍有一得之见便处心积虑去抹杀前人筚路蓝缕功绩的人们，根本算不上老老实实的学者。

在治学方面，兼容并包至关重要。单一的学术视角难免陷入孤陋和偏执，对于哲学研究来说尤其如此。一些现代新儒家学者在学术上是比较傲慢的，其宗派性、排他性很强，这不能说是真正哲学的态度。我国科学家徐光启曾有名言说："欲求超胜，必先会通。"现在，我们可以把这种会通理解为会通古今，会通中西，会通文理。哲学家的创造性在于把从前的哲学概念和思想，转换到现实层面上来。冯友兰常说，大哲学家必须对各种有价值的哲学思想兼容并包。兼容并包当然不是把各种思想机械地堆积在那里，而是把有价值的东西有机地纳入自己的思想体系。当然，要真正做到兼容并包是不容易的。专门化的需求和职业上的压力很可能将人们引入哲学领域中狭窄的隧道，以至于没有时间去发展广泛的兴趣和整体的理解能力。

五、精进不息

哲学家治学要在积极热情、持久有恒、精进不息。康有为曾说："吾学三十岁已成，以后不复有进，亦不必求进。"正是这种"不必求进"的观念使他最终为急剧发展的时代车轮所淘汰①。学者总得有一种韧性的力量，就像水一滴一滴侵蚀进岩石里去那样缓慢而沉稳的力量。无论在任何学术领

① 贺麟. 2002. 五十年来的中国哲学. 北京：商务印书馆：82.

域，前进的道路都是艰辛的。除了以富有激情的献身精神去持久追求以外，没有其他任何方式能使人获得真正的学术成就。

做学问最怕的是经受不住诱惑，那样很容易误入歧途。培根对此提出过严正的警告，并说这样的人就和亚塔兰塔一样，跑上岔道去拾金苹果，同时就打乱了自己的途程，致使胜利从手中跑掉[①]。所以，康德年轻时代在自己的著作中这样写道："我已经给自己选定了道路，我将坚定不移。既然我已经踏上这条道路，那么任何东西都不应妨碍我沿着这条道路走下去。"[②]

① 这则故事是这样的：亚塔兰塔是希腊一位美丽的公主，以捷足著称。凡求婚者，竞走能胜利许嫁，败则死。最后，有一位名叫喜普门尼的人冒险应赛。他怀有爱神供给的金苹果数枚，投之路旁诱她岔出拾取。她第一次拾取后仍能领先；经再三诱惑，终于在竞走进程中落后，遂为求婚者所得。

② 阿尔森·古留加. 1993. 康德传. 贾泽林等译. 北京：商务印书馆：17.